TODAY'S
RANKING
POWER

바로 지금! 이 순간을 지배하는 이슈들

오늘의 랭킹

TODAY'S RANKING POWER

한국비즈니스정보 지음
김성규 일러스트·인포그래픽

어바웃어북

'랭킹의 시대'를 지배하는
세상의 거의 모든 순위에 관한 탐사기록

우리가 알고 있든 모르고 있든 세상의 모든 것들에는 저마다 순위(랭킹)가 매겨진다. 경쟁사회에서 순위는 필연적인 것이다. 정치인들은 여론조사와 선거를 통해 정해지는 권력서열에 목숨을 건다. 재벌들은 이미 차고 넘칠 만큼 돈을 벌었지만 여전히 재계서열에 자존심을 걸고, 약육강식의 비즈니스 정글에서는 업계순위에서 밀리지 않으려고 사활을 건다. 순위경쟁이 없는 스포츠는 아무리 생각해봐도 무의미하다. 시청률과 음원 순위, 서바이벌 오디션 등이 장악한 엔터테인먼트에서도 순위는 흥행의 첫 번째 요소이다.

순위는 정계, 재계, 스포츠·연예계 등으로 대표되는 셀러브리티(celebrity)의 전유물만은 아니다. 진학, 취업, 성적, 진급 등에 목매여 사는 일반인들의 삶도 어른 아이 할 것 없이 순위로부터 자유로울 수 없다. 순위에 들지 못해 진학과 취업에서 고배를 마시기도 하고, 자격이나 지위를 박탈당하기도 한다. 반면, 순위를 통해 땀과 노력의 결실을 보장받기도 한다.

랭킹 파워의 실체를 해부한다

순위가 우리 삶에 좀 더 역동적으로 다가와 반응하게 된 데에는 인터넷의 영향이 크다. 인터넷은 우리도 모르는 사이에 우리의 관심사에까지 순위를 매기기 시작했다. 스마트폰과 PC에서는 포털사이트마다 실시간 검색어가 순간순간의 이슈들을 분초를 다퉈가며 서열을 정해 세상의 시선을 한곳으로 집중시킨다. 검색어 순위 1위에 오른 키워드들은 그 순간만큼은 세상의 주인공이 된다. 예를 들어 빌 게이츠가 실시간 검색어 1위에 오르면, 그 순간은 '빌 게이츠의 날'이 된다. 1위에 오른 연유가 명예로운 것인가 그렇지 않은가에 따라 빌 게이츠가 속한 기업의 주가에까지 막대한 영향력을 행사한다.

이처럼 포털사이트의 실시간 검색어 순위에는 보이지 않는 힘이 있다. 그것은 대중의 시선을 하나로 모으는 힘, 이를테면 권력의 작동을 의미한다. 여기서 대중의 시선을 한데 모으는 촉매제는 다름 아닌 순위이다. 고유명사든 보통명사든 어떤 단어에 순위가 동반되는 순간, 그것은 더 이상 평범한 단어가 아닌, 대중의 시선을 모아 권력을 소구하는 '키워드'가 되는 것이다.

우리 사회를 지배하는 1순위들에는 어떤 것들이 있을까?

이 책『오늘의 랭킹』은 우리 사회를 지배하는 키워드와 이슈들에 관한 랭킹 사전(事典)이다.『오늘의 랭킹』이 다루는 항목에는 정계와 재계, 문화·예술계, 연예계를 대표하는 셀러브리티와 기업 및 상품들도 있고, 또 평소 궁금해하던 각종 뉴스거리들도 있다. 아울러 우리 삶에 밀접하게 맞닿아 있는 생활 밀착형 트렌드들도 담겨 있다.

이 책에 등장하는 키워드와 이슈, 인물, 브랜드 등을 모두 세어보면 무려 3,000개가 넘는다. 이 책은 3,000개가 넘는 항목들을 156가지 리스트로 나누어 각각의 순위를 살폈다. 아울러 156가지 리스트를 비즈니스, 라이프스타일, 퍼블릭, 컬쳐·에듀(케이션), 레저·헬스, 엔터테인먼트, 글로벌 등 7개의 챕터로 분류하여 짜임새 있게 구성했다.

7개의 챕터를 좀 더 소개하면, '**1. 비즈니스**'에서는 창업과 취업, 재계, 금융, 부동산, 자원, 과학기술, 트렌드 등에 관한 랭킹을 다뤘다. 즉, '창업에 앞서 꼭 알아둬야 할 랭킹'에서는 우리나라에서 가장 많이 창업하고 폐업하는 업종의 순위를 밝히면서, 창업과 관련하여 알아두면 유용한 통계 수치들을 분석해 조사했다. 이밖에도 우리 국민은 주로 어떤 직업에 취업하는지, 평균 연봉이 가장 높은 회사는 어디인지, 부자들이 가장 많이 모여 사는 지역과 직장인들이 꼽은 최고의 황금인맥 등등 목차만으로도 귀가 솔깃한 비즈니스 이슈들의 순위를 분석했다.

'**2. 라이프스타일**'에서는 결혼, 이주, 주거환경, 노후 등에 관한 다양한 키워드와 이슈들을 다뤘다. '하루 24시간, 어디에 얼마나 쓸까?'에서는 한국인의 생활시간을 세세하게 분석했고, '한 달 생활비 중 어디에 가장 많이 쓸까?'에서는 가구별 지출액을 자세하게 살폈다.

'**3. 퍼블릭**'에서는 정치, 사회, 공직, 국방, 공공시설 등에 관한 랭킹들을 한데 묶었다. 이 장에서는 특히 대한민국의 권력서열을 살펴볼 수 있는 각종 순위들을 다뤘다. 예를 들어, '고위직 권력자들, 누가 상석에 앉을까?'에서는 의전서열을 통해 본 권력의 헤게모니를 탐사하기도 했다.

이 밖에도 '**4. 컬쳐·에듀**', '**5. 레저·헬스**'에서는 우리 삶에서 빼놓을 수 없는 교육과 건강, 문화와 여가에 관한 중요한 이슈들로 풍성하게 채웠다. 또 '**6. 엔터테인먼트**'에서는 실시간 검색어를 지배하는 연예 이슈들 가운데 근거 없는 가십성 풍문들을 배제한 알토란 정보를 소개해 랭킹의 재미를 더했다.

이 책의 마지막 '**7. 글로벌**'에서는 시야를 좀 더 넓혀 전지구적 이슈들을 한국인의 시각에서 통찰해볼 수 있도록 했다. 특히 다양한 지수들을 통한 랭킹들을 소개했는데, 민주주의지수, 브랜드가치지수, 삶의질지수, 국가경쟁력지수, 사회갈등지수, 언론자유지수, 실패국가지수, 반부패지수, 엄마지수, 노인복지지수, 청년도시지수, 성불평등지수 등을 비교·분석해 세계 각국의 정치·경제·외교·복지·문화·과학 등을 한눈에 조망할 수 있도록 함은 물론, 세계 속에서 한국의 현주소를 객관적으로 살폈다.

시사와 교양, 재미까지 누리는 지적 향연

『오늘의 랭킹』은 단지 순위만 나열해놓은 책은 아니다. 이 책은 해당 키워드와 이슈들에 담긴 사회적·경제적 함의를 분석함은 물론, 그들의 역사적 배경까지 친절하게 소개함으로써 독자들이 시사와 교양의 시야를 넓히도록 도왔다.

무엇보다 이 책의 백미는 어디에서도 접할 수 없는 매우 특별한 랭킹과 그러한 내용들을 재미있게 묘사한 일러스트이다. '가장 비싼 국유재산 순위', '대한민국에서 가장 많은 성씨', '로또 1등 당첨에 가장 많이 등장한 숫자', '연습생 기간을 가장 오래 거친 아이돌 스타', '직원 1인당 기업가치가 가장 높은 회사', '세계에서 가장 많이 사용하는 언어' 등등 이 책에서 다루고 있는 유니크한 랭킹들은 읽는 재미를 배가시킴은 물론, 색다른 관심사를 통해 우리 사회를 다른 각도에서 되짚어 보는 시야를 제공한다. 아울러 156가지 리스트를 위트 있는 일러스트와 인포그래픽으로 구현한 것은 이 책을 읽는 또 다른 미덕이 아닐 수 없다.

'랭킹의 시대'를 통찰하는 혜안

싫건 좋건, 그것을 믿건 믿지 않건, 우리는 순위와 서열을 거부할 수 없는 세상에 살고 있다. 이른바 '랭킹의 시대'에 살고 있는 것이다. 순위의 부정적 측면만을 부각해 비판하기 보다는, 순위의 층위를 되새겨보고 그것에 담긴 함의를 궁구(窮究)해 본다면, 세상을 좀 더 깊고 넓게 내다보는 혜안을 얻을 수도 있지 않을까? 그런 의미에서 이 책 『오늘의 랭킹』은, 지금 우리가 살아가는 세상을 투영하는 리트머스 종이와 다르지 않다.

차 례

프롤로그 … 004

1 비즈니스 창업, 취업, 재계, 금융, 부동산, 자원, 과학기술, 트렌드 etc

2 라이프스타일 생활여건, 결혼, 이주, 주거, 노후 etc

4 컬쳐, 에듀 예술, 미디어, 출판, 교육 etc

5 레저, 헬스 운동, 관광, 여가, 건강 etc

6 엔터테인먼트 영화, 음악, 예능, 복권 etc

7 글로벌 세계 정치·경제·문화·외교·복지·과학 etc

1

비즈니스

창업, 취업, 재계, 금융, 부동산,
자원, 과학기술, 트렌드 etc

지금 사업 구상 중?
창업에 앞서 꼭 알아둬야 할 랭킹

대한민국에서 자영업자에게는 '위기의 자영업자', '벼랑 끝 자영업자' 등의 표현이 늘 따라다닌다. 위기에 처해보고 싶어서, 벼랑 끝에 선 느낌이 어떤지 알고 싶어서 '자영업'을 시작하는 사람은 단 한사람도 없다. 창업을 하는 이유나 상황은 제각각이지만 모두가 성공을 꿈꾸는 것은 다르지 않다. 하지만 현실은 그리 녹록치 않다. 항간에는 '빚내서' 창업하고 '빚더미'로 폐업한다는 말이 공공연히 나돌 정도다.

국세청 자료를 통해 업종별로 가장 많이 신규 등록한 개인사업자 수와 폐업한 개인사업자 수를 살펴보면, 소매업이 창업 17만6,808명, 폐업 16만8,483명으로 창업·폐업 모두 1위를 차지했다. 소매업의 전체 개인사업자 수는 77만4,412명으로, 창업과 폐업이 전체의 각각 22.8%, 21.6%에 달한다. 2위는 음식점업으로 창업 17만2,100명, 폐업 15만8,892명이다. 3위는 부동산업으로 창업 13만8,013명, 폐업 9만2,171명이다. 부동산업은 전체 개인사업자 수가 132만8,468명에 달해 단일 업종으로 가장 많다.

통계청은 기업의 창업과 폐업에 관한 통계를 '기업생멸 행정통계'라는 명칭으로 발표한다. 기업생멸 행정통계는 OECD와 유럽 통계기관에서 준수하는 매뉴얼에 따른 것으로 통계 대상 기업의 정의가 약간 다르다. 비영리기업은 제외되며 영리기업(법인·개인사업자) 중에 매출액이 있거나 상용근로자가 1인 이상 있는 기업만이 대상이다. 2013년 기준 기업생멸 통계 결과를 살펴보면, 숙박·음식점업의 경우 1년 후 생존율이 55.0%이고 5년 후 생존율은 17.7%에 불과하다. 즉 창업의 꽃이라 불리는 식당과 카페는, 1년 이내에 약 절반이 폐업하고 5년 이상 생존하는 업체가 10개 중에 2개도 채 안 된다.

자영업자 창업과 폐업 업종 순위 █ 창업 █ 폐업

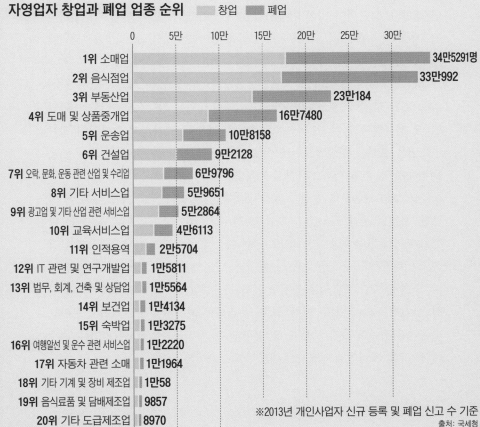

	0	5만	10만	15만	20만	25만	30만	
1위 소매업								34만5291명
2위 음식점업								33만992
3위 부동산업							23만184	
4위 도매 및 상품중개업				16만7480				
5위 운송업			10만8158					
6위 건설업		9만2128						
7위 오락, 문화, 운동 관련 산업 및 수리업		6만9796						
8위 기타 서비스업		5만9651						
9위 광고업 및 기타 산업 관련 서비스업		5만2864						
10위 교육서비스업		4만6113						
11위 인적용역	2만5704							
12위 IT 관련 및 연구개발업	1만5811							
13위 법무, 회계, 건축 및 상담업	1만5564							
14위 보건업	1만4134							
15위 숙박업	1만3275							
16위 여행알선 및 운수 관련 서비스업	1만2220							
17위 자동차 관련 소매	1만1964							
18위 기타 기계 및 장비 제조업	1만58							
19위 음식료품 및 담배제조업	9857							
20위 기타 도급제조업	8970							

※2013년 개인사업자 신규 등록 및 폐업 신고 수 기준

출처: 국세청

◆ 자영업자의 평균 소득과 업종별 생존율 ◆

국내 자영업자의 월 평균 소득은 최저임금에도 못 미친다?!

국내 자영업자는 모두 567만 명에 이른다(2015년 6월 기준). 2,621만 명에 달하는 취업자는 정기적으로 임금을 받는 임금노동자(상용직, 임시직, 일용직)와 그렇지 않는 비임금노동자로 나뉘는데 자영업자는 무급가족종사자와 함께 비임금노동자에 속한다. 무급가족종사자 122만 명을 감안하면 실질적으로 자영업종사자는 689만 명에 달한다. 국내 취업자 4명 중 1명이 자영업자인 셈이다. 고용원이 없는 영세자영업자는 407만 명으로 전체 자영업자의 71.7%를 차지한다. 이를테면 혼자 점심을 먹어야 하는 나홀로 개인사업자가 대부분인 것이다.

시·도별 자영업자 비중이 가장 높은 곳은 30.0%에 이르는 전남이다. 취업자 95만 명 중 28만5,000명이 자영업자다. 2위는 경북으로 취업자 144만 명 중 자영업자가 41만2,000명(28.7%)에 이른다. 일자리가 집중되어 있는 수도권은 오히려 자영업자 비중이 그리 높지 않다. 경기 13위(19.2%), 서울 14위(19.1%), 인천 15위(17.1%)를 기록했다.

자영업의 생존율에 관한 자료는 제법 많은 편이다. 중소기업연구원에 따르면, 생계형 창업 비율은 2007년 79.2%에서 2013년 82.6%로 증가했으나 창업 후 생존율은 1년 이상 83.8%, 3년 이상 40.5%, 5년 이상 29.6%로 급감하고 있다. 10곳 중 7곳이 5년 안에 문을 닫는다. 또 다른 조사에 따르면, 평균 창업비용 7,257만 원을 투자해 개업한 자영업자는 월 평균 매출액 877만 원, 사업소득 86만 원을 번다. 월 평균 소득이 최저임금에도 미치지 못하는 것은 충격적이라 하지 않을 수 없다. 평균 가계부채도 8,994만 원이나 된다. 대한민국의 자영업계 기상도는 여전히 먹구름이다.

주요 업종별 자영업 생존율 순위

- 1년 이상
- 3년 이상
- 5년 이상

※순위는 5년 이상 생존율 기준

업종	1년 이상	3년 이상	5년 이상
부동산임대 1위	71.5%	56.1%	46.5%
개인서비스 2위	62.8	42.0	33.5
출판·영상·정보 3위	56.7	35.6	29.1
교육서비스 4위	59.4	38.3	28.1
도·소매 5위	56.7	35.8	26.7
사업서비스 6위	51.9	30.0	19.3
숙박·음식점 7위	55.3	28.9	17.7
예술·스포츠·여가 8위	53.0	24.7	13.7

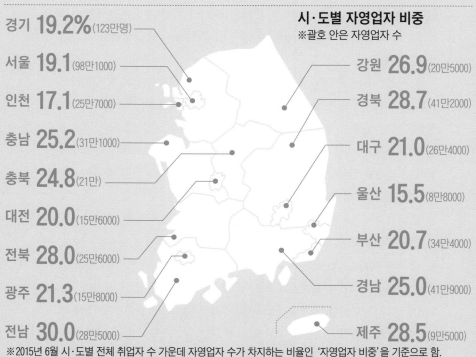

시·도별 자영업자 비중

※괄호 안은 자영업자 수

- 경기 **19.2%** (123만명)
- 서울 **19.1** (98만1000)
- 인천 **17.1** (25만7000)
- 충남 **25.2** (31만1000)
- 충북 **24.8** (21만)
- 대전 **20.0** (15만6000)
- 전북 **28.0** (25만6000)
- 광주 **21.3** (15만8000)
- 전남 **30.0** (28만5000)

- 강원 **26.9** (20만5000)
- 경북 **28.7** (41만2000)
- 대구 **21.0** (26만4000)
- 울산 **15.5** (8만8000)
- 부산 **20.7** (34만4000)
- 경남 **25.0** (41만9000)
- 제주 **28.5** (9만5000)

※2015년 6월 시·도별 전체 취업자 수 가운데 자영업자 수가 차지하는 비율인 '자영업자 비중'을 기준으로 함.

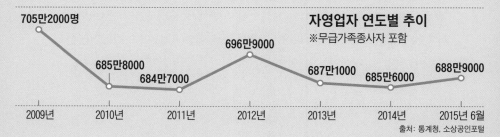

자영업자 연도별 추이

※무급가족종사자 포함

연도	자영업자 수
2009년	705만2000명
2010년	685만8000
2011년	684만7000
2012년	696만9000
2013년	687만1000
2014년	685만6000
2015년 6월	688만9000

출처: 통계청, 소상공인포털

◆ 취업자가 가장 많은 직종 ◆

우리 국민은 주로
어떤 직업을 가지고 있을까?

누구든 학창시절 생활기록부란에 희망직업을 기록한 경험이 있을 것이다. 우리 헌법 제15조는 "모든 국민은 직업선택의 자유를 가진다"고 명시하고 있다. 직업을 자유롭게 선택하는 권리는 헌법이 보장한 기본권이지만, 학창시절부터 희망했던 직업을 갖는 사람이 얼마나 될까 생각해보면 그다지 많을 것 같지 않다.

통계청에 따르면 국내에는 모두 2,590만1,000명의 취업자가 있다(2015년 4월 기준). 통계청 조사의 취업자에는 정규직뿐 아니라 비정규직과 임시직도 광범위하게 포함된다. 이 가운데 제조업, 농림·어업, 건설업 등 1·2차 산업 관련 취업자 수 비중은 29.8%에 불과하고 나머지 70.2%의 취업자가 서비스업에 종사하고 있다. 취업 인력만 놓고 본다면, 우리나라 산업 비중이 완전히 3차 산업으로 이전되었음을 알 수 있다.

한국표준직업분류에 따라 직종별 취업자 수를 모두 9개 분야인 직업대분류별로 살펴보면, 전문가 및 관련 종사자 514만7,000명(전체의 19.9%), 사무 종사자 435만7,000명(16.8%), 단순 노무 종사자 349만7,000명(13.5%), 판매 종사자 305만9,000명(11.8%), 장치·기계조작 및 조립 종사자 314만5,000명(12.1%), 서비스 종사자 269만6,000명(10.4%)의 순으로 포진해 있다. 오른쪽 인포그래픽은 147개 직종으로 분류한 직업소분류별 취업자 규모로, 경영 관련 사무 종사자가 229만9,000명으로 가장 많다. 기업체의 일반 사무직 종사자가 여기에 포함된다. 2위는 매장 판매 종사자로 196만3,000명을 기록했다. 흥미로운 점은 요리사가 5위에 올랐다는 사실이다. 미디어에서도 이른바 '먹방'이 대세이듯, 음식 관련 직업군이 두드러진다.

직업소분류별 취업자 순위

순위	직업	남 여	취업자 수
1위	경영 관련 사무 종사자		222만9000명
2위	매장 판매 종사자		196만3000
3위	작물재배 종사자		116만3000
4위	자동차 운전원		111만8000
5위	주방장 및 조리사		87만4000
6위	청소원 및 환경 미화원		74만6000
7위	회계 및 경리 사무원		73만4000
8위	영업 종사자		67만1000
9위	문리·기술 및 예능강사		66만7000
10위	음식 서비스 종사자		63만7000
11위	제조 관련 단순 종사자		44만2000
12위	행정 사무원		42만3000
13위	건설 및 광업 단순 종사자		42만
14위	사회복지 관련 종사자		41만
15위	음식 관련 단순 종사자		40만7000
16위	방문·노점 및 통신판매 관련 종사자		39만8000
17위	학교 교사		38만8000
18위	기술영업 및 중개 관련 종사자		37만
19위	배달원		34만8000
20위	건축 마감 관련 기능 종사자		33만

※2015년 4월 기준, 통계청 조사에서 정의하는 '취업자'로 아래의 경우를 포함함(단, 군인 제외).
(1) 통상 1주일인 조사 대상 주간에 수입을 목적으로 1시간 이상 일한 자
(2) 동일 가구 내 가구원이 운영하는 농장이나 사업체에서 주당 18시간 이상 일한 무급가족종사자
(3) 직업 또는 사업체가 있으나 일시적인 병 또는 사고, 연가, 교육, 노사분규 등의 이유로 일하지 못한 일시휴직자

출처: 통계청

◆ 연봉 가장 많이 주는 대기업 ◆

대기업 평균 연봉 1위는 삼성?

SALARY

직장인의 아이덴티티를 단 하나만 고르라고 한다면 '일'일까, '연봉'일까? 쉽지 않은 선택이지만 '연봉' 쪽에 무게중심이 좀 더 실리지 않을까? 예를 들어 영업보다는 기획 업무를 하고 싶지만, 영업팀으로 옮길 경우 지금 연봉의 30%를 올려준다면 어떻게 하겠는가?

국내 매출액 상위 100대 기업 가운데 금융감독원에 사업보고서를 제출한 90개 기업을 대상으로 연봉과 근속년수를 조사한 결과, 이들 기업에 재직 중인 직장인들의 평균 연봉은 약 7,500만 원이다(남성 약 8,066만 원, 여성 약 4,933만 원). 남성에 비해 여성 직장인이 약 3,000만 원 가량 덜 받는다. 이들 기업이 고용하고 있는 직원 수는 계약직을 포함해 남성 66만6,909명(75.1%), 여성 22만727명(24.9%)이다. 대기업일수록 유리천장도 '거대하고 튼튼한' 모양인데, 언제까지 여성을 과소평가할 것인지 두고 볼 일이다.

연봉 상위 톱 10 기업을 살펴보면, 남성의 경우 평균 연봉이 모두 1억 원을 넘어섰다. 또 은행과 보험사 등 금융계 기업이 8곳이나 된다. 국내 대기업 평균 연봉 1위는 남녀 모두 코리아리재보험이란 보험사다. '재보험'이란 보험사가 보험 계약상의 책임 중 일부 또는 전부를 재보험사에게 인수(引受)시키는 보험이다. 이를테면 보험사가 가입하는 보험이다.

한편 남녀 직장인의 평균 근속년수는 각각 12.6년(남성)과 7.9년(여성)이다. 남성 근속년수가 긴 곳은 KB국민은행(21.9년), SK에너지(21.1년), KEB하나은행(19.6년), 한국전력공사(19.6년), 여천NCC(19.2년) 순이며, 여성의 경우 KT(17.0년), 한화생명(16.6년), 기아자동차(15.6년), KEB하나은행(14.9년), 한국전력공사(13.9년) 순이다. 기업마다 구조조정 칼바람이 거센 요즈음, 직장인들이 꿈꾸는 최고 덕목은 '가늘고 길게'다. 일단 오래오래 살아남고 볼 일이다.

국내 대기업 평균 연봉 순위

남자 연봉
톱 10

여자 연봉
톱 10

1위 코리안리재보험 1억1500만원
2위 삼성화재 1억1200만
3위 삼성전자 1억1200만
4위 한화생명 1억800만
5위 SK텔레콤 1억600만
6위 KEB하나은행 (옛 외환은행) 1억500만
7위 삼성생명 1억500만
8위 KB국민은행 1억400만
9위 한국씨티은행 1억300만
10위 신한은행 1억300만

1위 코리안리재보험 7900만원
2위 SK텔레콤 7500만
3위 기아자동차 7500만
4위 삼성전자 7400만
5위 현대자동차 7400만
6위 삼성물산 6600만
7위 삼성화재 6500만
8위 현대모비스 6400만
9위 한국씨티은행 6400만
10위 KT 6300만

※2014년 근로소득지급명세서의
근로소득공제 반영 전 근로소득
출처: 잡코리아

◆ 소득도 높고 전망도 좋은 직업 ◆

의사, 변호사 보다도 돈 잘 버는
전문직은 따로 있다!

돈 많이 버는 직업이 다 좋은 직업이라고 단정할 순 없지만, 소득이 직업 선택에 있어서 매우 중요한 조건임에는 틀림없다. 저축은행중앙회가 한국고용정보원의 직업별 연봉을 분석한 자료가 있다. 이 내용에 따르면 일반적으로 가장 많은 연봉을 받는 직업은 기업체 CEO 등 고위 임원으로 평균 연봉 1억988만 원이다. 물론 삼성전자 사장처럼 145억 원을 연봉으로 받는 사람도 있지만 평균을 내면 그렇다는 말이다. 눈에 띄는 것은 3위에 오른 도선사다. 연간 평균 1억539만 원을 번다. 도선사는 운하나 항만에서 선박을 안내해 부두에 접안·이안하는 직업으로, 자격 취득이 대단히 까다롭고 오랜 경험이 필요하다. 도선사는 의사나 변호사 보다도 연간 평균 소득이 높다.

상위 20위까지를 살펴보면, 대게는 고개를 끄덕일 만한 직업들이다. 특히 고소득 전문직의 대표격인 의사는 상위 20위 중에 절반을 차지한다. 한국고용정보원의 연봉 자료는 각 직업 전체가 아니라 표본으로 선택한 30명의 평균치이므로 실제와 차이가 날 수 있다.

한편, 이 같은 고소득 직업의 전망은 어떨까? 항공기 조종사가 97.2%로 가장 전망이 좋은 것으로 나타났다. 그 다음은 치과의사 93.3%, 피부과의사 76.7%, 정신과의사 63.3%, 외과의사 60.0%, 안과의사 60.0% 순이다. 전망이 좋다고 평가 받은 상위 10위 가운데 의사 계열이 7개나 포진해 있다. 직업만족도를 보면, 교수와 의사가 90점대의 높은 만족도를 보였다. 다만 치과의사만 64점으로 낮다. 연봉이 가장 높은 기업체 CEO는 75점, 회계사도 70점으로 떨어지며, 프로야구 선수는 직업만족도에서 겨우 24점을 얻었을 뿐이다.

소득이 높은 직업 순위

순위	직업	평균 연봉	전망
1위	기업체 고위 임원(CEO)	1억988만원	36.7%
2위	국회의원	1억652만	16.7
3위	도선사	1억539만	33.3
4위	성형외과의사	9278만	56.7
5위	항공기 조종사	9183만	97.2
6위	변호사	8860만	43.3
7위	외과의사	8268만	60.0
8위	치과의사	8224만	93.3
9위	대학교 총장/학장	8040만	6.7
10위	정부 고위 공무원	7403만	10.0
11위	정신과의사	7394만	63.3
12위	의약 계열 교수	7332만	36.7
13위	산부인과의사	7283만	0.0
14위	프로야구 선수	7155만	53.3
15위	안과의사	7150만	60.0
16위	피부과의사	7116만	76.7
17위	공학 계열 교수	7036만	16.7
18위	비뇨기과의사	7012만	46.7
19위	소아과의사	6889만	20.0
20위	회계사	6853만	40.0

※2012년 직업별 평균 연봉 기준. 전망은 순위와 일치하지 않음.

출처: 저축은행중앙회, 한국고용정보원 워크넷

◆ 1천만 원 이하에서 10억 원 이상, 대한민국 샐러리맨 연봉 실태 ◆

내 연봉은 전체 월급쟁이
1,636만 명 중 어느 수준?

우리나라 근로소득자, 즉 봉급을 받는 근로자들의 수는 1,635만9,770명이다(2013년 기준). 이 가운데 근로소득 과세대상자는 1,123만6,801명에 이른다(남성 737만360명, 여성 386만6,441명). 남성과 여성 비율은 각각 65.6%와 34.4%로 여성이 열세이지만, 여성 비율이 2009년 31.4%에서 2011년 33.6%, 2013년 34.4%로 해마다 조금씩 늘고 있다.

연간 과세대상 근로소득, 즉 총급여액이 1억 원을 넘는 사람은 모두 47만 2,164명으로 전체 근로소득 연말정산자의 2.89%를 차지한다. 3억 원에서 5억 원 사이는 1만3,262명으로 전체의 0.08%, 5억 원에서 10억 원 사이는 5,141명으로 0.03%이다. 10억 원이 넘는 사람은 1,676명으로, 전체 근로소득 연말정산자의 0.01%를 차지한다. 10억 원이 넘는 사람은 말 그대로 대한민국 '0.01% 샐러리맨'인 셈이다.

총급여액 규모별 구간 중에서 가장 인원이 많은 구간은 전체의 23.2%를 차지하는 '1천만 원 이하'로, 378만9,541명이다. 1천만 원 이하 가운데 과세대상자는 7.8%에 불과한 29만4,409명이며 나머지 92.2%는 과세미달자로 세금을 내지 않는다. 아니 세금을 내지 못한다고 하는 것이 타당하다.

근로소득 연말정산자 1,636만 명의 총급여액은 502조9,442억 원이고 평균 급여액은 3,044만 원이다. 전체의 63.3%를 차지하는 3천만 원 이하 근로소득 연말정산자는 모두 1,036만2,370명이다.

지역별 평균 급여액은 울산 3,919만 원, 서울 3,444만 원, 세종 3,097만 원, 경기 3,067만 원 등의 순으로 많고, 제주 2,536만 원, 인천 2,651만 원, 전북 2,702만 원, 대구 2,714만 원 순으로 적다.

과세대상 총급여 구간별 인원 수

근로소득자 ■ 과세미달자

구간	근로소득자	과세미달자
10억원 이상	1676명	
5억원 ~ 10억원	5141	
3억원 ~ 5억원	1만3262	
2억원 ~ 3억원	3만825	
1억원 ~ 2억원	42만1313	53
8천만원 ~ 1억원	46만8973	65
6천만원 ~ 8천만원	112만4751	749
5천만원 ~ 6천만원	91만5319	3524
4천5백만원 ~ 5천만원	56만5612	5638
4천만원 ~ 4천5백만원	67만8625	1만2837
3천만원 ~ 4천만원	177만1903	8만1611
2천만원 ~ 3천만원	258만9484	29만8639
1천5백만원 ~ 2천만원	180만5834	40만3837
1천만원 ~ 1천5백만원	217만7511	81만9074
1천만원 이하	378만9541	349만5132

※2013년 기준

출처: 국세청 국세통계연보

◆ 부자들이 가장 많이 사는 지역 ◆

부자, 어디에 많이 살고 어떻게 돈 벌었을까?

대한민국에서 부자의 기준은 뭘까? 도대체 재산이 얼마 이상이어야 부자소리를 들을 수 있는 걸까? KB금융지주 경영연구소가 발표한 '2015 한국 부자 보고서'에 따르면 금융자산이 10억 원 이상 개인이 국내에 약 18만1,400명가량 있는 것으로 조사됐다(2014년 말 기준). 이들 부자들이 보유하고 있는 금융자산이 약 406조 원으로 추정되는데 이는 전체 국민의 상위 0.35%가 가계 총 금융자산의 14.3%를 보유하고 있음을 의미한다. 1인당 보유자산도 평균 22억3,000만 원에 이른다.

부자의 지역별 분포를 살펴보면, 서울이 8만2,100명으로 전체의 45.2%를 차지한다. 대한민국의 부가 서울에 집중되어 있음을 수치로 증명하고 있다. 그 다음은 경기(3만6,000명), 부산(1만2,900명) 등이다. 서울 내에서는 강남 3구(강남구, 서초구, 송파구)가 3만2,000명으로 서울 부자 인구의 37.0%를 차지하고 있으며, 다음으로 양천구, 영등포구, 동작구가 뒤를 잇는다. 경기도는 성남시가 약 6,600명으로 가장 많고, 다음으로 용인시, 고양시, 수원시 순이다. 부산은 해운대구(2,800명)의 부자 수가 가장 많고, 대구 수성구(3,500명), 인천 연수구(1,200명), 대전 유성구(1,600명), 광주 북구(1,000명), 울산 남구(1,500명) 등이 해당 광역시 내에서 상대적으로 부자가 많다.

국내 부자들의 보유자산은 부동산자산 52.4%, 금융자산 43.1%, 기타자산(예술품, 회원권 등) 4.5% 등으로 구성된 것으로 나타났다. 일반 가구의 평균적인 자산 구성이 금융자산 26.8%, 거주주택을 포함한 부동산자산 67.8%인 것과 비교하면, 부자들은 일반인에 비해 부동산 대비 금융자산 비중이 월등히 높다.

대한민국 부자 지역 순위

1 서울  8만2100명

2 경기 3만6000

3 부산 1만2900

4 대구 8700

5 경남 6400

6 인천 5000

7 대전 4000

8 경북 4000

9 광주 3600

10 전북 3100

11 충남 3000

12 전남 3000

13 울산 2800

14 강원 2500

15 충북 2500

16 제주 1800

전국(※금융자산 10억원 이상 보유자)

18만1400명

일반인이 생각하는 부자들의 재산 형성 방식
※응답률은 중복 응답

58.4% ········· **1위** 부동산 투자

51.5 ········· **2위** 상속 및 증여

32.1 ········· **3위** 권력 소유

26.8 ········· **4위** 창업 및 기업 경영

11.3 ········· **5위** 주식 투자

11.2 ········· **6위** 전문가 집단의 고소득

2.3 ········· **7위** 결혼

0.9 ········· **8위** 기타

0.4 ········· 모름/무응답

◆ 가장 연봉을 많이 받는 대기업 총수 ◆

높으신 회장님들, 급여명세에도 그들만의 순위가 있다!

일본어 '자이바쓰'를 한자로 표기한 '재벌(財閥)'은 대기업의 '오너' 일가에 의한 가족경영을 통칭한다. 창업자인 아버지에서 자식으로 이어가다 다시 손자에게 경영수업을 시켜 대물림한다. 문어발식 기업 확장과 자신들도 정확히 알기 어려울 정도의 복잡한 순환출자로 겨우 10%도 안 되는 주력기업 주식을 확보하고서도 그룹 전체를 장악하는 신공을 발휘한다. 이들 재벌그룹의 주력 기업 회장이나 주력 기업을 장악한 최정상 기업의 회장이 이른바 '그룹 총수'가 된다. 그들은 '탁월한 기업 지배 수완' 못지않게 매년 회사로부터 지급받는 보수도 어마어마하다.

자본시장법 개정에 따라 5억 원 이상 연봉을 받는 등기임원의 보수 공개가 의무화되었다. 2014년 말 각 기업의 사업보고서에 따르면 가장 많은 임원보수를 받은 총수는 정몽구 현대자동차그룹 회장이다. 현대차 연봉 57억 2,000만 원, 현대모비스에서 42억9,000만 원, 현대제철에서 퇴직금 포함 115억6,000만 원 등 계열사 3곳에서 받은 보수가 모두 215억7,000만 원이다. 현대차그룹 비정규직 사원 시급을 5,580원이라고 가정할 때(2015년 기준) 1명의 비정규직 노동자가 정몽구 회장의 연봉만큼 벌려면 1,540년이 걸린다. 바꿔 말하면 정 회장 한명의 연봉은 1,540명의 비정규직 사원 가장이 1년간 가족을 먹여 살리는 봉급과 같다.

세계적 기업 CEO들의 연봉을 살펴보면, 사티아 나델라 마이크로소프트 CEO 935억 원, 로버트 아이거 월트디즈니 CEO 516억 원, 제프리 이멀트 GE CEO 414억 원, 시가총액 세계 1위 애플의 팀 쿡 CEO 102억 원 등이다. 이에 비하면 국내 재벌 총수들의 보수는 '저렴'한 걸까?

대기업 총수 연봉 순위

※2014 회계연도 총보수금액 기준
＊표시는 퇴직금 포함된 금액

1위	정몽구 현대차그룹 회장	215억7000만원＊
2위	김승연 한화그룹 회장	178억9700만＊
3위	장상돈 한국철강 회장	92억3100만＊
4위	신성재 전 현대하이스코 사장	90억9900만＊
5위	구자엽 LS전선 회장	79억436만＊
6위	최은영 유수홀딩스 회장	69억3050만＊
7위	이봉관 서희그룹 회장	61억4000만
8위	조양호 한진그룹 회장	61억43만
9위	구자열 LS그룹 회장	57억9200만＊
10위	손경식 CJ제일제당 회장	56억200만
11위	최신원 SKC 회장	47억
12위	이용열 코오롱그룹 회장	45억6105만
13위	정지선 현대백화점그룹 회장	45억
14위	김영대 대성 회장	44억4100만
15위	서경배 아모레퍼시픽그룹 회장	44억3580만
16위	류진 풍산그룹 회장	44억3500만
17위	구본무 LG그룹 회장	44억2300만
18위	정재봉 한섬 부회장	43억7000만
19위	신동빈 롯데그룹 회장	43억5000만
20위	조석래 흥성그룹 회장	40억6300만

출처: 각사 사업보고서, 재벌닷컴

그룹 총수들 중 주식 배당금 랭킹 왕은 누구?

국내 10대 그룹 총수들이 계열 상장사들로부터 받는 주식 배당금은 얼마나 될까? 2014년 결산에 따른 배당금은 모두 3,299억 원으로, 전년 배당금 2,439억 원보다 35.3%(860억 원)가 늘어난 금액이다. 주식 배당금이란 말 그대로 주식회사가 벌어들인 이익을 주주들에게 보유 주식 수에 따라 지급하는 돈이다.

10대 그룹 총수 가운데 2014년 5월부터 병원에 입원중인 이건희 삼성전자 회장의 배당금 규모가 1,758억 원으로 가장 많아 1위를 차지했다. 또한 이 회장은 10명 중 유일하게 1천억 원을 넘었다. 2위인 정몽구 현대차그룹 회장은 1년 전보다 49.4% 늘어난 742억 원이다. 3위는 최태원 SK그룹 회장으로, 329.7억 원(전년 대비 15.4% 증가)이다. 5위에 오른 신동빈 롯데그룹 회장의 배당금은 94.1억 원(전년 대비 32.8% 증가)이다.

10대 그룹 총수 가운데 배당금 증가율이 전년과 비교해 가장 높았던 이는 조양호 한진그룹 회장이다. 2013년 2.1억 원에서 2014년 9.5억 원으로 352% 증가했다. 이에 비해 현대중공업 최대주주인 정몽준 전 새누리당 국회의원은 2013년 154.4억 원 배당에서 2014년에는 무배당으로 전락했다. 현대중공업의 실적 악화가 영향을 미쳤다.

이들 10대 그룹 총수의 배당금이 큰 폭으로 늘어난 것은 정부의 배당 확대 정책에 따라 대기업들이 줄줄이 배당을 늘렸기 때문이다.

한편 10대 그룹 총수는 아니지만 이에 못지않은 배당금을 받는 재벌인사도 적지 않다. 정의선 현대자동차 부회장 314.2억 원, 홍라희 삼성미술관 리움 관장 216.6억 원, 이재용 삼성전자 부회장 215.7억 원, 서경배 아모레퍼시픽그룹 회장 204.8억 원, 정몽진 KCC그룹 회장 168.2억 원 등이다.

국내 10대 그룹 총수 주식 배당금 순위

1위
이건희 삼성전자 회장
1758억원
▲ 63.0%
(전년 대비 증감율)

6위
김승연 한화그룹 회장
84.9억
▲ 25.0%

2위
정몽구 현대차그룹 회장
742억
▲ 49.4%

7위
허창수 GS그룹 회장
53억
▼ 11.1%

3위
최태원 SK그룹 회장
329.7억
▲ 15.4%

8위
박용만 두산그룹 회장
35.6억
▲ 14.2%

4위
구본무 LG그룹 회장
192.4억
▲ 0.1%

9위
조양호 한진그룹 회장
9.5억
▲ 352.0%

5위
신동빈 롯데그룹 회장
94.1억
▲ 32.8%

10위
정몽준 현대중공업 대주주
0
▼ 100%

※2014년 말 10대 그룹 총수 배당 금액 기준

출처: 재벌닷컴

◆ 사내유보금 가장 많이 보유한 기업 ◆

곳간에 쌓아둔 돈이
가장 많은 회사는?

'사내유보금'이란 기업의 당기 이익금에서 세금과 배당, 상여금 등으로 지출한 금액을 제하고 남은 금액이다. 기업의 재무제표에 자본잉여금과 이익잉여금으로 계상되는 항목을 합친 것이다. 단순히 '쓰고 남은 현금'처럼 여겨지지만 사실은 기계·설비·건물 등 유형자산과 현금성 자산 등의 형태로 재투자되는 돈이다. 대기업들의 사내유보율(이익잉여금/총자산)은 2001년 4.6%에 불과했으나 2002년 11.9%로 급증한 뒤 최근에는 20%대를 유지하고 있다. 전반적으로 대기업은 사내유보율이 높고, 중견·중소기업은 낮다.

내수 부진 등 불황이 확산되면 잘 나가는 대기업의 막대한 사내유보금이 그 원흉으로 지목된다. 2014년 말 기준으로 전체 국내 기업의 사내유보금은 1,000조 원을 넘었고 국민의 가계부채는 1,089조 원으로 늘어났다. 정부가 가계 가처분소득 증대를 목적으로 사내유보금 과세 카드를 들먹이는 것도 다 이유가 있다.

과거 1991년경 정부는 기업의 적정유보 초과 사내유보금에 대해 25% 과세제도를 도입했었다. 그러나 1994년 15%로 과세율을 낮추더니 2002년에는 결국 사내유보금 과세제도를 폐지했다. 그러나 일부 재벌 대기업들이 쌓아 놓은 사내유보금이 700조 원에 달한다는 사실이 부각되면서 사회적 환수를 요구하는 목소리가 커졌다. 결국 2014년 사내유보금에 대한 과세는 재계의 반발에도 불구하고 '기업소득 환류세제'라는 형태로 입법화되었다. 2015년에 들어서는 기업의 이자소득이나 임대소득과 같은 금융소득에 세율을 높여 과세하는 법인세법 개정안이 제출되면서 사내유보금이 또 다시 쟁점으로 떠오르고 있다.

순위	기업	사내유보금	계열사 수
1위	삼성	232조6479억원	(계열사 수 24개)
2위	현대자동차	113조3599억	(17)
3위	SK	70조3082억	(26)
4위	포스코	49조6097억	(12)
5위	롯데	44조307억	(16)
6위	LG	43조5910억	(15)
7위	GS	22조5215억	(14)
8위	현대중공업	20조6094억	(6)
9위	한화	12조2850억	(10)
10위	CJ	11조3610억	(10)
11위	KT	10조9909억	(13)
12위	두산	8조9313억	(9)
13위	신세계	8조5612억	(9)
14위	영풍	6조9691억	(6)
15위	현대백화점	6조5207억	(8)
16위	LS	6조1939억	(12)
17위	대림	5조1755억	(5)
18위	S-OIL	4조8278억	(1)
19위	KCC	4조8253억	(2)
20위	OCI	4조1651억	(8)

기업별
사내유보금
보유 순위

※2015년 3월 말 기준
출처: CEO스코어(시이오랩)

지금은 여성 창업 시대!
치맛바람이 가장 거센 업종은?

여성이 대통령도 하는 시대인 것을 감안하면 여성CEO는 그리 대단한 것도 아니다. 시대가 변하고 있는 것이다.

국내에 여성이 대표인 개인사업체 수는 211만 개로 전체 개인사업체 수 538만 개의 39.3%를 차지한다(2013년 기준). 통계상 50%에 근접하고 있어 적지 않은 여성이 창업의 전면에 나서고 있음을 실감케 한다.

여성이 운영하는 개인사업체를 업종별로 살펴보면, 부동산임대업이 51만5,171개(전체의 24.4%)로 가장 많고, 그 뒤를 이어 소매업 42만5,234개(20.1%), 음식업 41만2,006개(19.5%), 기타 서비스업 37만5,783개(17.8%) 순이다. 비교적 소자본으로 개업할 수 있고, 진입장벽이 높지 않으며 여성의 장점과 기술을 살린 서비스업 분야에 여성의 창업이 집중되고 있다. 특히 부동산 관련 업종에서 여성 사업자의 활약이 돋보인다.

전국 17개 시·도별 분포를 살펴보면, 경기도 23.7%, 서울 22.8%, 인천 5.2%로 여성 개인사업체의 51.7%가 수도권에 모여 있음을 알 수 있다.

여성이 창업하는 사업체는 연간 43만4,152개, 폐업하는 사업체는 37만8,027개다(2013년 기준). 여성이 창업한 92만 개 사업체를 대상으로 한 조사에서 '1년 이내 폐업'이 27.9%, '1년 이상 2년 미만 폐업'이 19.2%, '2년 이상 3년 미만 폐업'이 11.5%, '3년 이상 존속'이 41.4%였다. 부동산임대업, 광업, 농·임·어업 등은 창업 후 3년 이상 존속할 비율이 60% 이상인데 비해, 소매업과 음식업 등은 35% 이하인 것으로 나타났다. 식당이나 카페 같은 요식업 계통에서 소자본으로 창업에 나서는 여성이 많지만, 실패하는 여성 사업자 또한 적지 않다.

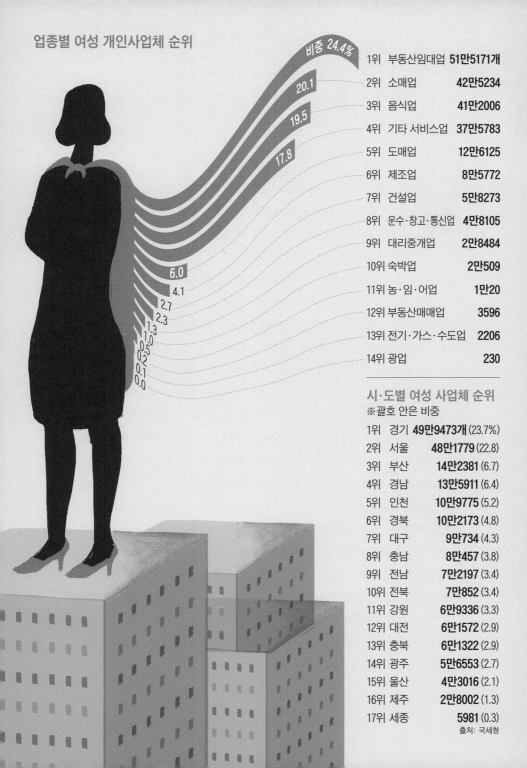

업종별 여성 개인사업체 순위

비중 24.4%

순위	업종	개수
1위	부동산임대업	51만5171개
2위	소매업	42만5234
3위	음식업	41만2006
4위	기타 서비스업	37만5783
5위	도매업	12만6125
6위	제조업	8만5772
7위	건설업	5만8273
8위	운수·창고·통신업	4만8105
9위	대리중개업	2만8484
10위	숙박업	2만509
11위	농·임·어업	1만20
12위	부동산매매업	3596
13위	전기·가스·수도업	2206
14위	광업	230

20.1
19.5
17.8
6.0
4.1
2.7
2.3
1.3
1.0
0.5
0.2
0.1
0.0

시·도별 여성 사업체 순위
※괄호 안은 비중

순위	시·도	개수 (비중)
1위	경기	49만9473개 (23.7%)
2위	서울	48만1779 (22.8)
3위	부산	14만2381 (6.7)
4위	경남	13만5911 (6.4)
5위	인천	10만9775 (5.2)
6위	경북	10만2173 (4.8)
7위	대구	9만734 (4.3)
8위	충남	8만457 (3.8)
9위	전남	7만2197 (3.4)
10위	전북	7만852 (3.4)
11위	강원	6만9336 (3.3)
12위	대전	6만1572 (2.9)
13위	충북	6만1322 (2.9)
14위	광주	5만6553 (2.7)
15위	울산	4만3016 (2.1)
16위	제주	2만8002 (1.3)
17위	세종	5981 (0.3)

출처: 국세청

◆ 직장인이 밝힌 인맥관리 노하우 ◆

최고의 황금인맥은 누구일까?

페이스북 데이터팀과 밀라노대학이 7억2,100만 명 페이스북 이용자의 690억 친구관계를 분석한 결과 이용자의 평균 거리는 4.74라는 결과를 발표했다. 클릭만으로 '디지털 친구'가 되는 페이스북 이용자 간에는 4.74단계만 거치면 서로 아는 사이가 된다는 것이다. 2008년 5.28단계에서 더 줄어든 것이다. 인간관계의 '6단계 분리 이론'이 소셜네트워크 상에서 갈수록 짧아지고 있는 것이다. '6단계 분리 이론'은 1967년 미국 하버드대 교수 스탠리 밀그램이 발표한 것이다. 밀그램 교수는 임의로 추출한 160명을 대상으로 먼 도시의 특정인에게 편지를 전달하도록 부탁했는데, 평균 5.5명을 거쳐 편지가 도달한 사실을 알아냈다. 즉, 대략 6명만 거치면 지역에 상관없이 모르는 사람과도 인맥이 닿는다는 것이다.

직장인 1,143명을 대상으로 '인맥관리 현황'을 조사해보니 응답자의 71.1%가 6단계 분리 이론을 경험한 적이 있다고 답했다. 누가 가장 도움이 되는 황금인맥인가라는 질문에는, '속마음을 다 털어놓을 수 있는 오랜 친구'라는 응답이 1위로 나타났다(38.1%). '인생의 조언을 구할 수 있는 멘토 같은 선배나 스승(23.0%)', '발이 넓어서 나에게 새로운 인맥을 소개해 줄 사람(12.0%)' 등이 뒤를 이었다. 한편, 판·검사나 변호사 등의 법조인맥, 의사·간호사 등 의료인맥, 공무원 등 공직인맥처럼 특수한 지위에 있는 인맥이 항상 최우선은 아닌 듯하다. 이들은 순위 하위권에 머물렀다. 아울러 인맥관리 노하우로는, '평소 안부전화를 챙기고 얼굴 볼 기회를 만든다(56.3%)'가 압도적으로 많다. 이 밖에도 '인맥을 넓히기 위해 모임이나 클럽에 가입해 원하는 부류의 사람들을 만난다(19.0%)', '막대한 인맥을 보유한 사람과 친하게 지낸다(11.2%)' 등의 노력을 기울이는 것으로 나타났다.

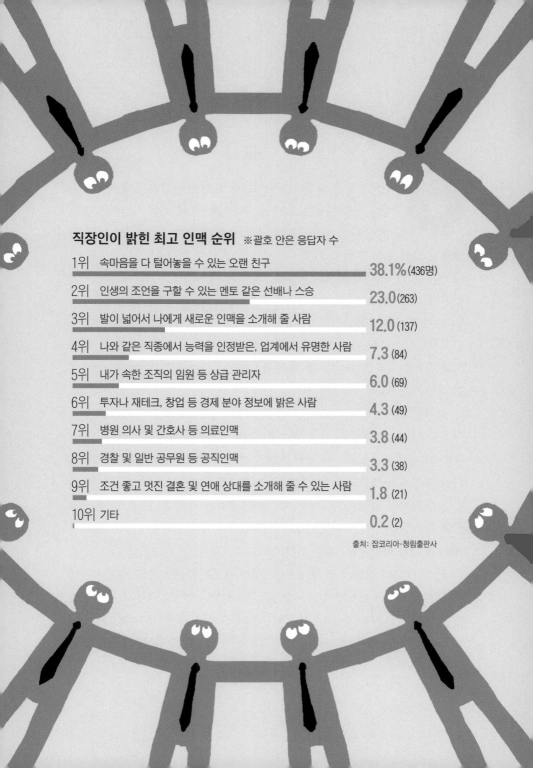

직장인이 밝힌 최고 인맥 순위 ※괄호 안은 응답자 수

순위	내용	비율
1위	속마음을 다 털어놓을 수 있는 오랜 친구	38.1% (436명)
2위	인생의 조언을 구할 수 있는 멘토 같은 선배나 스승	23.0 (263)
3위	발이 넓어서 나에게 새로운 인맥을 소개해 줄 사람	12.0 (137)
4위	나와 같은 직종에서 능력을 인정받은, 업계에서 유명한 사람	7.3 (84)
5위	내가 속한 조직의 임원 등 상급 관리자	6.0 (69)
6위	투자나 재테크, 창업 등 경제 분야 정보에 밝은 사람	4.3 (49)
7위	병원 의사 및 간호사 등 의료인맥	3.8 (44)
8위	경찰 및 일반 공무원 등 공직인맥	3.3 (38)
9위	조건 좋고 멋진 결혼 및 연애 상대를 소개해 줄 수 있는 사람	1.8 (21)
10위	기타	0.2 (2)

출처: 잡코리아·청림출판사

돌고 도는 돈, 시중에 얼마나 있나?

 한국은행이 발행하는 우리나라 화폐는 지폐인 은행권과 동전인 주화로 나뉜다. 2009년 5월부터 오만원권이 시중에 유통되면서 화폐 유통 상황이 크게 바뀌었다. 2015년 5월말 기준 권화종별 화폐 발행 잔액 순위를 살펴보면, 액면가가 가장 큰 오만원권의 발행 잔액이 57조645억 원으로 전체의 71.7%를 차지하며 1위에 올랐다. 이어 만원권 17조3,857억 원(21.9%), 천원권 1조4,591억 원(1.8%), 오천원권 1조3,018억 원(1.6%)으로 각각 집계됐다. 수량으로 보면 오만원권 11억4,129만 장, 만원권 17억3,857만 장, 천원권 14억5,911만 장이 유통되고 있다. 전체 화폐 발행 잔액은 2011년 이후 높은 증가세를 보이고 있는데, 2015년 2월에는 사상 처음 80조 원을 넘어서기도 했다.

오만원권은 발행 첫해인 2009년부터 2015년 5월까지 누적 발행액이 무려 100조2,000억 원이나 되며, 환수액은 43조1,000억 원에 이른다(평균 환수율 43%). 환수율이 낮을수록 고액권 현금 보유 성향이 늘었다는 것을 의미한다. 지하경제 유입설도 만만치 않다.

오만원권이 등장하면서 엉뚱한 곳에 불똥이 튀었다. 한국조폐공사의 신규 지폐 제조량이 3분의 1로 줄어든 것이다. 한국조폐공사는 2011년과 2012년 당기 순손실을 기록하기도 했다.

한편 2015년 상반기 중 한국은행이 폐기한 손상화폐는 1조7,341억 원에 달했다. 은행권은 만원권이 1조4,095억 원(은행권 전체 폐기액의 81.3%), 주화는 백원화가 5억 원(주화 전체 폐기액의 48.6%)으로 가장 많았다. 폐기된 손상화폐를 모두 새 화폐로 대체하려면 290억 원의 제조비가 든다. 돈이 돈을 만드는 세상이다.

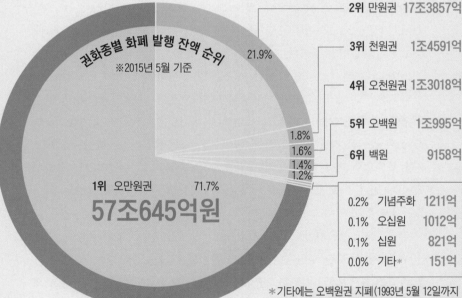

권화종별 화폐 발행 잔액 순위
※2015년 5월 기준

2위 만원권 17조3857억

3위 천원권 1조4591억

4위 오천원권 1조3018억

5위 오백원 1조995억

6위 백원 9158억

21.9%

1.8%
1.6%
1.4%
1.2%

1위 오만원권 71.7%
57조645억원

0.2% 기념주화 1211억
0.1% 오십원 1012억
0.1% 십원 821억
0.0% 기타* 151억

＊기타에는 오백원권 지폐(1993년 5월 12일까지
공식 운용)와 백원권 지폐(1980년 12월 1일까지
공식 운용), 오원 및 일원 주화 포함.

화폐 발행 잔액 연도별 추이

43조3072억원	48조6576억	54조3344억	63조3659억	74조9448억	79조5461억
2010년	2011년	2012년	2013년	2014년	2015년 5월

출처: 한국은행 경제통계시스템 ECOS

대한민국 스카이라인이 바뀌고 있다!

1971년 서울 종로구 관철동에 건축가 김중업이 설계한 삼일빌딩(지상 31층, 110미터)이 완공되었을 때만 해도 63빌딩은 상상할 수 없는 높이였다. 국내 초고층 빌딩의 효시는 누가 뭐래도 1985년 서울 여의도에 우뚝 솟은 63빌딩(지상 60층, 높이 249미터)이다. 현행 건축법은 지상 50층 이상 또는 높이 200m 이상을 초고층 빌딩으로 규정한다. 현행 법규 안에서 63빌딩은 국내 최초 초고층 빌딩인 셈이다.

2015년 10월 기준 50층 이상 초고층 빌딩은 전국에 89개나 포진해 있는 바, 격세지감을 느끼게 한다. 이 가운데 가장 높은 것은 인천 연수구에 자리 잡은 동북아트레이드타워(NEAT타워)다. 2014년에 완공되어 지상 68층, 305m의 높이를 자랑한다. 그러나 우리나라 초고층 빌딩의 종합전시장을 보려면 부산으로 가야 한다. 국내 초고층 빌딩 10위권 안에 들어가는 빌딩이 7동이나 있다. 이곳에는 층수로 국내에서 가장 높은 해운대 두산위브더제니스(지상 80층)도 있다.

상암 DMC 서울라이트 타워 취소, 용산 국제업무지구 개발 무산 등 한동안 주춤하던 초고층 빌딩 건설이 다시 활기를 띠는 듯하다. 2020년까지 준공 계획을 살펴보면, 국내 초고층 빌딩 순위를 모두 갈아치울 대형 건설 프로젝트가 진행 중이다. 그 중 최고는 단연 현대차 그룹이 추진하는 글로벌비즈니스센터(GBC)다. 서울 강남구 옛 한전부지에 지상 115층, 국내 최고 높이인 571m로 2020년 완공을 목표로 추진 중이다. 이보다 앞서 그 말 많고 탈 많은 롯데그룹의 롯데월드타워(제2롯데월드)도 2016년이면 555m 높이의 모습으로 완공될 예정이다.

초고층 빌딩 지상 높이 순위 ※2015년 10월 이전 준공된 건축물 기준

순위	높이	건물명	위치	연도
현재 1위	305m(68층)	동북아트레이드타워(NEAT타워)	인천 연수구	2014년(완공)
2위	301m(80층)	해운대 두산위브더제니스타워 A	부산 해운대구	2011년(완공)
3위	298m(72층)	해운대 아이파크 마리나타워 2	부산 해운대구	2012년(완공)
4위	289m(63층)	부산 국제금융센터	부산 남구	2014년(완공)
5위	283m(55층)	서울국제금융센터 IFC서울	서울 영등포구	2012년(완공)
6위	282m(75층)	해운대 두산위브더제니스타워 B	부산 해운대구	2011년(완공)
7위	272m(66층)	해운대 아이파크 마리나타워 1	부산 해운대구	2012년(완공)
8위	265m(70층)	해운대 두산위브더제니스타워 C	부산 해운대구	2012년(완공)
9위	265m(51층)	WBC 더 팰리스 1, 2	부산 해운대구	2011년(완공)
10위	264m(69층)	타워팰리스 3차 G동	서울 강남구	2004년(완공)
향후 1위	571m(115층) 계획중(2020년 예정)	현대차 글로벌비즈니스센터	서울 강남구	
2위	555m(123층) 건설중(2016년 완공 예정)	롯데월드타워(제2롯데월드)	서울 송파구	
3위	510m(107층) 건설중(2019년 완공 예정)	부산 롯데타운타워	부산 중구	
4위	412m(101층) 건설중(2019년 완공 예정)	해운대관광리조트(엘시티) 랜드마크타워	부산 해운대구	
5위	338m(73층) 계획중(2018년 예정)	파크원 타워 1	서울 영등포구	

출처: 국토교통부

아파트 값을 천정부지로 뛰게 하는 매직이란?

대한민국은 '아파트 공화국'이다. 전체 1,800여만 가구 중 49.6%가 아파트에 살고 있다. 한국인에게 아파트는 거주 공간 이상의 그 무엇이다. 가장 일반적인 재테크 수단이고 은퇴재원이며 상속으로 자녀들에게 대물림해줄 유산이기도 하다.

아파트도 상품인 이상 수요와 공급에 의해 가격이 결정되고 매매된다. 자동차처럼 공장에서 출하해 구매자에게 인도된 순간부터 감가상각이 이루어지는 물건과 달리 아파트는 중고라고 해서 절대 기죽지 않는다. 부동산가격은 반드시 오른다는 신화가 오랫동안 사람들의 인식을 지배해서인지 감가상각이라는 개념이 적용되지 않는 게 아파트다. 오히려 30~40년 된 낡고 조그마한 아파트가 웬만한 중형 아파트보다 더 높은 가격에 거래되는 경우도 비일비재하다. 이른바 '재건축의 매직'이다. 상식적으로 세계 어디서나 주택가격은 토지비용과 건축비를 기초로 한다. 그러나 대한민국의 아파트만은 전혀 다른 가격구조를 갖는다. 아파트 소유자가 등기부등본을 보면 자신이 보유한 대지면적은 아파트 단지 전체 면적의 0.1%에도 미치지 못한다.

KB국민은행이 조사한 아파트 가격시세를 살펴보면, 국내에서 가장 비싼 아파트 1위는 서초구 반포동의 주공1단지가 차지했다(2015년 8월 기준). 1m²당 가격이 1,891만 원으로 전국에서 가장 비싸다. 예를 들어 공급면적 109m²(33평형)을 기준으로 시가를 환산하면 20억6,119만 원에 달한다. 반포 주공1단지는 강남 재건축의 '블루칩'으로 손꼽히는 곳이다. 1974년 준공된 이곳은 대지면적만 34만m²에 달하는 대형단지로 기존 2,120가구에서 최대 5,500여 가구로 재건축을 추진 중이다.

전국 아파트 매매가격 순위 ※2015년 8월 기준. 괄호 안은 ㎡당 가격

순위	지역	단지	가격
1위	서초구 반포동	주공1단지	공급면적 109㎡(33평형) 기준 시 가격 **20억6119만원(1891만원)**
2위	강남구 개포동	개포주공(3단지)	20억3394만(1866만)
3위	강남구 개포동	개포주공(4단지)	19억6200만(1800만)
4위	강남구 개포동	개포1차지구(주공1단지)	19억4347만(1783만)
5위	서초구 반포동	에이아이디차관	19억2712만(1768만)
6위	강남구 개포동	개포(주공2단지)	19억2058만(1762만)
7위	강남구 삼성동	IPARK삼성동	15억9358만(1462만)
8위	강남구 개포동	개포시영	15억9249만(1461만)
9위	성동구 성수동	갤러리아포레	15억2164만(1396만)
10위	송파구 가락동	가락시영(2차)	15억1837만(1393만)
11위	강남구 압구정동	현대(4차)	15억1292만(1388만)
12위	송파구 가락동	가락시영(1차)	14억4207만(1323만)
13위	강남구 압구정동	현대(사원)	14억1809만(1301만)
14위	서초구 반포동	반포래미안퍼스티지	14억65만(1285만)
15위	강남구 압구정동	현대(7차)	13억9956만(1284만)
16위	강남구 대치동	개포우성2차	13억8321만(1269만)
17위	용산구 이촌동	한강맨션	13억8212만(1268만)
18위	강남구 압구정동	현대(6차)	13억7558만(1262만)
19위	강남구 청담동	청담자이	13억6250만(1250만)
20위	강남구 대치동	개포우성1차	13억5705만(1245만)

출처: KB국민은행 부동산

대학은 공부하는 곳? 돈 버는 곳!

대학의 본분은 학문의 전당이지만, 우리나라에서는 언제인가부터 '상권의 노른자위'로서의 의미도 함께 지니게 되었다. '대학 상권'이라는 용어가 전혀 낯설지 않게 된 것이다. 대학이 위치한 인근 지역은 특정 계층의 거주인구와 유동인구가 확실해 젊은 학생층을 주 타깃으로 하는 상권이 형성되거나, 하숙과 같은 숙박업 등 대학가 특유의 비즈니스가 자리 잡게 마련이다. 각 대학 상권의 연령별 소비 비중을 살펴보면, 과거에는 20대가 주류를 이뤘지만 최근에는 30대에서 40대에 이르기까지 대학가 주변을 찾는 연령대가 다양해지고 있다.

신한카드는 해마다 서울지역 10개 주요 대학 상권의 매출액 연평균 성

239 홍대입구 Hongik Univ. 弘大入口

장률을 조사 분석해 발표한다. 대학 안에 있는 신한카드 중심가맹점에서 반경 500m 이내를 각 대학 상권으로 가정한다. 이 조사에 따르면 2009년 ~2014년 사이에 가장 높은 성장률을 보인 대학 상권은 홍익대로 연평균 16.9%였다. 홍대 주변은 상권으로서 최고의 성장세를 보이고 있다. 2015년 1분기 매출액 규모에서도 493억 원으로 1위를 차지했다. 2009년 1분기 대비 2015년 1분기 매출액을 비교한 결과에서도 홍대 주변이 171.6%로 1위였다. 클럽 문화의 중심지로 주목받고 있고 각종 매스컴에 노출 빈도가 높으며 오피스 공실율도 낮아 홍대 주변의 가치 상승은 피부로 실감할 정도다. 과거 최고의 점포 임대료와 권리금을 자랑하던 이화여대 상권은 연평균 매출 성장률이 3.2%에 그쳐 10개 대학 상권 중 가장 낮은 위치로 전락했다. 연세대 상권(7.2%)도 8위에 머물렀다. '대학가 상권 신촌 불패'의 영광은 이제 옛말이 되었다.

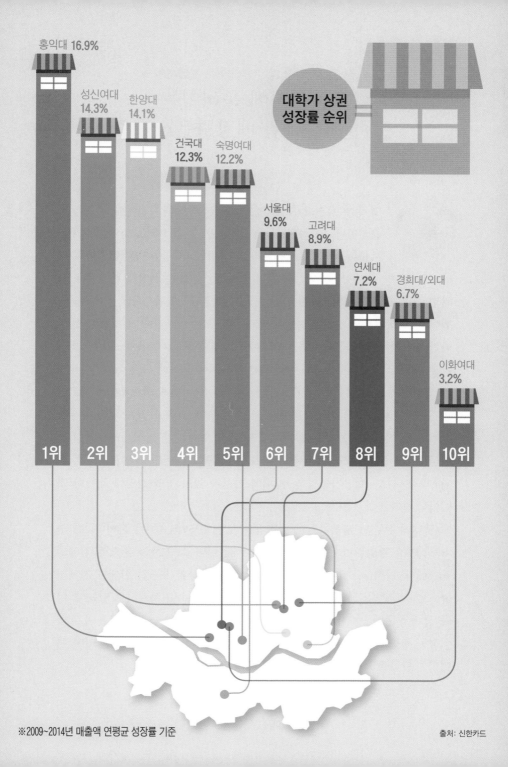

홍익대 16.9%

성신여대 14.3%

한양대 14.1%

건국대 12.3%

숙명여대 12.2%

서울대 9.6%

고려대 8.9%

연세대 7.2%

경희대/외대 6.7%

이화여대 3.2%

대학가 상권 성장률 순위

1위 2위 3위 4위 5위 6위 7위 8위 9위 10위

※2009~2014년 매출액 연평균 성장률 기준

출처: 신한카드

우리나라에 묻혀있는
지하자원 매장량은?

땅 속에는 우리가 생각지도 못해본 다양한 지하자원, 즉 광물이 묻혀있다. 땅 속에 돈으로 환산할 수 없을 정도의 어마어마한 보물이 묻혀 있는 셈이다. 금광석만 해도 625만 톤이 묻혀 있다. 이러한 땅 속 광물은, 정부가 '광업법'이라는 법률을 제정해 관리한다. 자기 땅이라고 함부로 채취해선 곤란하다는 뜻이다. 광물을 채굴·취득하려면 법에 따라 국가로부터 허가를 받아 광업권(탐사권과 채굴권)을 설정해야 한다. 다만 광물학에서 정의하는 모든 광물이 그 대상은 아니다. 법에 규정된 '법정 광물'만 해당되며 법정광물이 아닌 것은 토사석에 불과해 토지 소유권자에게 그 채취권이 귀속된다. 현재 법정광물은 금·은을 비롯해 희소광물에 이르기까지 모두 59종이다. 한국광물자원공사에서 통계를 내고 있는 광물 종류는 금, 은, 동, 아연, 철, 희토류 등 금속광물 13종과 석회석, 납석, 규석, 장석 등 비금속광물 20종, 그리고 석탄광 등 모두 34종이다. 법정광물이 되려면, 품위·광량·심도·이용가능성 등 경제적 가치가 있고 광업 경영에 적합한 것이어야 한다.

국내에 부존된 광물자원의 매장량은 모두 175억5,070만 톤이다(2012년 기준). 가장 광범위하게 부존된 석회석 매장량이 약 129억 톤으로 전체의 74%이다. 규석(26.5억 톤), 석탄광(13.5억 톤) 등 상위 1~3위 합계가 전체의 96.8%에 달한다. 상위 1~10위까지 대부분 비철금속이 차지하고 있는바, 이는 국내 부존자원의 심각한 편향성을 보여준다. 생산광물 중 자급률이 70% 이상인 광종은 석회석(100%), 고령토(92.4%), 규석(99.5%) 등 13광종이며 나머지는 자급률 10% 미만으로 수입에 의존하는 실정이다.

국내 광물자원 매장량 순위

매장량(톤)		광종별(원소기호/품위)	가채년수
129억2810만	1위	석회석	112년
26억4695만	2위	규석	453년
13억4977만	3위	석탄광	132년
1억1654만	4위	고령토	37년
1억300만	5위	장석	223년
7286만	6위	납석	156년
4967만	7위	철(Fe/39.8%)	0.4년
2945만	8위	불석	88년
2930만	9위	명반석	–
2597만	10위	희토류(R_2O_3/2.1%)	–
2339만	11위	사문석	114년
1721만	12위	연(Pb/2.7%), 아연(Zn/2.5%)	1.5년
1662만	13위	텅스텐(WO_3/0.5%)	74년
1248만	14위	운모	107년
1111만	15위	활석	59년
843만	16위	은(Ag/190.5g/t)	1.6년
717만	17위	몰리브덴(MoS_2/0.3%)	1.3년
625만	18위	금광석(Au/7.7g/t)	2.3년
585만	19위	규사	2.4년
423만	20위	규회석	119년

※**금속광** : 철(Fe), 희토류(R_2O_3), 연(Pb), 아연(Zn),
　텅스텐(WO_3), 은(Ag), 몰리브덴(MoS_2), 금(Au)
※**비금속광** : 석회석, 규석, 고령토, 장석, 납석,
　불석, 명반석, 사문석, 운모, 활석, 규사, 규회석
※**석탄광** : 석탄광

출처: 한국광물자원공사 한국자원정보서비스

R&D 인력이 가장 많은 업종에 투자하라!

업종마다 글로벌 톱에 오른 기업들을 살펴보면 대부분 연구개발(R&D) 투자에 엄청난 비중을 두고 있다. R&D를 외면하고는 미래 가치를 창출할 수 없음을 기업들은 잘 알고 있기 때문이다.

미래창조과학부와 한국과학기술기획평가원이 전국의 공공연구기관, 대학, 의료기관, 기업체 3만4,100개를 대상으로 국내 R&D의 현주소를 짚어냈다.

우선 연구개발에 종사하는 인력 현황을 살펴보면, 총 연구원 수는 41만 333명이고 연구보조원을 포함한 연구개발 인력은 56만9,333명에 달한다 (2013년 기준). 경제활동인구 1천 명당 12.4명, 인구 1만 명당 64.1명인 셈이다. 전체 연구원 41만333명 가운데 기업체에 소속된 연구원이 28만1,874명으로 가장 많다. 전체의 68.7%를 차지한다. 이들을 다시 산업부문별로 살펴보면, 제조업이 21만9,227명(77.8%)으로 가장 비중이 높다. 또 기업체 연구원을 업종별로 살펴보면 '전자부품, 컴퓨터, 영상, 음향 및 통신장비 제조업'이 9만3,269명으로 가장 많다.

국내 연구개발비는 모두 59조3,009억 원으로 세계 6위 수준이다. 이 가운데 기업체가 사용한 연구개발비는 연간 46조5,599억 원으로 전체 연구개발비의 78.5%를 차지한다. 공공연구기관이 7조2,607억 원, 대학이 5조4,803억 원이다. BT(생명공학기술), ET(환경공학기술), IT(정보통신기술), NT(나노기술), ST(우주항공기술), CT(문화컨텐츠기술) 등 미래성장동력으로 유망한 6T의 연구개발비 비중은 IT가 20조2,612억 원(전체의 34.2%)으로 가장 높고, NT 7조8,193억 원(13.2%), ET 6조359억 원(10.2%) 순이다.

전체 연구원
기관별 현황

기업체
28만1874명

대학
9만7319

공공기관
3만1140

기업체의 업종별 연구인력 보유 순위

출처: 미래창조과학부 과학기술통계서비스

인원	업종	순위
9만3269명	전자부품, 컴퓨터, 영상, 음향 및 통신장비 제조업	1위
3만7643	서비스업	2위
2만8261	자동차 및 트레일러 제조업	3위
2만1971	기타 기계 및 장비 제조업	4위
1만6194	화합물 및 화학제품(※의약품 제외)	5위
1만2965	전문, 과학 및 기술서비스	6위
1만565	전기장비 제조업	7위
9129	의료, 정밀, 광학기기 및 시계 제조업	8위
7720	건설업	9위
6295	의약품 제조업	10위
5729	기타 운송장비 제조업	11위
5281	금속가공제품(*기계 및 가구 제외)	12위
5005	음식료품 및 담배 제조업	13위
4752	고무 및 플라스틱 제품 제조업	14위
4026	섬유, 의복 및 가죽제품 제조업	15위
3024	제1차 금속제조업	16위
2611	연구개발업	17위
2008	비금속광물제품 제조업	18위
1707	가구 제조업	19위
1298	목재, 종이, 인쇄 제조업	20위
1035	전기, 가스 및 수도사업	21위
713	코크스, 석유 정제품 및 핵연료 제조업	22위
437	하수, 폐기물처리, 원료재생 및 환경복원업	23위
188	농림수산업	24위
48	광업	25위

◆ 연구개발 투자 규모가 가장 큰 분야 ◆

거금 60조 원 중
어떤 연구에 가장 많이 쓰일까?

국내 연구개발비 규모는 전 세계 6위 수준이다(59조3,009억 원, 541.6억 달러, 2013년 기준). GDP 대비 연구개발비는 4.15%로 세계 1위다. 연구개발을 수행하는 주체를 살펴보면, 기업 46조5,599억 원(78.5%), 공공연구기관 7조2,607억 원(12.2%), 대학 5조4,803억 원(9.2%) 순이다. 기업 연구개발비 46조5,599억 원 가운데 제조업 부문 연구개발비가 41조2,540억 원(88.6%)으로 압도적인 비중을 차지하는데, 이 중에서도 '전자부품, 컴퓨터, 영상, 음향 및 통신장비 제조업'이 전체 기업 연구개발비의 50.3%에 달한다.

한편 국내 전체 연구개발비 59조3,009억 원을 기술 분야별로 살펴보면, 가장 금액이 많은 1위는 전기·전자로 14조9,917억 원(전체 연구개발비의 25.3%)이다. 2위는 정보통신 11조5,019억 원(19.4%), 3위는 기계 10조1,758억 원(17.2%) 순이다. 상위 1~3위의 비중 합계가 61.9%나 될 정도로 심각하게 편중되어 있다. 가장 적은 분야는 수학 1,480억 원(0.2%), 인문·사회과학 2,489억 원(0.4%), 지구과학 5,327억 원(0.9%) 등으로 나타났다. 수학은 사교육비 가계 지출이 가장 많은 과목이지만, 국가 차원의 투자는 가장 미약하다. 역시 1%도 안 되는 인문·사회과학 분야를 감안하건대, 흔히 회자되는 '인문학의 위기'가 괜히 나온 말이 아니다.

2013년 7월부터 2014년 6월까지 1년 간 전 세계적으로 가장 많은 연구개발비를 투입한 기업은, 독일의 폭스바겐으로 135억 달러였다. 2위는 삼성 134억 달러, 3위는 인텔 106억 달러 순이다. 세계 상위 20위권에 국내 기업은 삼성이 유일하다.

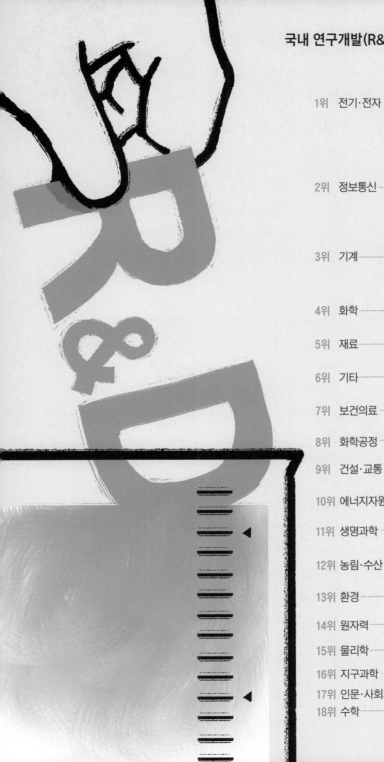

국내 연구개발(R&D) 분야별 투자 순위

1위 전기·전자 ···· 14조9917억원(25.3%)

2위 정보통신 ········· 11조5019억(19.4)

3위 기계 ············· 10조1758억(17.2)

4위 화학 ············· 3조7170억(6.3)

5위 재료 ············· 3조1217억(5.3)

6위 기타 ············· 2조6229억(4.4)

7위 보건의료 ········· 2조4479억(4.1)

8위 화학공정 ········· 1조7023억(2.9)

9위 건설·교통 ········ 1조5919억(2.7)

10위 에너지자원 ····· 1조5468억(2.6)

11위 생명과학 ········· 1조4458억(2.4)

12위 농림·수산 ········· 1조2778억(2.2)

13위 환경 ·············· 9687억(1.6)

14위 원자력 ··········· 7197억(1.2)

15위 물리학 ··········· 5396억(0.9)

16위 지구과학 ········· 5327억(0.9)

17위 인문·사회과학 ···· 2489억(0.4)

18위 수학 ·············· 1480억(0.2)

출처: 미래창조과학부

돈이 되는 지식재산권은
어디에 몰려 있나?

태양 아래 진정으로 새로운 것이 있을까? 특허의 조건으로 신규성과 독창성이 강조되지만 세상에 전혀 없었던 새로운 것을 발명하는 것은 현실적으로 불가능하다. 발명과 창작은 결국 응용의 확장에서 비롯될 수밖에 없기 때문이다. 애플의 스티브 잡스는 자사의 제품을 모방한 기업들을 카피캣(copycat)이라고 비판했지만, 한편으로는 "훌륭한 아이디어를 훔치는 것을 부끄러워한 적이 없다"라고 주장하면서 남의 아이디어를 응용해서 혁신적인 제품을 만들었다.

특허청 지식재산 통계에 따르면 2014년 기준 국내 전체 지식재산권 출원은 총 43만4,047건(전년 대비 0.9% 증가)이며, 이 가운데 특허는 21만292건이다. 엄밀히 말하면, '새로운 발명'이 아니라 '응용'의 독창성을 묻는 신청이 수십 만 건 있었다는 얘기다.

실용신안(작은 특허)을 포함한 특허 출원건수를 61개 산업별로 살펴보면, 일반기계 분야(2만1,854건)가 가장 많고, 이어 화학 분야(2만1,730건), 컴퓨터·정보처리 분야(1만5,143건) 순이다. 전년 대비 출원건수 증가율이 높은 분야는 담배제조업(54.1%), 선박제조업(31.7%), 세제 및 화장품제조업(30.7%) 등이다. 특히 담배제조업 출원이 급격하게 증가한 이유는 담뱃값 인상 영향으로 전자담배 관련 출원이 증가한 것으로 특허청은 분석하고 있다.

특허 최다 출원 업체·기관을 살펴보면, 대기업은 삼성전자가 7,574건, 중견기업은 한라비스테온공조(현재 한온시스템)가 523건, 중소기업은 넥스다임 393건, 대학은 한국과학기술원 1,023건, 공공연구기관은 한국전자통신연구원이 2,165건을 출원해 각각 최다 출원 1위를 차지했다.

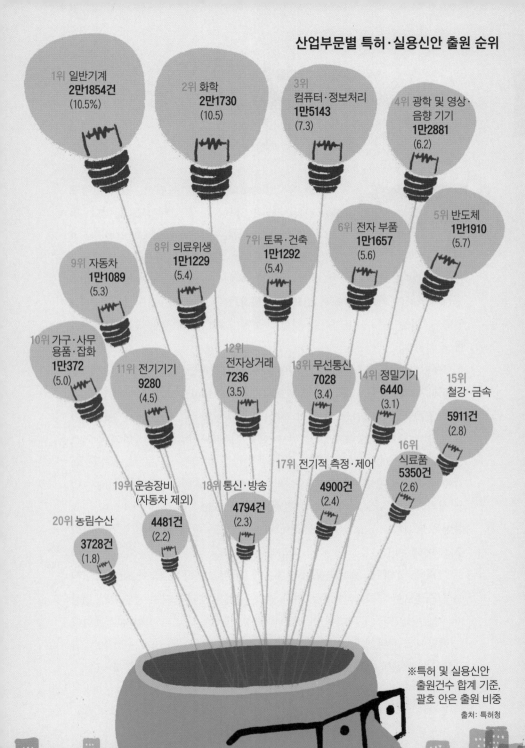

산업부문별 특허·실용신안 출원 순위

1위 일반기계
2만1854건
(10.5%)

2위 화학
2만1730
(10.5)

3위
컴퓨터·정보처리
1만5143
(7.3)

4위 광학 및 영상·
음향 기기
1만2881
(6.2)

5위 반도체
1만1910
(5.7)

6위 전자 부품
1만1657
(5.6)

7위 토목·건축
1만1292
(5.4)

8위 의료위생
1만1229
(5.4)

9위 자동차
1만1089
(5.3)

10위 가구·사무
용품·잡화
1만372
(5.0)

11위 전기기기
9280
(4.5)

12위
전자상거래
7236
(3.5)

13위 무선통신
7028
(3.4)

14위 정밀기기
6440
(3.1)

15위
철강·금속
5911건
(2.8)

16위
식료품
5350건
(2.6)

17위 전기적 측정·제어
4900건
(2.4)

18위 통신·방송
4794건
(2.3)

19위 운송장비
(자동차 제외)
4481건
(2.2)

20위 농림수산
3728건
(1.8)

※특허 및 실용신안
출원건수 합계 기준,
괄호 안은 출원 비중

출처: 특허청

◆ 점유율이 가장 높은 PC용 웹브라우저 ◆

한국인은 낡은 웹브라우저 애호가?

디지털시대의 중심은 여전히 '인터넷'이고 인터넷의 자원은 '월드 와이드 웹'이다. 월드 와이드 웹은 웹브라우저(web browser) 없이는 성립하지 못한다. 그러므로 검색엔진과 더불어 웹브라우저를 정복하면 디지털시대를 좌지우지 할 수 있다. 조금 과장되긴 하지만 틀린 말이 아니다. 웹브라우저란 인터넷망에서 정보를 검색하는 데 사용하는 응용 프로그램을 말한다. 이를 통해 사용자들은 영상을 보거나 메일을 주고받고 다양한 자료를 올리고 내려 받는다.

1990년 팀 버너스리가 월드 와이드 웹을 개발하면서 첫 웹브라우저를 만든 이래 수많은 웹브라우저가 출현했다. 이른바 '브라우저 전쟁'이 발발한 것이다. 1993년 '모자이크'에 이어 1994년 본격적인 웹브라우저인 '넷스케이프'에 네티즌이 열광하자 OS공룡 마이크로소프트가 1995년 '인터넷 익스플로러(IE)'를 개발해, 운영체제 윈도의 막강한 파워를 배경으로 점유율 전쟁에서 승자가 됐다. 이후 IE의 추락은 구글이 2008년에 '크롬'을 내놓으면서 시작되었다. 글로벌 점유율을 살펴보면, 크롬 50.25%, 사파리 13.39%, 파이어폭스 10.72%, 오페라 5.16%이며, IE는 모두 합해 12.88%에 불과하다 (2015년 6월 기준).

그런데, 국내 PC 웹브라우저 점유율을 살펴보면, 마이크로소프트의 '인터넷 익스플로러 8'이 26.43%로 가장 높다. 세계적인 추세와는 동떨어진 현상이 아닐 수 없다. 이에 대해 한국인 사용자만 '낡은 기술'과 작별하지 못한다는 비판이 드세다. 일본의 '갈라파고스화'를 비웃던 우리가 이제는 스스로 '갈라파고스화'됨에 따라 세계인으로부터 비웃음을 사는 처지에 놓인 것이다.

국내 PC용 웹브라우저 점유율 순위

순위	브라우저	점유율
1위	인터넷 익스플로러(IE) 8	26.43%
2위	크롬(Chrome)	22.70
3위	인터넷 익스플로러(IE) 11	18.10
4위	인터넷 익스플로러(IE) 9	17.33
5위	인터넷 익스플로러(IE) 10	12.01
6위	파이어폭스(Firefox)	1.58
7위	사파리(Safari)	0.86
8위	인터넷 익스플로러(IE) 7	0.19
9위	인터넷 익스플로러(IE) 6	0.08
10위	오페라(Opera)	0.08
	기타	0.64

개발사
마이크로소프트
구글
모질라 재단, 모질라 코퍼레이션
애플
오페라 소프트웨어

출처: 스탯카운터

사이버 환경오염 주범 스팸,
도대체 얼마나 많길래?

셀 수 없을 정도로 많은 PC와 스마트폰이 하루종일 네트워크에 연결되면서 엄청난 양의 정보를 주고받는다. 인터넷에 접속되어 있는 이상 피할 수 없는 것이 있다. 바로 스팸 메시지 수신이다.

방송통신위원회는 매년 2회 휴대폰 문자스팸과 이메일스팸의 발송량과 수신량 등의 현황을 조사·분석해 발표한다. 2014년 기준 휴대폰 문자스팸은 상반기 703만9,228건, 하반기 306만5,815건 등 모두 1,010만5,043건에 달했다. 광고유형별 순위를 살펴보면, 스포츠도박 웹사이트 홍보 등 도박에 관한 내용이 가장 많아 380만201건(전체 건수의 37.6%)으로 1위를 차지했다. 이어 2위 대리운전 89만2,267건(8.8%), 3위 대출 66만2,370건(6.6%), 4위 통신상품 등 가입권유 50만2,130건(5.0%) 순이다. 휴대폰 문자스팸의 전송 경로를 살펴보면, 다량의 휴대폰 회선에 가입해 스팸을 발송하는 경우가 54.5%로 가장 많으나 휴대폰 스팸 차단이 강화되면서 최근 급격히 줄어드는 추세다. 반면, 대량 문자 발송 서비스를 이용하는 경우는 41.6%로 증가하고 있다.

그런데 '스팸'은 정말 스팸 햄과 관계가 있는 것일까? 결론은 그렇다. 스팸은 원래 미국의 식품회사 호멜푸즈(Hormel Foods)가 공모해 'Spiced Ham'에서 이름을 딴 대표상품이다. 적극적인 마케팅 전략으로 '스팸' 광고를 노출하자 광고 공해가 사회문제로까지 부각됐다. 인터넷 시대에 접어들면서 "원하지 않는 사람에게 무차별적으로 뿌려대는 보고 싶지도 듣고 싶지도 않은 광고 메시지"라는 부정적 의미를 얻게 된 것이 오늘날 스팸인 것이다.

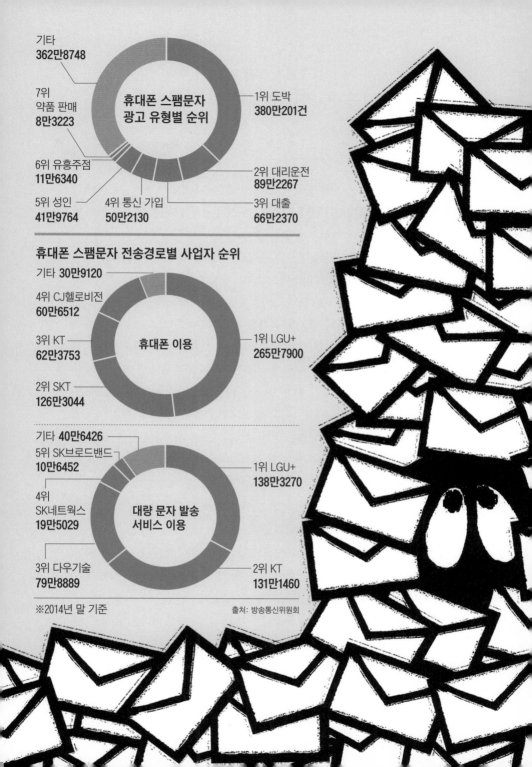

휴대폰 스팸문자 광고 유형별 순위

기타
362만8748

7위 약품 판매
8만3223

6위 유흥주점
11만6340

5위 성인
41만9764

4위 통신 가입
50만2130

1위 도박
380만201건

2위 대리운전
89만2267

3위 대출
66만2370

휴대폰 스팸문자 전송경로별 사업자 순위

휴대폰 이용

기타 30만9120

4위 CJ헬로비전
60만6512

3위 KT
62만3753

2위 SKT
126만3044

1위 LGU+
265만7900

대량 문자 발송 서비스 이용

기타 40만6426
5위 SK브로드밴드
10만6452

4위
SK네트웍스
19만5029

3위 다우기술
79만8889

1위 LGU+
138만3270

2위 KT
131만1460

※2014년 말 기준

출처: 방송통신위원회

◆ 신차 구입 시 컬러 선호도 ◆

불황일수록 흰색 차가 더 팔린다?

국내에 등록된 자동차 수가 무려 2,054만8,879대다(2015년 6월 기준, 이륜차 등 제외). 자동차 등록대수 2천만 대 돌파는 세계에서 15번째이고 아시아에서는 일본, 중국, 인도에 이어 4번째다.

미국의 한 심리연구기관에 따르면, 경제가 어려울수록 화이트 계열의 자동차를 선호하는 경향이 두드러진다고 한다. 궁핍할수록 밝은 색을 찾는 보상 심리가 작용하기 때문이란다.

우리나라에는 어떤 색의 자동차가 가장 많을까? 물론 2,000만 대 전부를 대상으로 조사한 통계는 없다. 글로벌 도료업체 액솔타(Axalta)가 해마다 발표하는 자동차 색깔 선호도 조사에 따르면, 2014년 한국에서 판매되는 자동차 색깔 가운데 가장 선호도가 높은 것은 솔리드 화이트, 즉 흰색이다(23%). 이어 블랙과 실버, 그레이(각각 15%), 펄 화이트(11%) 순이다. 상위 5위까지 79%가 무채색 계열을 선택하는 것으로 나타났다. 블루, 레드, 브라운 등 유채색은 모두 합해 21%에 머물렀다. 언론사 「머니투데이」는 이를 토대로 2015년 상반기 국내 대표 판매 차종의 색상별 비율을 조사했다. 차종 가격이 비쌀수록 무채색 비율이 높고, 특히 법인 수요가 많은 차량일수록 검정색을 선택하는 경향이 짙은 것으로 나타났다.

'무채색' 선호 경향은 세계적으로 공통된 현상이다. 액솔타 조사에 따르면 전 세계 판매 차종의 29%가 화이트였다. 그 뒤를 이어 블랙(19%), 실버(14%), 그레이(12%), 레드(9%), 블루(6%), 브라운(5%), 옐로우(3%) 순이다. 무채색 선호가 흰색 제품으로 성공을 거둔 '애플 효과' 때문이라는 분석도 있다. 국내 소비자가 무채색을 선호하는 또 다른 이유는 중고차 가격 때문이다. 중고차 매매 시 유채색 차량은 감가율이 높다.

국내 신차 구입 시 컬러 선호도 순위

출처: 액솔타, 머니투데이

1위 솔리드 화이트 23%

2위 블랙　　15%

3위 실버　　15%

4위 그레이　　15%

5위 펄 화이트　　11%

6위 블루　　6%

7위 레드　　6%

8위 브라운/베이지 5%

9위 옐로우/골드　　1%

10위 그린　　1%

쏘나타 색상별 판매비율　　　블루 / 레드 / 브라운 3

화이트 35%	실버 26	메탈릭 19	블랙 17

그랜저　　　블루 / 브라운 1
실버 7

블랙 54	화이트 23	메탈릭 15

쏘렌토　　　기타 1
메탈릭 5

그레이 39	화이트 31	블랙 17	실버 7

쉐보레 스파크　　　프래그 블랙　솔라 레드 3

삿포로 화이트 35	17	10	10	10	기타 15

어반 티타늄 그레이　시크릿 라벤더　미스틱 스카이 블루

보험 가입 시 놓치지 말아야 할
가장 중요한 체크포인트

보험은 보험 가입자에게 보험 약관에 명시된 재해에 의해 발생한 경제적 손실을 보상해주는 계약이다. 불확실한 미래에 대한 인간의 불안한 심리를 이용한 대표적인 금융상품이다.

보험의 구조를 뜯어보면, 보험 가입자 가운데 아주 일부만이 손실을 입는다. 이들의 손실은 보험사가 보험 가입자 전체에게서 징수한 보험료에서 충당된다. 보험사는 해당 보험에서 예상되는 위험의 정도를 산정하고 이에 따라 발생하는 비용을 훨씬 넘는 보험료를 가입자들로부터 거둬들인다. 보험 가입자 전체가 불운한 일부 가입자를 보상해주고 보험사의 수익까지도 보장해주는 것이다.

이러한 보험업의 메커니즘을 감안하건대, 보험 가입자가 열심히 보험료를 납입했는데도 막상 보험사로부터 보험금을 받아야 할 때 받지 못한다면 그처럼 당황스러운 일도 없다. 금융소비자원이 보험사(생명보험사 22개, 손해보험사 14개)들의 보험금 부지급률, 즉 고객이 보험금을 청구한 건 중 보험금이 지급되지 않은 비율을 조사했더니, 생명보험사로는 AIA생명(3.13%)이, 손해보험사로는 에이스손보(2.42%)가 각각 1위를 차지했다. 생보업계와 손보업계의 평균적인 부지급률이 각각 0.94%, 0.87%이므로 이들 1위 업체들은 평균의 3배를 웃돈다.

사람들은 대개 보상 조건이 좋은 보험 상품에만 귀를 기울일 뿐 보험금 부지급률은 간과하기 일쑤다. 화장실 가기 전과 갔다 온 후 사람 마음 다르다는 말도 있듯이 화장실 가기 전(보험 계약 전)에 꼼꼼히 따져 봐야 할 것 가운데 하나가 보험금 부지급률인 것이다.

보험사별 보험금 부지급률 순위 ※2014년 기준

순위	생명보험사	부지급률	평가
1위	AIA	3.13%	하
2위	하나	2.38	하
3위	KDB	2.19	중하
4위	KB	1.92	중하
5위	동양	1.68	중하
6위	농협	1.61	중하
7위	미래에셋	1.43	중
8위	푸르덴셜	1.40	중
9위	알리안츠	1.39	중
10위	ING	1.13	중
11위	한화	1.10	중
12위	라이나	1.07	중
13위	동부	1.06	중
14위	ACE	1.00	중
15위	현대라이프	0.97	중
16위	PCA	0.96	중
17위	교보	0.83	중상
18위	삼성	0.78	중상
19위	메트라이프	0.77	중상
20위	흥국	0.75	상
21위	DGB	0.55	상
22위	신한	0.41	상

생명보험사

순위	손해보험사	부지급률	평가
1위	에이스손보	2.42%	하
2위	AIG손보	1.91	하
3위	흥국화재	1.58	하
4위	MG손보	1.27	중
5위	한화손보	1.22	중
6위	롯데손보	1.17	중
7위	농협손보	1.13	중
8위	더케이손보	1.07	중
9위	삼성화재	0.86	중
10위	현대해상	0.84	중
11위	LIG손보	0.81	중
12위	동부화재	0.61	상
13위	메리츠화재	0.48	상
14위	AXA손보	0.37	상

손해보험사

출처: 금융소비자원

◆ 가장 빈번한 보험사기 유형 ◆

옷깃만 스쳐도 전치 4주?

보험사기란 보험회사를 속여 보험계약상 지급받을 수 없는 보험금을 받아내는 행위다. 형법상 사기죄로 처벌되는 명백한 범죄다. 보험사기가 끊이지 않는 이유는, 사람이 아니라 회사를 상대로 사기를 치는 것이라 죄책감이 옅고, 보험금이 크지 않을 경우 대게 서류만으로 일처리가 진행되므로 비교적 성공 가능성이 높을 뿐만 아니라, 적발되어도 처벌이 가볍다. 또 보험업계 내부사정에 정통한 보험설계사나 대리점 등 관계자가 연루되는 경우도 적지 않다.

2014년에 적발된 보험사기 금액은 5,997억 원, 적발인원은 8만4,385명에 이른다. 손해보험이 93.1%로 대부분을 차지한다. 또 손해보험 중에서 자동차 보험사기가 전체 적발인원의 72.5%(6만1,218명)로 압도적이다.

유형별 보험사기 적발인원은 음주·무면허 운전이라 보험금을 청구할 수 없는데도 이를 허위로 신청한 경우가 가장 많다(적발인원 1만9,749명, 적발 금액 742억 원). 이어 운전자 바꿔치기 1만3,573명(574억 원), 사고내용 조작 1만1,536명(1,065억 원), 고지의무 위반 8,103명(605억 원), 허위(과다) 입원 7,834명(735억 원) 순으로 모두 자동차보험 관련 보험사기다.

국내 생명보험사의 보유계약 건수는 약 8,387만 건, 손해보험 원수계약 건수는 약 1억4,896만 건이다. 손해보험에는 화재보험 58만 건, 해상보험 27만 건, 자동차보험 4,003만 건이 포함된다(2015년 3월 말 기준). 또한 생명 보험 수입보험료는 110.6조 원, 손해보험 보유보험료는 68.9조 원에 달한다 (2014년 12월 말 기준). 보험 시장 규모로 세계 6위에 해당한다. 시장이 커지는 만큼 보험사기와 같은 부작용도 늘어간다. 하지만 이로 인해 치러야 하는 사회적 비용이 연간 3조 원이 넘는다면? '도덕적 해이'로 인해 선량한 국민이 져야 할 '사회적 부담' 치고는 좀 지나치다.

유형별 보험사기 순위 ※2014년 말 기준

적발금액

순위	유형	인원	적발금액
1위	음주·무면허 운전	1만9749명	742억원
2위	운전자 바꿔치기	1만3573	574
3위	사고내용 조작	1만1536	1065
4위	고지의무 위반	8103	605
5위	허위(과다) 입원	7834	735
6위	피보험자 과장청구	5969	311
7위	고의 충돌	4465	291
8위	사고차량 바꿔치기	4215	131
9위	사고 후 보험가입	1253	44
10위	자살, 자해	1170	576
11위	정비공장 과장청구	897	43
12위	피해자(피해물) 끼워넣기	706	44
13위	허위(과다) 장해	467	181
14위	보유불명 사고	404	8
15위	허위(과다) 진단	361	47
16위	병원 과장청구	320	43
17위	차량 도난	251	50
18위	자기재산 손괴	138	14
19위	살인, 상해	81	100
20위	방화	32	96
21위	허위 수술	7	3
22위	허위 사망, 실종	3	3

출처: 금융감독원 보험사기방지센터

◆ 소비 유형별 신용카드 결제 ◆

신용카드 어디에서 가장 많이 쓸까?

이제 신용카드 없는 일상생활이란 상상하기 어렵게 됐다. 그만큼 현금보다 더 보편적인 결제 수단이 됐다. 금융감독원에 따르면 2014년 말 기준 신용카드 발급 수는 9,232만 장이나 된다. 그나마 전년 대비 971만 장(9.5%)이 감소한 수치다. 체크카드는 1억77만 장으로 전년보다 325만 장(3.3%) 늘었다. 신용카드사별로 단순 합계한 회원 수는 7,012만 명으로 국내 전체 인구의 1.39배에 달한다. 한국은행에 따르면 국내 신용카드 보유 비율은 86%로 10명 중 8,9명은 카드를 소지하고 있는 셈이다. 미취학아동 빼고 다 갖고 있다는 얘기다.

한국인은 국내에서 물건 등을 구매할 때 50.6% 이상이 신용카드로 결제한다. 캐나다(41%), 미국(28%), 호주(18%) 등 다른 나라와 비교해 월등히 높다. 한국은행 통계로 개인이 사용한 신용카드의 소비 유형별 사용처를 살펴보면, '일반음식점'에서 사용한 금액이 39조9,099억 원(전체의 약 10.9%)으로 1위를 차지했다. 이어 '홈쇼핑 및 인터넷 쇼핑몰' 36조6,708억 원(10.0%), '주유소' 32조1,285억 원(8.8%), '대인서비스 및 용역 제공 업체' 27조4,107억 원(7.5%), '대형마트 등 할인점' 24조8,294억 원(6.8%) 순이다.

신용카드를 과소비의 주범으로 몰아붙이면서 돈을 모으려면 그것부터 없애라고들 한다. 일리 있는 주장이지만, 현실적으로 불가능하기도 하고 반드시 맞는 말도 아니다. 최근 들어 신용카드 포털사이트에서 자신의 소비 패턴을 입력한 뒤 적절한 카드를 골라 발급받는 '합리적 소비족'이 늘고 있다. 포인트 적립과 마일리지, 무이자 할부를 적재적소에 활용하면 한 달에 몇 만 원 이상 절약할 수 있다. 신용카드를 무조건 안 쓰는 게 능사가 아니라 어떻게 사용하느냐가 관건인 것이다.

소비 유형별 신용카드 결제 순위

순위	비중	유형별 사용처	사용금액
1위	10.9%	일반음식점	39조9099억원
2위	10.0	홈쇼핑 및 인터넷 쇼핑몰	36조6708억
3위	8.8	주유소	32조1285억
4위	7.5	대인서비스 및 용역 제공 업체	27조4107억
5위	6.8	할인점(대형마트)	24조8294억
6위	4.2	국산 신차 판매업체	15조2633억
7위	4.2	슈퍼마켓	15조2301억
8위	3.8	백화점	13조9480억
9위	3.6	금융보험	13조254억
10위	3.0	종합/일반병원 외 기타 의료기관	11조377억
11위	2.8	전자/통신제품 판매업체	10조3471억
12위	2.6	일반병원	9조6698억
13위	2.5	학원	9조1730억
14위	2.4	의류 및 직물제품 판매업체	8조8937억
15위	2.1	레저시설/레저용품 판매업체	7조7504억
16위	2.0	종합병원	7조2398억
17위	1.7	자동차부품 및 정비업체	6조3051억
18위	1.6	농축수산물 판매업체	6조122억
19위	1.5	기타 유통업체	5조4173억
20위	1.2	대중교통	4조5008억

출처: 한국은행 경제통계시스템

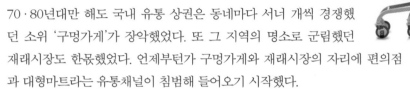

◆ 대형마트와 편의점에서 가장 많이 팔리는 상품 ◆

대형마트와 편의점을 먹여 살리는 베스트셀러들

70·80년대만 해도 국내 유통 상권은 동네마다 서너 개씩 경쟁했던 소위 '구멍가게'가 장악했었다. 또 그 지역의 명소로 군림했던 재래시장도 한몫했었다. 언제부턴가 구멍가게와 재래시장의 자리에 편의점과 대형마트라는 유통채널이 침범해 들어오기 시작했다.

과거 구멍가게를 먹여 살렸던 베스트셀러 품목은 단연 '담배'였다. 심지어 구멍가게가 담뱃가게로 불렸었다. 재래시장에서는 '콩나물'과 '두부' 그리고 생선류가 각축을 벌였다. 그러면 지금의 편의점과 대형마트를 먹여 살리는 품목은 뭘까? 대형마트의 경우, 롯데마트에서 1년간 신선식품을 제외한 규격상품의 판매량을 집계한 바에 따르면 라면류가 1위부터 3위를 휩쓸었다. 농심 신라면이 1,628만 개로 가장 많이 팔린 상품 1위에 올랐다. 상위 20위 안에 든 품목은 라면 10종, 먹는샘물 4종, 주류 3종, 유제품 2종, 음료 1종이다. 편의점에서 가장 많이 팔리는 상품 1위는 오비맥주 카스 큐팩 500ml(캔)이다. 2위도 오비맥주의 카스 355ml(캔)이 차지했다. 3위에는 빙그레 바나나맛 우유 240ml(팩)이 올랐다. 한국편의점협회가 공표하는 2013년 기준 판매 상위 50위 품목에는 맥주 14종, 소주 4종, 막걸리 1종, 일반음료 14종, 커피음료 9종, 건강음료 1종, 우유 및 유제품 5종, 라면 2종 등이 랭크됐다. 담배는 2015년 1월 담뱃값 인상에 따른 판매량 감소로 순위에서 사라졌다. 얼마 전까지만 해도 담배가 편의점 매출 구성비에서 약 40% 가량을 차지했었다. 재미있는 사실은 편의점이건 대형마트건 베스트셀러 품목이 대체로 주류와 음료 등 액체 위주의 상품이라는 점이다. 특히 마시는 물(생수)이 베스트셀러의 한 자리를 차지할 거라곤 30년 전에는 상상도 못했을 것이다.

편의점 베스트 판매 품목 순위

순위	상품명
1위	카스 큐팩 500ml(캔)
2위	카스 355ml(캔)
3위	바나나맛우유 240ml
4위	참이슬fresh 360ml(병)
5위	카스 큐팩 1.6L
6위	헛개컨디션 100ml(병)
7위	참이슬클래식 360ml(병)
8위	레쓰비마일드 200ml(캔)
9위	여명808 140ml(캔)
10위	서울우유 1000ml(팩)
11위	카스라이트 큐팩 1.6L
12위	처음처럼 360ml(병)
13위	코카콜라 1500ml(P)
14위	제주삼다수 500ml(P)
15위	서울장수생막걸리 750ml(P)
16위	코카콜라 500ml(P)
17위	카스 큐팩 1000ml(P)
18위	카스 후레쉬 640ml(병)
19위	박카스F 120ml(병)
20위	제주삼다수 2L

대형마트 베스트 판매 품목 순위

순위	상품명
1위	농심 신라면(5개입)
2위	농심 올리브 짜파게티(5개입)
3위	농심 안성탕면(5개입)
4위	오비맥주 카스(캔/355ml)
5위	농심 너구리 얼큰한맛(5개입)
6위	제주삼다수 500ml
7위	제주삼다수 2L
8위	빙그레 요플레 기획(10개입)
9위	삼양라면(5개입)
10위	초이스엘 샘물 2L
11위	하이트(캔/355ml)
12위	오뚜기 진라면 매운맛(5개입)
13위	펩시콜라 캔(250ml 6캔입)
14위	오뚜기 진라면 순한맛(5개입)
15위	초이스엘 샘물 500ml
16위	농심 육개장사발면(6개입)
17위	매일 ELS 우유 1L 기획(2개입)
18위	팔도 비빔면(5개입)
19위	오뚜기 스낵면(5개입)
20위	진로 참이슬(병/360ml)

출처: 한국편의점협회, 롯데마트

◆ 국내에 가장 많이 출점한 편의점 브랜드 ◆

편의점 출점 전쟁의 승자는?

국내에 편의점이 들어온 것은 1989년 5월경이다. 당시 잠실 올림픽지구 안에 세븐일레븐이 처음 등장한 이래 속칭 동네 구멍가게를 대체하면서 편의점이라는 업태로 정착했다. 편의점업계는 대기업 브랜드의 공세적인 출점 전략으로 매년 두 자릿수 이상의 점포 수와 매출 신장을 이어왔다. 경제위기 때마다 실업·은퇴 인구를 편의점 창업으로 유도해 오히려 고속성장의 기반을 닦았다는 분석도 있다. 최근 편의점업계는 시장 포화와 경쟁 격화, 대기업 브랜드 출점 규제 정책, 가맹사업본부와 가맹점주 사이의 갑을논란 등 양적 성장이 한계에 다다른 듯하다. 브랜드별 매장 수 현황을 살펴보면, 이렇게 많은 편의점이 도처에 있었나 하는 생각이 들 정도다.

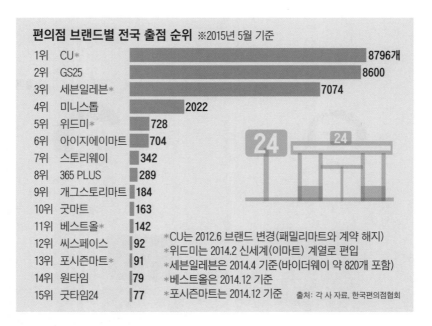

편의점 브랜드별 전국 출점 순위 ※2015년 5월 기준

순위	브랜드	개수
1위	CU*	8796개
2위	GS25	8600
3위	세븐일레븐*	7074
4위	미니스톱	2022
5위	위드미*	728
6위	아이지에이마트	704
7위	스토리웨이	342
8위	365 PLUS	289
9위	개그스토리마트	184
10위	굿마트	163
11위	베스트올*	142
12위	씨스페이스	92
13위	포시즌마트*	91
14위	원타임	79
15위	굿타임24	77

*CU는 2012.6 브랜드 변경(패밀리마트와 계약 해지)
*위드미는 2014.2 신세계(이마트) 계열로 편입
*세븐일레븐은 2014.4 기준(바이더웨이 약 820개 포함)
*베스트올은 2014.12 기준
*포시즌마트는 2014.12 기준

출처: 각 사 자료, 한국편의점협회

2

라이프스타일

생활여건, 결혼, 이주, 주거, 노후 etc

◆ 한국인이 가장 많이 사용하는 생활시간 ◆

하루 24시간,
어디에 얼마나 쓸까?

우리나라 국민은 하루 24시간 중에서 무엇을 하는데 얼마나 많은 시간을 보
낼까? 통계청이 해마다 발표하는 '국민 생활시간조사'를 살펴보면 잘 알 수
있다. 통계청 조사에서는 국민 생활시간을 크게 필수생활시간, 의무생활시
간, 여가생활시간으로 나눈다. 필수생활시간은 잠과 식사 등에 소요되는 시
간이고, 의무생활시간은 직장업무, 학습, 가사노동, 이동 등에 소요되는 시간
이다. 이 두 가지에 해당하지 않는 것은 여가생활시간에 포함된다.

　　10세 이상 우리나라 국민은 하루 24시간 중 필수생활시간으로 11시간
14분(전체 24시간의 46.8%), 의무생활시간으로 7시간 57분(33.1%), 여가생활
시간으로 4시간 49분(20.1%)을 쓴다(2014년 기준).

　　좀 더 구체적으로 살펴보면, 하루 중에 가장 많은 시간을 사용하는 것은
역시 수면이다. 7시간 59분으로 1위를 차지했다. 하루 중 33.3%의 시간을
잠으로 보내는 셈이다. 이어 직업활동(수입노동)이 3시간 16분으로 2위를 차
지했다. 3위는 식사 및 간식을 위해 1시간 56분을 할애한다. 식사 시각은 평
일의 경우 아침 7시 43분, 점심 12시 32분, 저녁 7시 9분이다. 4위는 가사노
동으로 1시간 55분을 쓴다. 가사노동시간은 남자 47분에 비해 여자가 3시간
28분으로 4배 이상 많다. 가사노동은 여자의 몫이라는 사회인식이 아직도
팽배해 있음을 알 수 있다. 5위에는 TV 시청으로 1시간 55분을 보낸다. 이에
비해 독서는 하루 9분에 불과하다. 스마트폰에 할애하는 시간은 따로 항목이
없다. 하루에 2시간 가까이 모바일기기를 손에서 떼지 못한다는 조사 결과가
있는데, 요즘 세태를 감안하건대 수긍이 간다. 한편, 봉사 활동이 하루 평균
3분이라는 점은 우리 사회가 얼마나 개인주의화 되었는지를 방증한다.

한국인의 생활시간 소요 순위

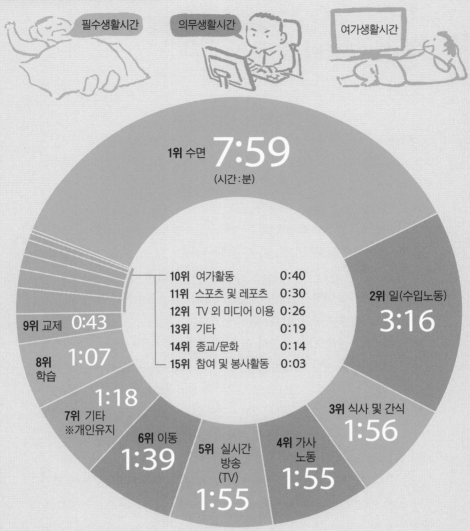

필수생활시간
의무생활시간
여가생활시간

1위 수면 **7:59**
(시간:분)

2위 일(수입노동) **3:16**

3위 식사 및 간식 **1:56**

4위 가사 노동 **1:55**

5위 실시간 방송(TV) **1:55**

6위 이동 **1:39**

7위 기타 ※개인유지 **1:18**

8위 학습 **1:07**

9위 교제 **0:43**

10위 여가활동	0:40
11위 스포츠 및 레포츠	0:30
12위 TV 외 미디어 이용	0:26
13위 기타	0:19
14위 종교/문화	0:14
15위 참여 및 봉사활동	0:03

※기타 개인유지는 건강관리, 위생, 외모관리 등을 포함함.

생활시간별 비중

	46.8%	33.1%	20.1%
생활시간(시:분)	11:14	7:57	4:49
	필수생활시간	의무생활시간	여가생활시간

※2014년 10세 이상 전 국민의 행동별 생활시간을 기준으로 함.

출처: 통계청

◆ 가구별 월평균 지출액 ◆

한 달 생활비 중 무엇에 가장 많이 쓸까?

월 생활비로 얼마가 있어야 사람들은 만족할까? 우문현답을 하자면 답은 '다다익선(多多益善)'이다. 월급봉투째 지갑에 넣고 생활하던 아날로그 시대를 지나 신용카드와 인터넷뱅킹을 무기로 생활전선에 나서야 하는 현대인들은 실탄 소모에 늘 신경을 곤두세우지 않을 수 없다.

한 달 생활비로 얼마를 쓰는지 서울에 사는 평균적인 가구를 예로 들어 보자. 월 경상소득은 366만 원. 이 가운데 85.6%인 314만 원을 매달 생활비로 지출한다. 가구원 수가 한 사람인 1인가구는 월평균 생활비로 135만 원을 쓴다. 2인가구 230만 원, 3인가구 355만 원, 4인가구 465만 원 등 가구원 1인이 늘어날 때마다 평균 102만 원이 증가한다.

총 생활비 가운데 가장 비중이 높은 지출 항목은 식료품비(22.7%)로 월평균 71만 원이다. 예나 지금이나 엥겔지수가 높은 것은 여전하다. 그 다음은 용돈·경조비 등 66만 원(21.0%), 교통·통신비 38만 원(12.1%), 세금·사회보장비 34만 원(10.9%), 교육비 24만 원(7.6%) 순이다. 교육비는 3인 이상 가구부터 급증해 월평균 44만 원을 지출하는데 공교육비 18만 원, 사교육비 26만 원으로 사교육비 지출이 훨씬 더 많다.

은퇴세대는 월 생활비로 얼마를 사용할까? 미래에셋은퇴연구소의 조사에서 60세 이상 가구의 평균 은퇴생활비는 164만 원으로 나타났다. 이 가운데 활동이 비교적 활발한 60대를 따로 떼어놓고 보면 은퇴자 전체 평균 지출액보다 38만 원 많은 월 202만 원을 지출한다. 또 60대 중에서도 2인 이상 가구의 은퇴생활비는 이보다 26만 원 많은 228만 원이다. 미래에셋은퇴연구소는 60대에 필요한 적정 은퇴생활비로 258만 원을 제시하고 있어 실제로는 매월 30만 원이 부족한 상황이다.

가구별 월평균 지출액 순위

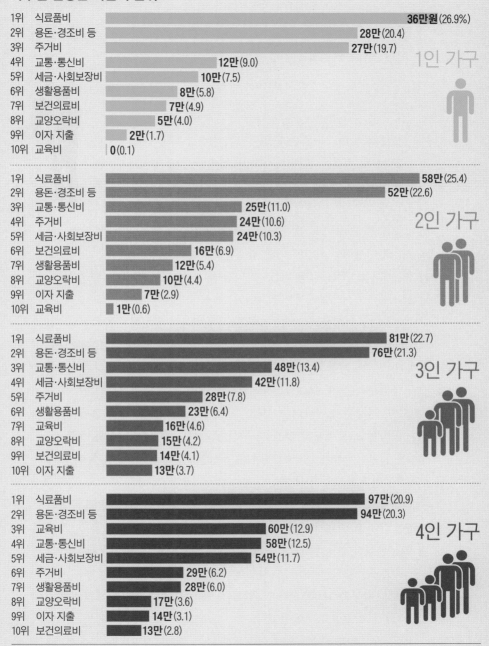

1인 가구

1위	식료품비	36만원 (26.9%)
2위	용돈·경조비 등	28만 (20.4)
3위	주거비	27만 (19.7)
4위	교통·통신비	12만 (9.0)
5위	세금·사회보장비	10만 (7.5)
6위	생활용품비	8만 (5.8)
7위	보건의료비	7만 (4.9)
8위	교양오락비	5만 (4.0)
9위	이자 지출	2만 (1.7)
10위	교육비	0 (0.1)

2인 가구

1위	식료품비	58만 (25.4)
2위	용돈·경조비 등	52만 (22.6)
3위	교통·통신비	25만 (11.0)
4위	주거비	24만 (10.6)
5위	세금·사회보장비	24만 (10.3)
6위	보건의료비	16만 (6.9)
7위	생활용품비	12만 (5.4)
8위	교양오락비	10만 (4.4)
9위	이자 지출	7만 (2.9)
10위	교육비	1만 (0.6)

3인 가구

1위	식료품비	81만 (22.7)
2위	용돈·경조비 등	76만 (21.3)
3위	교통·통신비	48만 (13.4)
4위	세금·사회보장비	42만 (11.8)
5위	주거비	28만 (7.8)
6위	생활용품비	23만 (6.4)
7위	교육비	16만 (4.6)
8위	교양오락비	15만 (4.2)
9위	보건의료비	14만 (4.1)
10위	이자 지출	13만 (3.7)

4인 가구

1위	식료품비	97만 (20.9)
2위	용돈·경조비 등	94만 (20.3)
3위	교육비	60만 (12.9)
4위	교통·통신비	58만 (12.5)
5위	세금·사회보장비	54만 (11.7)
6위	주거비	29만 (6.2)
7위	생활용품비	28만 (6.0)
8위	교양오락비	17만 (3.6)
9위	이자 지출	14만 (3.1)
10위	보건의료비	13만 (2.8)

식료품비=가정식비+외식비+주류·담배비
생활용품비=가구·가사용품비+의류·신발비
주거비=월세+주거관리비+광열수도비
용돈·경조비 등=자녀·부모님용돈+경조비+종교관련비+기타

출처: 서울연구원·한국보건사회연구원, 미래에셋은퇴연구소

성격? 외모? 경제력? 아니면 전부?

결혼은 '해도 후회, 안 해도 후회'라는 말이 있다. 독신주의자라면 모를까 조금이라도 결혼을 생각하는 사람이라면 누구나 막연하게나마 원하는 배우자 상이 있을 것이다. 결혼정보회사 듀오가 해마다 전국 25~39세 미혼남녀를 대상으로 결혼에 관한 인식을 조사해 발표하는데, 이를 통해 요즘 가장 인기 있는 신랑감과 신붓감 조건을 알 수 있다.

배우자의 이상적인 직업에 대해, 남성은 공무원·공기업(13.3%), 일반사무직(12.3%), 교사(11.9%), 금융직(7.0%), 약사(6.4%) 순으로 꼽았다. 여성은 공무원·공기업(11.3%), 일반사무직(10.3%), 금융직(7.9%), 교사(6.5%), 연구원(6.3%)을 선호했다. 이상적인 배우자의 평균 연소득은 남성이 4,927만 원, 여성은 3,843만 원으로 조사됐다. 배우자 학력에 대해서는 남성의 41.8%가 아내의 학력이 '중요하지 않다'고 한 반면, 여성의 48.3%는 '4년제 대졸'을 선호했다. 남성은 신장이 '160cm 이상 165cm 미만(33.1%)'인 신붓감을 가장 선호했으며, 여성은 신랑감이 '175cm 이상 180cm 미만(32.3%)'은 되어야 한다가 가장 많았다. 배우자 선택 시 우선 고려하는 것으로, 남성과 여성 모두 성격을 꼽았다. 남성은 성격 다음으로 여성의 외모를 고려한 반면, 여성은 남성의 경제력을 중요하게 여겼다.

초혼에 실패하고 재혼에 도전하는 사람들, 이른바 '돌싱'들은 배우자의 어떤 조건을 가장 중요시 여길까? 재혼 전문 결혼정보회사 온리-유가 조사한 결과를 종합하면, 재혼 상대 조건 중 가장 중요하게 고려하는 사항으로 남성은 외모·신체조건(40.2%), 인성(28.7%), 경제력(20.3%), 건강(7.6%)의 순으로 꼽았고, 여성은 경제력(33.9%), 인성(31.5%), 종교(18.3%), 외모·신체조건(12.0%)의 순으로 중요하게 여겼다.

한국인이 중요하게 여기는 배우자 조건 1순위

남성 | 여성

남성		여성	
성격	35.5%	성격	37.3%
외모	17.2	경제력	14.0
가치관	8.5	외모	9.3
직업	6.9	가정환경	8.9
가정환경	6.3	가치관	8.1
경제력	5.9	직업	7.7
종교	4.0	종교	3.1
연령	3.9	취미,관심사	3.0
취미,관심사	3.5	건강	2.7
건강	3.2	연령	2.5
출신지역	1.5	출신지역	1.3
학력	1.3	부모 동거 여부	0.7
사주궁합	1.0	학력	0.6
부모 동거 여부	0.7	사주궁합	0.6
거주지	0.5	거주지	0.2

출처: 듀오, 온리-유

◆ 가장 빈번한 이혼사유 ◆

칼로 물 베 듯
부부가 헤어지는 이유

주례와 내빈을 앞에 두고 백년해로의 혼인서약을 하며 결혼하는 커플 수가 해마다 30만 쌍을 웃돈다. 모두가 생각대로 평생 결혼생활을 이어가면 좋으련만 세상일이 그렇지 않다. 2014년 한 해 동안 이혼건수는 11만5,510건으로 전년보다 0.2% 증가하는데 그쳤다. 매년 이혼건수가 늘고 있으나 증가율은 감소하고 있어 그나마 다행이다.

통계청 자료를 분석해 보면, 인구 1천 명당 이혼 건수를 말하는 조(粗)이혼율은 2.3건, 평균이혼연령은 남자 46.5세, 여자 42.8세다. 이혼사유별 순위를 살펴보면, 성격차이가 5만1,538건으로 전체의 44.6%를 차지해 가장 높게 나타났다. 경제적인 이유에서 부부가 남남으로 돌아가는 경우도 11.3%(1만3,060건)나 된다.

이혼 연령대별로는 남자는 40대 초반과 후반이 각각 18.8%로 가장 높고, 여자는 40대 초반(19.6%), 40대 후반(16.7%) 순이다. 이혼 부부의 평균혼인지속기간은 14.3년으로 지난 10년 전보다 2.3년 길어졌다. 그러나 혼인지속기간이 20년 이상인 부부의 이혼 비중이 전체 이혼의 19.8%, 30년 이상은 8.9%로 나타나 이른바 '황혼이혼'이 현실적인 사회문제임을 실감케 한다. 어떤 이혼방식을 따르는가에 따라 '이혼지옥'을 겪기도 하고 비켜가기도 하는데, 협의이혼이 89만7,000건(77.7%), 재판이혼은 25만8,000건(22.3%)에 달한다. 2004~2014년 사이 월별 평균 이혼건수를 보면 3월, 6월, 7월 순으로 많고 9월이 상대적으로 가장 적은 것으로 나타났다. 드라마 제목과도 같은 '이혼의 계절'이 정말 있는 것일까? 혹시 지금 결혼 생활이 삐걱거린다면, 3월과 6월, 7월을 잘 극복해야 할 듯하다.

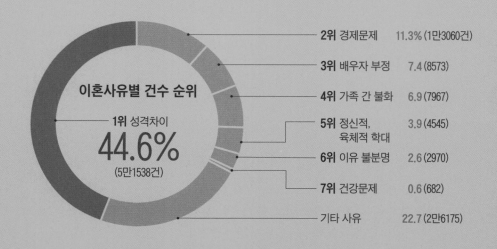

이혼사유별 건수 순위

1위 성격차이
44.6%
(5만1538건)

2위 경제문제　11.3% (1만3060건)

3위 배우자 부정　7.4 (8573)

4위 가족 간 불화　6.9 (7967)

5위 정신적,
육체적 학대　3.9 (4545)

6위 이유 불분명　2.6 (2970)

7위 건강문제　0.6 (682)

기타 사유　22.7 (2만6175)

연도별 이혼건수 추이

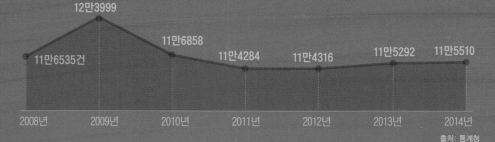

11만6535건

12만3999

11만6858

11만4284

11만4316

11만5292

11만5510

2008년　2009년　2010년　2011년　2012년　2013년　2014년

출처: 통계청

◆ 미혼남녀가 결혼하지 않는 이유 ◆

결혼은 정말 미친 짓일까?

한때 '3포세대'라는 말이 유행했었다. 연애, 결혼, 출산을 포기한 세대라는 뜻이다. 여기에 내 집 마련, 인간관계가 추가돼 '5포세대'가 나오더니, 최근에는 꿈, 희망까지 포기한 '7포세대'마저 등장했다. 취업 포털 잡코리아가 '7가지 중에 1가지 이상 포기해야 한다면 무엇을 포기하겠는가'라는 질문을 2030세대에게 했더니 포기 1순위에 '결혼'이 꼽혔다.

OECD가 펴낸 『Society at a Glance』(한눈에 보는 사회)를 살펴보면, 한국의 15살 이상 인구 가운데 미혼인 사람의 비율이 38.6%로 세계 1위인 것으로 나타났다. OECD 평균 미혼 비율이 27.1%로 나타나 우리나라 미혼율은 세계 평균보다 10%p 높다. 우리나라 미혼남녀가 결혼하지 않는 이유는 너무나도 많다. 그 중에서 가장 큰 이유는 아직 결혼하기에 너무 이르다는 것이다. 남자 27.5%, 여자 31.6%가 응답했다. 이르다는 것은 물리적인 나이라기보다 결혼에 필요한 현실적인 조건이 갖추어지지 않았다는 뜻이다. 미혼 남성은 소득(11.2%), 결혼비용(9.4%), 주택(7.7%), 실업(6.3%), 고용불안정(4.7%) 등 경제적 여건과 관련된 이유가 모두 합쳐 40.4%나 된다. 이에 비해 미혼 여성은 마땅한 사람이 없어서(14.4%), 결혼할 생각이 없어서(6.8%), 일이나 자기개발을 위해(6.6%) 등 가치관과 연관된 이유가 61.5%에 이른다.

한때 '싱글세' 도입이 사회적으로 논란을 일으킨 적이 있다. 미혼자에게 세금을 물리는 것은 역사적으로 고대 로마의 총각세를 비롯해 유럽 각국에서 20세기까지 시행되던 저출산 방지대책 가운데 하나였다. 국내에선 거센 반발에 부딪혀 실행되지 못하고 있지만, 근로소득공제 축소 등 유사한 효과를 내는 정책이 등장할 가능성이 높다. 하지만, 그것만으로 결혼률이 올라갈지는 미지수다.

결혼하지 않는 이유 순위

출처: 한국보건사회연구원

男		女
1위 **27.5%**	결혼하기에 이른 나이이므로	**31.6%** 1위
2위 **11.2**	(기대치에 맞는) 마땅한 사람이 없어서	**14.4** 2위
6위 **6.0**	결혼비용(혼수비용 등)이 부족해서	**9.4** 4위
3위 **11.2**	소득이 적어서	**1.6** 13위
12위 **2.4**	결혼할 생각이 없어서	**6.8** 5위
14위 **2.2**	결혼보다 일(자아성취, 자기계발)에 충실	**6.6** 6위
4위 **7.7**	집이 마련되지 않아서	**1.1** 14위
5위 **6.3**	실업상태여서	**2.0** 11위
10위 **4.5**	결혼생활의 비용 부담이 커서	**3.6** 7위
9위 **4.6**	결혼할 나이를 놓쳐서	**2.5** 10위
8위 **4.7**	고용이 불안정해서(비정규직, 일용직 등)	**1.7** 12위
11위 **2.6**	상대방에 구속되기 싫어서	**3.2** 8위
13위 **2.4**	교육을 더 받을 계획이어서	**3.2** 9위
15위 **1.4**	시간이 없어서(바빠서)	**0.6** 15위
7위 **5.3**	기타	**11.7** 3위

◆ 외국인 배우자 국적별 순위 ◆

사랑에는 국경도 없는 걸까?

 외국인을 배우자로 맞이하는 국제결혼이 크게 늘면서 국내에 다문화 가정도 큰 폭으로 증가하고 있다. '단일민족'이라는 의미가 점점 사라지고 있는 것이다.

2015년 6월 말 기준 국내에 거주하는 전체 외국인 배우자는 14만 7,918명으로 나타났다. 2010년 6월 13만6,556명에서 2012년 6월 14만 6,175명, 2014년 6월 15만1,084명으로 계속 증가 추세를 보이다가 2015년 6월 조사에서 처음 감소로 나타났다. 중국과 베트남 등 동남아 출신 배우자들이 크게 줄어들었기 때문이다. 정부당국의 국제결혼 중개업체에 대한 단속이 강화됐고 결혼이민자에 대한 비자 발급 심사도 까다로워진 탓이다.

전체 외국인 배우자를 성별로 살펴보면, 남성은 2만2,781명으로 전체의 15.4%인데 비해 여성이 84.6%인 12만5,137명으로 대부분을 차지한다. 외국인 배우자를 국적별로 살펴보면, 1위는 베트남으로 모두 3만8,981명(남 729명, 여 3만8,252명)이다. 2위 중국 3만5,383명(남 4,646명, 여 3만737명), 3위 한국계 중국인 2만3,494명(남 7,242명, 여 1만6,252명), 4위 일본 1만2,752명(남 1,219명, 여 1만1,533명), 5위 필리핀 1만602명(남 303명, 여 1만299명) 순이다. 상위 1~5위까지가 모두 12만1,212명으로 전체의 81.9%를 차지한다. 중국인과 동남아인 입장에서 한국인과의 결혼은 코리안 드림을 실현하는 중요한 수단이기도 하다.

여성 배우자의 출신 국가 상위 10위를 살펴보면 베트남, 중국, 일본, 필리핀, 태국, 캄보디아 등 아시아권 국가가 대부분이다. 반면, 남성 배우자 출신 국가 상위 10위에는 미국, 캐나다, 영국, 호주 등 비아시아권 국가도 적지 않다. 남성의 국적이 여성 국적보다 선진국인 경우가 많음을 알 수 있다.

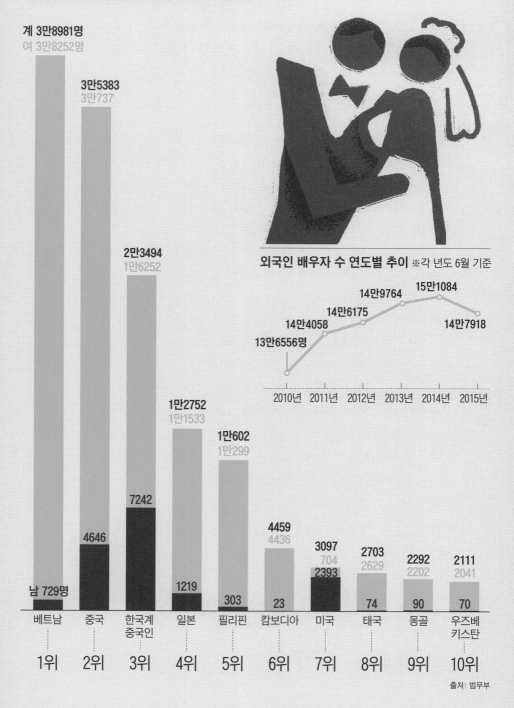

외국인 배우자 국적별 순위 ※2015년 6월 기준

1위 베트남
계 3만8981명
여 3만8252명
남 729명

2위 중국
3만5383
3만737
4646

3위 한국계 중국인
2만3494
1만6252
7242

4위 일본
1만2752
1만1533
1219

5위 필리핀
1만602
1만299
303

6위 캄보디아
4459
4436
23

7위 미국
3097
2393

8위 태국
2703
2629
74

9위 몽골
2292
2202
90

10위 우즈베키스탄
2111
2041
70

외국인 배우자 수 연도별 추이 ※각 년도 6월 기준

2010년 13만6556명
2011년 14만4058
2012년 14만6175
2013년 14만9764
2014년 15만1084
2015년 14만7918

출처: 법무부

1971년생 돼지들이 가장 많은 나라

인구구조는 보통 피라미드형, 종형, 방추형 등의 도형으로 설명된다(아래 그림 참조). 피라미드형은 다출산·다사망이나 인구가 증가하는 형태이고, 종형은 낮은 출생률로 유소년층 비중이 낮고 평균 수명이 길어져 노년층 비중이 높은 정체형으로 주로 선진국에서 나타난다. 방추형은 저출생·저사망과 출산 기피로 인한 인구 감소형이다.

2014년 국내 주민등록 인구를 기준으로 각 출생연도별 인구(연도별 출생 인구와는 약간 다르다)를 살펴보면, 가장 인구가 많은 출생연도는 1971년생으로 94만7,121명(남자 48만4,931명, 여자 46만2,190명)이다. 1960~1963년생과 1967~1973년생이 상위 10위까지를 차지하고 있다. 국내 1차 베이비부머는 1955년부터 1963년 사이에 출생한 사람들을 가리킨다. 2014년 현재 약 738만 명으로 추정된다. 이들은 이미 만 60세를 넘어서고 있다. 1970~1979년 사이에 출생한 2차 베이비부머는 약 842만 명이다.

출생연도별 인구를 세대별로 살펴보면, 10대(만 10~19세) 572만 명, 20대(만 20~29세) 670만 명, 30대(만 30~39세) 767만 명, 40대(만 40~49세) 887만 명, 50대(50~59세) 835만 명, 60대(만 60~69세) 510만 명 등이다. 당장은 40~50대가 가장 많지만, 조만간 미래를 감당해야 할 10대 인구 수가 30대에 비해 25% 가량 적다. 0~9세는 더욱 적어지고 있다. 전 지구적 추세인 고령화가 우리나라에서도 예외가 아닌 듯하다.

피라미드형

종형

방추형

100세까지 출생연도별 인구 수 순위

※행정자치부 주민등록 인구 통계를 토대로 재구성

출생연도	인구 수	출생연도	인구 수	출생연도	인구 수
1971년생	94만7121명	1996	68만5501	2014	41만9833
1968	93만1025	1997	67만1839	1946	36만7970
1960	92만8833	1984	66만2331	1941	35만4378
1969	92만8289	1985	65만2955	1943	35만1790
1970	92만2307	1998	64만283	1944	35만145
1961	92만0265	2000	63만9828	1945	32만8315
1972	89만8901	1990	63만9299	1939	31만9873
1973	89만7682	1989	63만475	1940	31만2164
1962	88만5997	1986	62만7641	1938	28만6684
1967	86만6083	1988	62만5298	1937	26만3466
1974	86만2022	1999	62만320	1936	24만4739
1959	85만7783	1954	61만7706	1935	23만920
1965	85만6129	1987	61만7178	1934	20만2109
1981	84만2467	1952	58만8950	1933	17만529
1980	83만9360	2001	55만9938	1932	15만4892
1964	83만7923	1953	53만3291	1931	12만5609
1979	82만9954	2007	49만5536	1930	11만3597
1982	82만3867	2002	49만5268	1929	10만1454
1966	82만657	2003	49만3804	1928	8만5776
1963	79만7573	2012	48만8030	1927	7만1941
1975	79만3298	2011	47만4932	1926	5만3239
1958	78만3692	2004	47만4187	1925	4만4997
1977	78만1739	2010	47만2731	1924	3만4671
1957	77만6856	2008	46만8321	1923	3만4018
1976	76만5094	1947	46만2297	1922	2만6487
1983	74만9426	1949	46만2279	1921	1만8164
1955	72만6020	1948	45만8484	1920	1만3352
1992	72만4403	1950	45만7273	1919	9687
1978	72만4311	2006	44만9510	1918	6751
1994	71만3451	2009	44만7531	1917	5503
1993	70만9683	2013	43만8778	1916	3975
1995	70만7936	2005	43만6172	1915 이전	1만7907
1991	70만1661	1942	43만2445		
1956	70만1219	1951	42만9543		

◆ 인구밀도가 가장 높은 지역 ◆

어느 지역에 가장 많이 모여 살까?

도시에서 살다보면 사람에 치인다는 말을 듣곤 한다. 도대체 사람이 얼마나 많기에 자동차도 아닌 사람에 치이는 걸까?

'인구밀도'란 어떤 지역의 인구를 그 지역의 면적으로 나눈 값으로 1km²당 거주하는 인구가 몇 명인지를 의미한다. 국내 인구 동향을 살펴보면, 인구가 감소 추세에 있는 부산, 대구, 전남을 제외하면 대부분의 시·도에서 인구가 증가하고 있다. 부산, 대구, 전남은 2005년 이후 출생아 수에서 사망자 수를 뺀 자연 증가보다 인구 이동에 의한 인구 유출이 더 많은 지역이다.

시·군·구별로 전국의 인구밀도를 살펴보면, 예상대로 가장 높은 1위부터 10위까지가 모두 서울권이다. 양천구가 2만7,398명/km²으로 전국에서 인구밀도가 가장 높다. 반대로 인구밀도가 가장 낮은 지역은 강원도 인제군으로 20명/km²에 불과하다.

일반적으로 산업생산력과 의료기술 등 인구 부양력이 높은 지역에 인구가 밀집하며 그와 동시에 도시화가 이뤄진다. 이곳에서는 자연히 제조업과 서비스업이 발달한다. 인구밀도가 높아지면 시장 규모가 커지고 부동산 가치가 상승하며 이에 따라 공공과 민간의 투자가 활발해진다. 이로써 다시 인구가 늘고 투자가 이어지는 선순환이 형성되어 지역경제의 성장을 견인한다. 따라서 지자체는 지역인구가 빠져나가지 않도록 각별히 주의를 기울일 필요가 있다. 인구 과밀화의 부작용으로 사회적 비용을 치러야 하는 문제만 없다면 인구밀도가 높아야 문화적 생활을 누리는 데도 유리하다. 그러나 인구밀도는 행복지수와 길항관계에 있는 듯하다. 인구밀도가 낮은 지역일수록 귀촌·귀향지로 주목받고 있는 것은 그런 이유 때문이다.

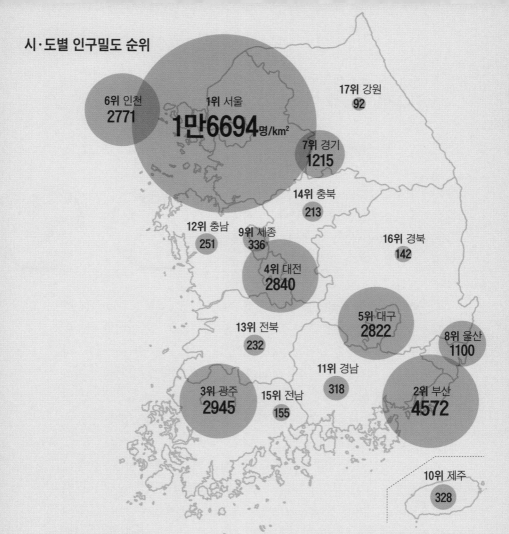

시·도별 인구밀도 순위

6위 인천
2771

1위 서울
1만6694명/km²

17위 강원
92

7위 경기
1215

14위 충북
213

12위 충남
251

9위 세종
336

16위 경북
142

4위 대전
2840

13위 전북
232

5위 대구
2822

8위 울산
1100

11위 경남
318

3위 광주
2945

15위 전남
155

2위 부산
4572

10위 제주
328

시·군·구별 인구밀도 높은 순위

순위	지역	인구밀도
1위	서울 양천구	2만7938명/km²
2위	서울 동대문구	2만5592
3위	서울 동작구	2만4916
4위	서울 중랑구	2만2645
5위	서울 광진구	2만1295
6위	서울 구로구	2만1166
7위	서울 송파구	1만9623
8위	서울 강동구	1만9384
9위	서울 성북구	1만8989
10위	서울 금천구	1만8315

시·군·구별 인구밀도 낮은 순위

순위	지역	인구밀도
1위	강원 인제군	20명/km²
2위	경북 영양군	22
3위	경북 봉화군	28
4위	강원 평창군	30
5위	강원 화천군	30
6위	경북 청송군	31
7위	강원 정선군	32
8위	전북 진안군	34
9위	강원 영월군	36
10위	강원 양구군	36

출처: 통계청 자료를 토대로 구성, 행정자치부 내고장알리미

◆ 인구 이동이 가장 많은 지역 ◆

이사를 가장 많이 오가는 지역은 어디?

사람이 거주할 목적으로 한 장소에서 다른 장소로 옮겨가는 것을 '인구 이동'이라 한다. 거주의 목적 없이 일정 기간 동안 한 지역을 오가는 사람의 수를 뜻하는 '유동 인구'와 구별되는 개념이다.

인구가 이동하는 원인에는 경제·문화·가족·교육·정치 등 제반 여건이 반영된 흡인요인과 배출요인이 작용한다. 흡인요인(pull factor)이란 인구를 지역 내부로 끌어들이는 요인을 말한다. 발달된 상업·교통, 충분한 교육·의료·문화 시설, 쾌적한 환경, 풍부한 취업 기회, 높은 임금 등이다. 바꿔 말하면 지역에 대한 만족도이다. 배출요인(push factor)은 인구를 외부로 내보내는 요인으로 빈곤, 저임금, 편의시설 부족, 일자리 부족, 환경오염 등이다. 만족도와는 반대로 불만족의 정도를 나타낸다.

시·도별 인구 이동에서 특히 주목되는 것은, 수도권에서 지방으로의 인구 이동이다. 수십 년간 지방에서 수도권으로만 이동했던 국내 인구가 그 반대로 움직이기 시작한 것이다. 2012년부터 2014년까지 3년 동안 수도권에서 지방으로 모두 1만8,595명이 이동했다. 세종시 신설과 10개 혁신도시로 정부 기관과 산하 기관이 이전한 영향이 크다. 수도권에서 지방으로 인구 이동 규모는 아직 2만 명에도 미치지 못하지만, 추세로 볼 때 앞으로 더욱 늘어날 전망이다.

2014년 기준 전출·입을 통해서 인구가 가장 많이 늘어난 지역은 세종시로, 3만3,456명이 늘어났다. 반면, 인구가 가장 많이 줄어든 지역은 경남 창원시로, 1만3,562명이나 줄었다.

인구 이동이 많은 시·군·구 순위

총전입	순위	시·군·구 (인구증감)	총전출
총전입 19만6453명	1위	경기 수원시 인구증감 1만8258명	17만8195명 총전출
1만66111	2위	경기 고양시 1만1820	15만4291
15만240	3위	경기 성남시 -1만160	16만400
15만9271	4위	경기 용인시 1만3451	14만5820
14만2561	5위	경남 창원시 -1만3562	15만6123
11만7954	6위	경기 부천시 -1만2366	13만320
12만2001	7위	충북 청주시 -1096	12만3097
11만5906	8위	서울 강남구 1만1494	10만4412
10만7301	9위	전북 전주시 348	10만6953
9만9723	10위	서울 송파구 -7767	10만7490
9만8715	11위	경기 안산시 -9575	10만8290
10만9436	12위	서울 강서구 1만2888	9만6548
9만8408	13위	충남 천안시 3343	9만5065
9만987	14위	서울 관악구 -7195	9만8182
9만6997	15위	경기 남양주시 1만4964	8만2033
8만1727	16위	경기 안양시 -1만200	9만1927
8만848	17위	인천 부평구 -2734	8만3582
7만9063	18위	대전 서구 -5495	8만4558
8만3469	19위	인천 남동구 4815	7만8654
8만1549	20위	인천 서구 5310	7만6239

※2014년 전입·전출 인구 수 기준
출처: 통계청

◆ 귀농 · 귀촌 인구가 가장 몰리는 지역 ◆

인생 2모작, 어디서 시작할까?

퇴근 후 소주잔 기울이며 고달픈 일상을 토로할 때 안 줏거리로 등장하는 말이 "시골로 내려가서 농사나 짓고 살고 싶어"다. 농사가 주업인 농민들에게는 철없는 소리 로 들리겠지만, 그만큼 도시 생활이 팍팍하고 각박하기 때문일 게다. 최근 이런 푸념을 실현하는 용기(!) 있는 도시인들이 늘고 있다. 귀농 · 귀촌인 얘기다.

귀농인 통계는 통계청에서, 귀촌인 통계는 농림축산식품부에서 작성하는 데, 그 수가 적지 않다. 귀농인 통계는 매년 11월 1일을 기준으로 과거 1년간 동(洞)에서 읍 · 면(邑 · 面) 지역으로 주민등록을 옮기고, 농업경영체등록명부, 축산업등록명부, 농지원부 등 농업 관련 명부에 신규 등록한 가구를 대상으 로 작성한다. 귀촌인은 전원생활 등을 목적으로 시골로 이주한 사람으로, 교 사나 공무원 등 직업상의 이유로 이주한 경우는 제외된다.

2012년부터 2014년까지 3년간 귀농 · 귀촌 인구 수는 18만4,444명이 다. 가구 수로 산정하면 10만4,018가구다. 2014년 말 국내 전체 가구 수가 2,072만4,094가구이므로 전체의 약 0.5%가 최근 3년 이내 귀농 · 귀촌한 셈 이다. 귀농 · 귀촌 추이를 살펴보면, 2013년 5만6,267명에서 2014년에는 8만855명으로 전년 대비 43.7%나 급증했다.

귀농 · 귀촌인은 40대와 50대가 각각 62%, 51.6%로 가장 많다. 전입 가 구원 수 1 · 2인 가구가 각각 전체의 82.9%, 76.5%를 차지한다. 40 · 50대 부 부 위주로 귀농 · 귀촌 하고, 자녀는 학업이나 취업 등으로 도시에 남아 있 는 경우가 많기 때문이다. 귀농가구의 43.5%가 채소를, 33.8%가 과수를, 28.5%가 특용작물을 재배한다. 논농사를 짓는 가구는 22.6%로 나타났다.

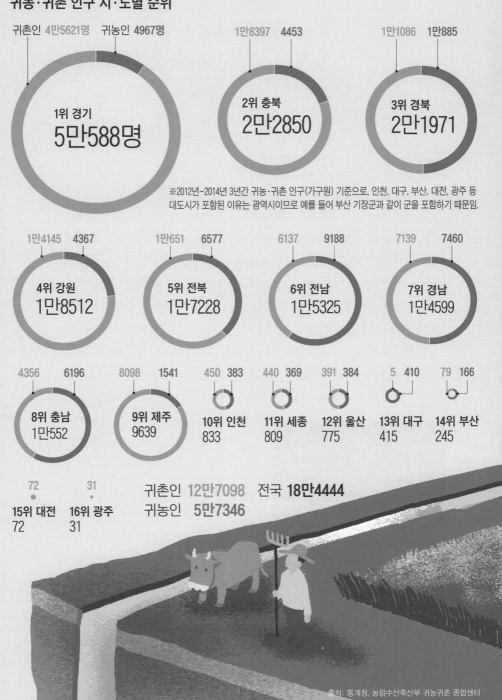

귀농·귀촌 인구 시·도별 순위

귀촌인 4만5621명　귀농인 4967명
1위 경기
5만588명

1만8397　4453
2위 충북
2만2850

1만1086　1만885
3위 경북
2만1971

※2012년~2014년 3년간 귀농·귀촌 인구(가구원) 기준으로, 인천, 대구, 부산, 대전, 광주 등
대도시가 포함된 이유는 광역시이므로 예를 들어 부산 기장군과 같이 군을 포함하기 때문임.

1만4145　4367
4위 강원
1만8512

1만651　6577
5위 전북
1만7228

6137　9188
6위 전남
1만5325

7139　7460
7위 경남
1만4599

4356　6196
8위 충남
1만552

8098　1541
9위 제주
9639

450　383
10위 인천
833

440　369
11위 세종
809

391　384
12위 울산
775

5　410
13위 대구
415

79　166
14위 부산
245

72
15위 대전
72

31
16위 광주
31

귀촌인 12만7098　전국 **18만4444**
귀농인 5만7346

출처: 통계청, 농림수산축산부 귀농귀촌 종합센터

◆ 푸른 녹지가 가장 많은 지역 ◆

저 푸른 초원 위에서
그림 같이 살고 싶은 곳

환경부가 구축한 토지피복지도를 살펴보면 전국의 녹지 비율을 파악할 수 있다. 토지피복지도(land cover map)란 국토의 표면 상태를 물리적 특성과 환경적 의미에 따라 분류해, 같은 특성을 지닌 구역을 동일한 색깔로 구분해놓은 전자지도다. 녹지 비율은 행정구역 전체 면적 대비 총 녹지 면적을 말한다. 녹지 면적에는 삼림과 초지 등이 포함되나 논과 밭 같은 농경지는 제외된다. 제주도는 청정지역으로 알려진 데 비해 녹지 비율이 상대적으로 낮다. 이유는 밭농사와 과수원이 발달해 이러한 농경지가 전체 면적의 38.2%를 차지하기 때문이다. 전북, 전남, 충남 지역 역시 농경지가 많아 녹지 비율이 낮다.

한편 토지 표면이 포장이나 건물 등으로 덮여 빗물이 땅속으로 스미지 않는 '불투수층(不透水層)'은 녹지 면적과 길항관계이다. 녹지 비율이 높을수록 불투수층 비율이 낮다. 반면, 아스팔트나 시멘트 포장도로가 많을수록, 또 아파트 단지나 산업 단지가 광범위하게 조성돼 있을수록 불투수층 비율이 높다. 녹지 비율이 가장 높은 지역인 강원도의 불투수층 비율은 2.2%로, 전국에서 땅속으로 빗물이 가장 잘 스미는 지역이다. 녹지 비율이 가장 낮은 서울은 그 반대로 불투수층 비율이 57.2%로 전국 최고다. 비만 오면 서울 곳곳이 침수되는 경우가 많은 데는 다 이유가 있는 것이다.

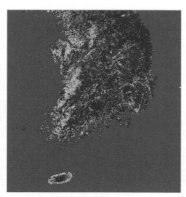

환경부의 환경공간정보서비스 사이트에 올라와 있는 토지피복지도

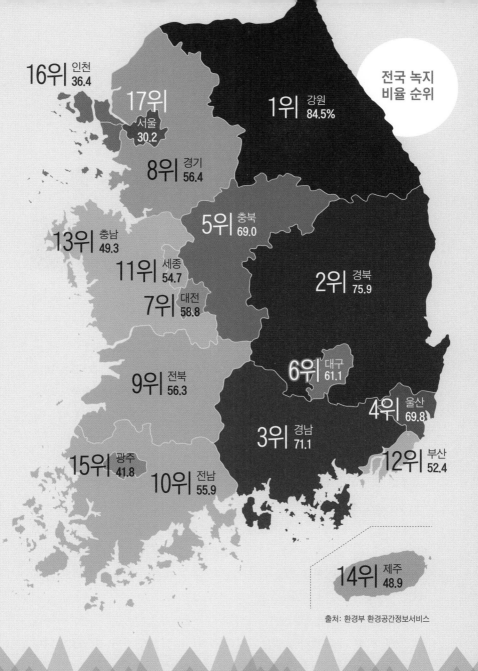

전국 녹지
비율 순위

16위 인천 36.4

17위 서울 30.2

8위 경기 56.4

1위 강원 84.5%

13위 충남 49.3

5위 충북 69.0

11위 세종 54.7

7위 대전 58.8

2위 경북 75.9

9위 전북 56.3

6위 대구 61.1

4위 울산 69.8

3위 경남 71.1

12위 부산 52.4

15위 광주 41.8

10위 전남 55.9

14위 제주 48.9

출처: 환경부 환경공간정보서비스

◆ 아파트 비중이 가장 높은 지역 ◆

대한민국은 아파트공화국!
아파트가 얼마나 많기에……

우리나라의 주택보급률은 2014년에 100%를 뛰어넘었다(전국 기준103.5%). 서울(97.5%)과 경기(97.8%)를 제외한 전국 모든 지역에서 100% 이상을 기록했다. 특히 충청, 전라, 경상, 제주의 주택
보급률은 110%를 넘어섰다. 통계상으로만 보면 살집이 없다는 얘기는 이젠 틀린 말이 됐다.

주거실태조사에 따르면, 아파트에 거주하는 가구 비율은 매년 지속적으로 증가하는 반면 단독주택에 거주하는 비율은 감소하고 있다. 아파트 비중이 가장 높은 곳은 광주광역시로 전체 주택의 65.7%에 달한다. 아파트 거주 비중이 가장 낮은 제주는 28.2%에 불과해 광주와의 격차가 2.3배에 이른다. 아파트 거주 가구의 비율은 광역시, 수도권, 도 순으로 높고, 단독주택 거주 가구의 비율은 그 반대로 도, 광역시, 수도권 순으로 높다.

우리 국민이 거주하고 싶은 지역은 중소도시(39.6%), 대도시(36.4%), 농·어·산촌(20.3%) 순이다. 귀촌을 꿈꾸는 인구가 늘고 있다고 하지만 여전히 도시생활을 선호한다. 거주하고 싶은 주택 유형은 단독주택 37.4%, 저밀도 아파트 25.1%, 고밀도 아파트 23.0% 순이다. 고·저 밀도 아파트를 합하면 단독주택에 비해 아파트 선호도가 월등히 높다. 대한민국이 왜 아파트 공화국인지 방증하는 대목이다.

내 집을 꼭 마련하겠다는 주택보유의식은 2014년 기준 79.1%로 2010년 83.7%에 비해 다소 낮아졌지만 여전히 높다. 내 집 마련만한 재테크가 없다는 인식이 여전히 굳건하게 자리 잡고 있는 듯하다.

지역별 전체 주택 대비 아파트 비율 순위
※2014년 일반가구 기준

순위	지역	아파트 비율	아파트 가구 수
1위	광주	65.7%	35만3284가구 (아파트 가구 수)
2위	대전	57.5	32만7024
3위	경기	56.9	232만7502
4위	울산	56.6	21만9337
5위	인천	55.4	55만5214
6위	대구	52.7	46만7213
7위	부산	51.5	65만6220
8위	경남	48.7	57만5634
9위	전북	48.4	32만3898
10위	충북	46.8	26만6717
11위	강원	45.8	25만5972
12위	세종	45.3	2만2690
13위	충남	44.7	32만8776
14위	서울	42.6	153만9348
15위	전남	39.4	25만4458
16위	경북	38.8	39만7642
17위	제주	28.2	5만5029
전국 평균		49.6	892만5957

출처: 국토교통부 주거누리 주거실태조사정보제공시스템

어르신들이
가장 살기 좋은 곳은 어디?

"지구인이 늙어가고 있다!" 프랑스의 진보 저널 「더 르몽드」가 고령화를 다룬 권두특집 헤드카피다. 지구인이 늙어가고 있다는 말은 고령화를 두고 한 은유적 표현이다. UN이 정한 기준에 따르면 65세 이상을 노인으로 간주하는데, 65세 이상 인구가 나라 전체에서 7% 이상이면 고령화사회, 14% 이상이면 고령사회, 20% 이상이면 초고령사회로 분류한다. 우리나라는 이미 2000년에 노인인구가 전체 인구의 7%를 넘어 고령화사회가 되었고, 2014년에 약 12.8%으로 고령사회 진입을 눈앞에 두고 있다. 2026년이면 20.8%로 초고령사회에 진입할 전망이다.

우리나라의 경우, 증가하는 노년층에 비해 노인복지가 매우 취약한 편에 속한다. 턱 없이 부족한 노인복지시설 현황이 이를 방증한다. 통계를 내보면, 전체 노인인구 655만 명을 위한 복지시설 수는 모두 7만3,746개로, 1,000명당 11.3개 꼴이다. 또 노인여가시설을 제외한 노인복지시설의 정원은 모두 19만162명으로 노인 1,000명 당 29명만 혜택을 받을 수 있어 문제가 심각하다. 지역별로 살펴보면, 노인 1,000명 당 시설이 그나마 여유로운 곳은 전남이고, 가장 적은 곳은 서울이다. 가장 부유한 지자체인 서울이 노인복지에는 가장 인색한 셈이다.

우리나라 노인빈곤율은 48%로 OECD 국가 평균보다 4배나 높다. 최근 대한노인회가 자발적으로 노인연령기준을 65세에서 70세로 상향할 것을 공론화하기로 했다. 칠순은 되어야 어르신으로 인정받는 시대가 된 것이다. 평균 수명이 늘어나는 상황에서 노인연령기준의 상향은 어떻게 보면 이미 예견된 일인지도 모른다.

지자체별 노인복지시설 보유 순위

※ 2014년 12월 말 기준

		시설 수	정원계	65세 이상 노인 수	노인 1000명당 시설 수
1위	경기	1만1415개	5만1824명	126만611명	9.1개
2위	전남	9426	1만116	38만4415	24.5
3위	경북	8398	1만3659	46만8883	17.9
4위	경남	7704	1만1753	45만704	17.1
5위	전북	7063	1만111 .	32만3690	21.8
6위	충남	6055	9617	33만1915	18.2
7위	서울	4749	2만2694	122만3221	3.9
8위	충북	4417	8320	22만9642	19.2
9위	강원	3501	9671	25만6465	13.7
10위	부산	2655	7498	49만4664	5.4
11위	인천	1932	1만1135	29만9529	6.5
12위	대구	1897	7668	30만5141	6.2
13위	광주	1649	4261	16만620	10.3
14위	대전	1029	5421	15만9199	6.5
15위	울산	885	1916	9만7922	9.0
16위	제주	547	3880	8만2671	6.6
17위	세종	424	618	1만9985	21.2
전국	계	7만3746	19만162	654만9277	11.3

출처: 보건복지부

◆ 기초생활보장 수급자가 가장 많은 지역 ◆

복지 사각지대를 멸하라!

잠시 대한민국헌법 제34조를 읽어보자.

① 모든 국민은 인간다운 생활을 할 권리를 가진다.

② 국가는 사회보장·사회복지의 증진에 노력할 의무를 진다.

헌법 조문을 열거한 이유는, '복지'는 국가(즉, 정부)가 국민을 위해 반드시 실현해야 할 책무라는 사실을 강조하고 싶어서다. 국회는 헌법의 정신에 입각해 국민기초생활보장법을 제정해, 정부로 하여금 "생활이 어려운 사람에게 필요한 급여를 실시하여 이들의 최저생활을 보장하고 자활을 돕는" 기초생활보장수급제도를 운영하게 한다. 일정 기준에 따라 선정된 대상자에게 생계급여, 주거급여, 교육급여, 해산급여, 장제급여, 자활급여, 의료급여 등 7종의 급여를 보장한다.

전국의 기초생활보장 수급자 수가 가장 많았던 2009년 156만8,533명 (88만2,925가구)에서 2014년에는 132만8,713명(90만5,511가구)으로 줄며 해마다 감소세를 나타내고 있다. 인구 대비 기초생활보장 수급자의 비율인 수급률은 2.6% 수준이다. 기초생활보장 수급자 수가 줄어든다고 해서 국민의 생활이 나아진다고 생각하면 큰 오산이다. 오히려 기초생활보장 심사가 더 까다로워지고 팍팍해지고 있음을 시사한다. 복지의 방향이 거꾸로 가고 있는 것이다.

수급자의 91.4%가 비경제활동인구이며, 경제활동인구는 8.6%에 불과하다. 수급자의 가구원수별 현황을 살펴보면, 1인가구가 68.4%로 과반수를 차지하며, 이어 2인가구(17.4%), 3인가구(8.7%) 순이다. 시·도별로 수급률을 살펴보면, 전북(4.6%), 광주(4.0%), 전남(4.0%), 대구(3.8%) 순으로 높고, 울산이 1.3%로 가장 낮다.

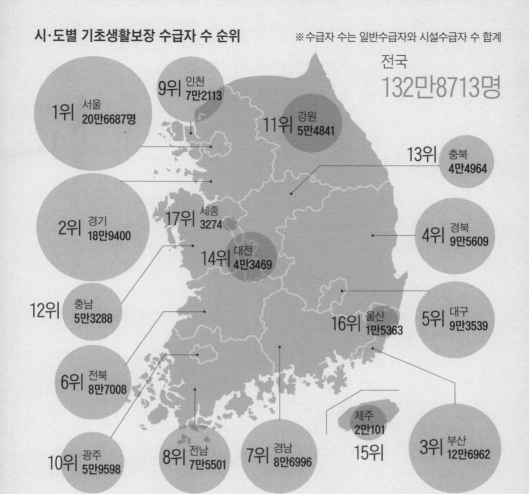

시·도별 기초생활보장 수급자 수 순위

※수급자 수는 일반수급자와 시설수급자 수 합계

전국
132만8713명

1위 서울 20만6687명
9위 인천 7만2113
11위 강원 5만4841
13위 충북 4만4964
2위 경기 18만9400
17위 세종 3274
4위 경북 9만5609
14위 대전 4만3469
12위 충남 5만3288
5위 대구 9만3539
16위 울산 1만5363
6위 전북 8만7008
제주 2만101
15위
3위 부산 12만6962
10위 광주 5만9598
8위 전남 7만5501
7위 경남 8만6996

시·군·구별 일반수급자가 많은 지역 순위

1위	대구 달서구	2만1927명
2위	전북 전주시	2만1666
3위	서울 노원구	2만671
4위	광주 북구	1만9878
5위	경남 창원시	1만8327
6위	서울 강서구	1만7594
7위	인천 부평구	1만5929
8위	충북 청주시	1만5802
9위	경북 포항시	1만5379
10위	경기 성남시	1만4927

일반수급자가 적은 지역 순위

1위	경북 울릉군	207명
2위	인천 옹진군	325
3위	충남 계룡시	360
4위	경기 과천시	724
5위	충남 청양군	882
6위	충북 증평군	887
7위	강원 화천군	898
8위	경북 군위군	953
9위	전북 무주군	1043
10위	강원 양구군	1088

※2014년 기초생활보장 수급자 수 기준

출처: 보건복지부

◆ 1인가구가 가장 많은 지역 ◆

'나 혼자 산다' 1번지가 된 대한민국

우리나라에서 1인가구 비중은 25.3%로 4가구 가운데 1가구를 차지한다. 20년 뒤인 2035년이면 1인가구 비중이 34.3%까지 상승할 것으로 전망된다. 국민권익위원회가 실시한 설문조사에서 1인가구가 증가하는 가장 큰 이유로 '가족 가치의 약화'가 꼽혔다. 노후의 경우, 배우자와 함께 보내겠다는 응답이 24.7%인데 '나 혼자'도 24.4%나 된다. 삼성경제연구소가 조사한 1인가구의 특징 중 가장 눈에 띄는 것은, 중년 남성 1인가구가 빠른 속도로 증가하고 있다는 것이다. 최근 40·50대 미혼 남성과 50대 이혼 남성이 빠르게 증가한 것이 중년 남성 1인가구 증가의 주요인으로 작용한 듯하다.

최근 '솔로 이코노미'라는 용어가 주목받고 있다. 솔로 이코노미란 미혼을 포함한 1인가구를 대상으로 식품, 주택, 소형 가전 등 관련 산업 제품을 집중적으로 개발·출시하는 것이다. 이를 좀 더 정확하게 적용하려면 소득수준은 높으나 소비 성향이 낮은 중년 1인가구의 니즈(needs)와, 소득수준은 낮으나 소비 성향이 높은 청년층·고령층 1인가구의 니즈를 고려해 세대별로 차별화된 접근이 필요하다. 즉 다양한 고급형 상품과 간편하고 알찬 실속형 상품이 공존해야 1인가구의 호응을 얻을 수 있다.

1인가구가 늘어날수록 사회적으로 가장 큰 걱정거리는 인구 감소가 심화될 수 있다는 것이다. 결혼을 하지 않고 독신으로 사는 세태는 자연스럽게 인구 감소로 이어진다. 아울러 가족의 해체도 문제된다. 사회의 기초 단위인 가족이 붕괴될 경우, 이로 인한 사회적 혼란을 우려하지 않을 수 없다. 정부 차원에서 다자녀를 독려하는데 그치지 말고 결혼 장려 캠페인이라도 벌여야 하는 상황이 온 듯하다.

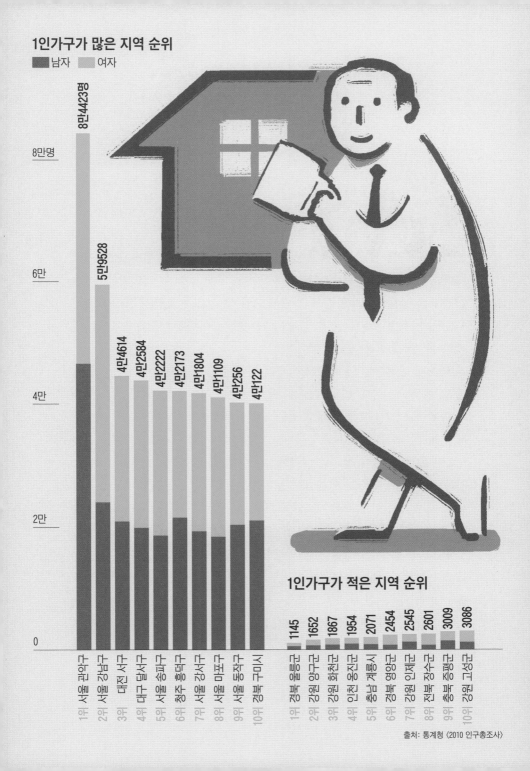

1인가구가 많은 지역 순위

- ■ 남자
- ■ 여자

8만4423명
5만9528
4만6414
4만2584
4만2222
4만2173
4만1804
4만1109
4만256
4만122

8만명
6만
4만
2만
0

| 1위 서울 관악구 | 2위 서울 강남구 | 3위 대전 서구 | 4위 대구 달서구 | 5위 서울 송파구 | 6위 청주 흥덕구 | 7위 서울 강서구 | 8위 서울 마포구 | 9위 서울 동작구 | 10위 경북 구미시 |

1인가구가 적은 지역 순위

1145
1652
1867
1954
2071
2454
2545
2601
3009
3086

| 1위 경북 울릉군 | 2위 강원 양구군 | 3위 강원 화천군 | 4위 인천 옹진군 | 5위 충남 계룡시 | 6위 경북 영양군 | 7위 강원 인제군 | 8위 전북 장수군 | 9위 충북 증평군 | 10위 강원 고성군 |

출처: 통계청 〈2010 인구총조사〉

◆ 유기 반려동물이 가장 많이 발생하는 지역 ◆

반려동물을 가장 많이 버리거나
잃어버리는 지역은?

우리나라 반려동물 시장은 2014년 1조 4,300억 원에서 2015년 1조8,100억 원, 2020년에는 5조8,100억 원 규모로 크게 확대될 것으로 전망된다. 오래된 통계이긴 하나 옛 농림수산검역검사본부가 2012년에 실시한 조사에 따르면, 개와 고양이를 기르는 반려동물 사육 가정 수는 약 359만 세대로 전체 가구의 17.9%를 차지한다. 어림잡아 5가구 당 1가구는 반려동물을 키우는 셈이다.

이처럼 반려동물 사육 규모와 관련 산업이 큰 폭으로 성장하면서 동시에 그 폐해도 심각해지고 있다. 무엇보다 사육을 포기해 유기되는 반려동물 수가 기하급수적으로 늘어나고 있는 것이다. 반려동물 시장 규모가 커질수록 버려지는 반려동물 수도 늘어나고 있다. 서울시가 반려동물을 사육하는 서울시민 502명을 대상으로 실시한 조사에 따르면, 반려동물의 사육을 포기하는 가장 큰 이유는 '여행이나 출장 등으로 오랜 기간 집을 비우게 되면서 돌봐 줄 방법이 없어서'가 1위로 나타났다. 1인가구나 소규모 가구가 늘면서 적적함을 달래기 위해 반려동물을 키우는 비율이 증가한 반면, 주인의 생활여건 변화가 반려동물 사육에 직접적인 영향을 미치는 것이다. 같은 설문조사에서 '반려동물 사육 시 어려운 점'으로, 동물 진료비(27.3%), 이웃 피해(13.3%), 사육시간 부족(12.7%), 위생상 문제(12.1%), 동물시설 부족(8.0%), 거주 공간 문제(7.0%), 경제적 문제(3.6%), 동물 이상행동(3.4%), 가족 반대(1.8%) 등으로 나타났다. 반려동물 사육에 앞서 신중한 판단과 책임감이야말로 아무리 강조해도 지나치지 않음을 절실히 깨닫게 한다.

유기 반려동물이 가장 많이 발생하는 지역 순위

※2013년 기준

2만

1만9688마리 █ 개 █ 고양이 █ 기타

1만5000

1만

9551

7214

5000

5223
4927
4215
3786 3778 3640
3259 3223 3040 2907 2830
1914 1700
252
0

| 경기 | 서울 | 부산 | 경남 | 인천 | 경북 | 대구 | 충남 | 울산 | 대전 | 강원 | 전남 | 충북 | 전북 | 제주 | 광주 | 세종 |
| 1위 | 2위 | 3위 | 4위 | 5위 | 6위 | 7위 | 8위 | 9위 | 10위 | 11위 | 12위 | 13위 | 14위 | 15위 | 16위 | 17위 |

출처: 농림축산검역본부

◆ 10대들이 꼽은 삶의 지표 ◆

10대들이 인생에서
가장 중요하게 여기는 가치는?

"빠르게 불어오는 바람과 미친 듯이 닥쳐오는 파도."

질풍노도(疾風怒濤)라는 고사성어를 풀어 쓰면 위와 같은 문장이 된다. '10대'라는 세대를 이 한자어만큼 적절하게 설명하는 말도 드물다.

2015년 7월 기준 한국의 10대 인구는 대략 578만 명으로 전체 추계인구 5,062만 명의 약 11.4%에 해당한다. 1996년 이후 출생한 이들은 '모바일 네이티브' 속성을 가지고 태어난 듯하다. 거의 모든 소통을 스마트폰으로 할 정도로 모바일을 다루는 데 천부적이니 말이다. 어느 새 눈을 떠보니 어른의 신체를 갖게 된 그들에게 세상은 질풍노도처럼 낯설고 두려운 환경이다. 그래서 그들은 자신도 모르게 또 다른 질풍노도가 되어 세상에 맞설 수밖에 없다. 그들이 모바일 세상으로 숨는 데는 다 그만한 이유가 있는 것이다.

정보통신정책연구원의 미디어패널 조사에서 10대들의 미디어 이용 행태를 분석한 결과를 통해 그들의 가치관을 엿볼 수 있다. 10대 이용자들을 대상으로 '인생에서 추구하고 바라는 것이 무엇인가'라는 설문에 '경제적 풍요'를 선택한 응답자가 17.8%로 1위였다. 즉, 많은 10대들이 돈이 가장 중요하다고 생각하는 것이다. 물질만능주의가 질풍노도처럼 세상을 뒤흔드는 현 세태를 감안하건대, 10대들의 이러한 태도는 조금도 이상하지 않다.

10대들이 인생에서 추구하고 바라는 것

1위 경제적 풍요
17.8%
응답율

2위 흥미롭고 즐거운 삶
16.9

3위 화목한 가정
16.1

4위 좋은 인간관계
11.4

5위 육체적, 정신적 건강
10.7

6위 자아성취와 자존감
7.9%

7위 선택의 자유
7.4

8위 안전한 삶   5.3

9위 사회적 명성과 존경   2.5

10위 미를 추구하는 삶   2.4

11위 종교적인 삶   1.6

출처: 정보통신정책연구원

◆ 대학생과 20·30대 직장인이 가장 많이 하는 거짓말 ◆

젊은 세대의 코를
자라게 하는 말들

과연 모든 거짓말은 다 죄악이거나 부도덕할까? 내가 한 거짓말이 비난받는 쪽에 가까운가 아니면 용서받아도 될 것인가는 전적으로 거짓말의 결과 또는 효과가 이기적(利己的)인가 이타적(利他的)인가에 달려 있다. 후자의 경우를 가리켜 '선의의 거짓말'이라 한다. 영미권에서는 '하얀 거짓말(white lie)'이라 부른다. 나쁜 거짓말을 '새빨간 거짓말'이라고 일컫는 우리말과 절묘하게 대비된다.

미증유(未曾有)의 청년실업시대에 부모 그늘로부터 독립가능성이 전혀 보이지 않는 대학생을 대상으로 재미있는 설문조사가 있었다. '평소 부모님께 가장 많이 하는 흔한 거짓말은 무엇일까'가 질문이다. 조사 결과에 따르면 '친구 집에서 자고 올게요'가 전체 응답자의 19.5%로 1위에 꼽혔다. 이 말에는 남자친구인지 여자친구인지는 묻지 말라는 뜻도 담겨있을 것이다. 대학을 졸업하고 취업에 성공한 직장인도 거짓말에선 자유롭지 못하다. '직장인의 악의 없는 거짓말'에 대해서도 설문조사를 했다. 1위에 등극한 직장인의 거짓말은 '내가 정말 회사를 그만 두고 말지'였다. 중복응답이긴 하나 응답률 69.3%를 보였다. 장시간 출퇴근에 야근, 실적부담, 상사의 압박 등 고달픔에 울컥할 때면 어김없이 쏟아내는 말이지만 곧바로 실천하는 사람은 드물다. 직장생활을 하면서 거짓말을 할 때가 있느냐는 질문에는 무려 93.1%가 '그렇다'고 답을 했다. 직장에서 악의 없는 거짓말이 필요한 순간은 '회식자리(45.5%)'에 이어 '평상 시 틈틈이 할 필요가 있다(43.3%)', '연봉 협상 및 인사고과 시즌(23.0%)', '지각했을 때(21.9%)' 등의 순으로 나타났다.

대학생과 2·30대 직장인이 가장 많이 하는 거짓말 순위

대학생의 거짓말

순위	거짓말	비율
1위	친구집에서 자고 올게요	19.5%
2위	이거 얼마 안해요, 싼 거예요	17.6
3위	도서관에 있어요	16.7
4위	책 사야 하는데 책값 좀 주세요	15.8
5위	아직 성적 나올 때 안 됐어요	10.6
6위	남친(여친) 없어요	9.3
7위	주말에 MT 있어서 외박해야 해요	5.0
8위	그냥 아는 오빠(동생)예요	2.9
기타		2.6

직장인의 거짓말

순위	거짓말	비율
1위	내가 정말 회사를 그만두고 말지	69.3%
2위	집에 일이 있어서	55.0
3위	몸이 안 좋아서	47.9
4위	OO씨 오늘 멋진데(예쁜데)	30.6
5위	(상사의 지시에 이해가 안가도) 네, 알겠습니다	28.9
6위	역시 (부장/팀장)님이세요	27.3
7위	(심부름 시키는 상사에게) 괜찮습니다 부장(팀장)님	21.3
8위	(실제 낮은 연봉에도) 그거보단 더 받아	16.6
9위	(회식자리에서) 저 술 못해요	14.1
10위	언제 한번 밥(술)이나 먹자	12.1
11위	출근길 차가 막혀서	11.4
12위	걱정하지마 내가 다 알아서 할게	9.6
13위	거의 다 됐습니다	7.8
14위	요즘 일이 많아 바빠 죽겠어	4.5
15위	나 없으면 우리 회사 안 돌아가지	2.2

출처: 알바몬, 잡코리아

◆ 비호감 인터넷 언어들 ◆

엄지족이 실수하기 쉬운 문자 에티켓

소셜미디어는 인터랙티브 특성이 있어 빠르고 많은 대화 메시지를 주고받는다. 자판 타이핑이 늦으면 대화에서도 뒤쳐지는 상황이 발생한다. 소셜미디어는 모바일 메신저의 형태로 진화했다. 초기에 단문메시지(SMS)를 기반으로 했던 모바일 메신저는 140바이트라는 국제표준이 적용되어도 한글 70자 이내로 내용을 보내야 한다. 아울러 휴대폰의 조그마한 자판으로 빠르게 텍스트를 입력해 송신하려면 아무리 능수능란한 엄지족도 특별한 방법을 쓸수밖에 없다. 이른바 '인터넷 언어'가 탄생한 것이다.

햇지(했지), 안대(안돼), 머가(뭐가), 뭥미(무엇임), 갠춘(괜찮은), ㅎㄷㄷ(후덜덜), ㅈㅅ(죄송), ㅅㄱ(수고) 등은 인터넷에서 문자가 단순화된 대표적인 사례다. 'ㅆ, ㄸ' 등 쌍자음과 'ㅙ, ㅝ' 등 복모음이 사라지고 모음도 삭제되어 자음 머리글자로만 의사를 전달하기도 한다. 또 단어 글자가 줄어들기도 한다. 샘(선생님), 문센(문화센터), 놀터(놀이터), 생선(생신선물), 열폭(열등감 폭발), 뻐카충(버스카드 충전), 생얼(화장안한 얼굴), 안습(안구에 습기 차다＝불쌍하다) 등이다. '샵쥐'가 시아버지를 의미한다고 누가 유추할 수 있겠는가? 더 나아가 단어나 문장 대신 구두점(문장부호)이 그 자리를 차지한다. 이모티콘도 감성언어의 하나로 대활약 중이다. 심지어 모바일과 인터넷 환경에서는 정확한 맞춤법과 문장이야말로 사무적이고 고리타분하다는 이미지로 전락하기 일쑤다.

최악의 메신저 말투에 관한 설문을 실시했더니 'ㅇ, ㅋㅋ' 같은 자음과 모음 단위 표현이 1위로 뽑혔다. 상대방이 자음과 모음 단위로 대구하면 관심이 없나하는 생각이 들거나 반감을 느낀다고 한다. 이처럼 너무 축약된 형태의 의미 전달은 오해를 불러일으키기 쉽다.

최고 비호감 인터넷 언어 순위

여자	최악의 메신저 말투	남자
34%	1위 단답형 말투 (예) ㅇㅇ, ㅋㅋ	**42%**
28	2위 맞춤법 파괴 (예) 사겼이에서 만나자	16
10	3위 찍찍과 땀표 ──, ;;;;;;;	12
8	4위 과도한 이모티콘 (예) *^^* ,〉_〈	11
8	5위 귀여운 척 말투 (예) ~해쩌용!	8
8	6위 오빠는~, ㅇㅇ(이름)이는~	7
3	7위 ㅠㅠㅠㅠㅠ와 .....의 남발	3

출처: 정오의 데이트

◆ 한국인이 가장 좋아하는 숫자 ◆

단 하나의 숫자를 고른다면
당신의 선택은?

숫자가 발명된 곳은 인도이다. 인도에서는 AD 500년경에
이르러 실용적인 숫자 체계가 사용되었고 인도에 와있던 아
라비아 상인들이 숫자를 유럽 등지에 전했다. 숫자의 유래를 제
대로 알지 못했던 유럽인들은 이를 '아라비아 숫자'라고 일컬었다.

한국갤럽이 만 13세 이상 남녀 1,700명에게 가장 좋아하는 숫자를 물었다.
1위는 단연 '7'이다. 천지창조 후 안식을 취한 날이 7번째 날이므로 완성을 뜻
하는 '완전수'의 개념이 성경에서 비롯됐다. 7을 행운의 숫자라고 여기는 까닭
은 미국의 초창기 프로야구에서 7회에 점수가 많이 나와 생긴 'lucky seven'
의 영향을 받았기 때문이라는 설이 유력하다. 2위는 '3'이 차지했다. 삼세번,
삼세판, 만세 삼창, 삼신(三神) 등 3이 들어간 표현은 한국어에 적지 않다. 또한
삼각대, 삼각형, 삼차원, 삼위일체 등 완전한 균형과 조화를 이루는 이미지가
좋게 작용한 듯하다. 3위는 천지조화를 상징하는 '5'로, 동양문화와 관계가 깊
다. 서양에서 빨주노초파남보 7색과 도레미파솔라시도의 7음계를 사용한다면
동양에서는 청적황백흑(靑赤黃白黑)의 5색을 기본으로 하고 궁상각치우의 5음
계를 사용한다. 오미(伍味), 오복(伍福), 오장(伍臟), 오곡(伍穀), 오행(伍行)과 동
서남북에 중앙을 더한 오방(伍方) 등이 우리 전통문화와 익숙하다.

한국인이 좋아하는 숫자 상위 10개 가운데 7, 3, 5, 1과 9까지 홀수를 선
택한 응답률의 합계는 78%에 달한다. 그만큼 한국인은 짝수보다 홀수를 좋
아한다. 우리 문화는 홀수 문화라 해도 과언이 아닌 듯하다. 우리의 절기는
모두 홀숫날이다. 정월 초하루 1월 1일, 3월 3일 삼짇날, 5월 5일 단오, 7월
7일 칠석 등이 그렇다.

한국인이 가장 좋아하는 숫자 순위

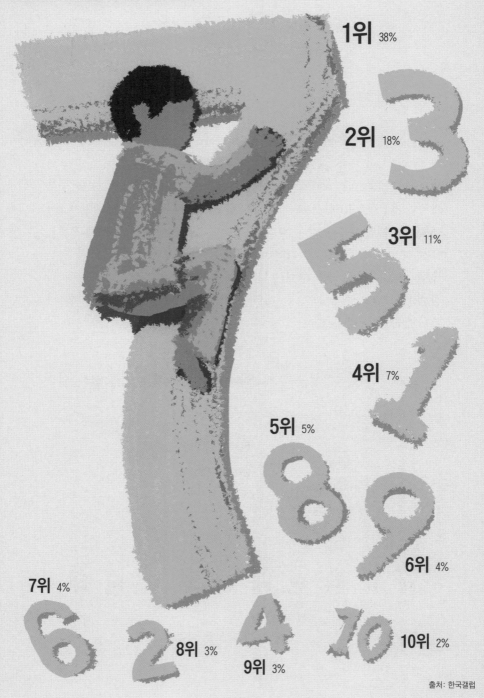

1위 38%

2위 18%

3위 11%

4위 7%

5위 5%

6위 4%

7위 4%

8위 3%

9위 3%

10위 2%

출처: 한국갤럽

◆ 직장인이 가장 좋아하는 점심 메뉴 ◆

오늘 점심 뭘 먹지?

직장인의 하루일과 중 꽃은 단연 점심시간이다. 한 시간 남짓 주어진 시간에 분초를 다퉈가며 "오늘 뭐 먹지?"하며 고민하는 모습은 그 어느 전략 기획보다도 신중하다. 직장인이 가장 좋아하는 점심 메뉴로 2,319명을 설문 조사한 결과, 지난 6년간 부동의 1위였던 김치찌개를 밀어내고 백반이 1위에 등극하는 영예를 누렸다. 점심 메뉴 선택 기준(복수 응답 최대 3개)으로는 1위 '맛(80.9%)'에 이어 '가격(80.6%)', '그날 기분(36.9%)', '스피드(32.3%)', '양(16.8%)' 순이다. 주로 점심을 먹는 곳은 '회사 근처 식당'이 68.7%로 가장 많았고, '사내식당(22.5%)', '집에서 싸 온 도시락을 사무실에서 먹는다(5.1%)' 순이다.

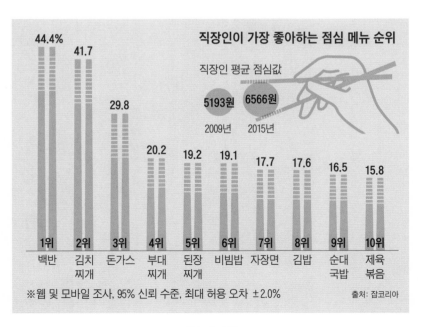

직장인이 가장 좋아하는 점심 메뉴 순위

직장인 평균 점심값

5193원 2009년   6566원 2015년

1위 백반	2위 김치찌개	3위 돈가스	4위 부대찌개	5위 된장찌개	6위 비빔밥	7위 자장면	8위 김밥	9위 순대국밥	10위 제육볶음
44.4%	41.7	29.8	20.2	19.2	19.1	17.7	17.6	16.5	15.8

※웹 및 모바일 조사, 95% 신뢰 수준, 최대 허용 오차 ±2.0%

출처: 잡코리아

2. 라이프스타일

퍼블릭

정치, 사회, 공직, 국방, 공공시설 etc

한국인이 가장 좋아하는 대통령과 싫어하는 대통령은 누구?

대한민국 권좌에서 가장 정점에 있는 자리는 단연 대통령의 몫이다. 한국인들이 정치에 거는 기대가 저 밑바닥만도 못해 아예 관심조차 없다 하더라도 권력의 화룡정점인 대통령에 대해서만큼은 호불호가 확실히 갈린다.

한국갤럽이 2014년 10월 전국 만 13세 이상 남녀 1,700명을 대상으로 조사한 결과 한국인이 가장 좋아하는 역대 대통령(현직 포함)으로 故노무현 전 대통령이 뽑혔다. 다른 기관의 유사한 조사에서도 대략 같은 결과를 볼 수 있다. 그의 소박한 인간미가 크게 호감을 얻으면서 업적 평가에서 두드러진 지지를 받는 故박정희 전 대통령을 앞섰다. 눈에 뛰는 것은 문민정부를 출범시킨 故김영삼 전 대통령은 신군부정권의 주역인 전두환 전 대통령보다도 순위가 아래에 있다. 아무래도 IMF 국가부도 사태가 그의 집권 말기에 발발했던 것이 민주화 운동으로 쌓아올린 그의 공적을 깎아내린 듯하다.

반면, 한국인이 가장 싫어하는 대통령은 이명박 전 대통령이 48%로 압도적으로(!) 1위를 차지했다. 한국인 중 두 명 가운데 한 명은 싫어하는 대통령으로 이명박 전 대통령을 뽑았다. 심지어 반민주주의이자 부정축재의 아이콘인 전두환 전 대통령(25.6%)을 크게 앞지른다. '비호감도'라는 키워드의 민감성 때문일까? 조사기관에서는 현직 대통령은 제외했다. 「일요신문」과 여론조사기관 조원씨앤아이가 공동으로 전국 성인 700명에게 전화면접 방식으로 조사한 결과다.

역대 대통령 호감도 순위

1위 노무현(16대)
32.0%

2위 박정희(5~9대)
28.0

3위 김대중(15대)
16.0

4위 박근혜(18대)
5.0

5위 이명박(17대)
3.0

6위 전두환(11~12대)
1.9

7위 김영삼(14대)
1.6

8위 노태우(13대)
0.8

9위 이승만(1~3대)
0.8

10위
0

윤보선(4대)   최규하(10대)

역대 대통령 비호감도 순위

1위 이명박
48.0%

2위 전두환
25.6

3위 노무현
6.1

4위 박정희
5.0

5위 노태우
4.0

6위 김대중
4.0

7위 김영삼
3.4

8위 이승만
1.6

출처: 한국갤럽·일요신문·조원씨앤아이

◆ 가장 많은 재산을 보유한 국회의원, 지자체장 ◆

권력은 금력(金力)이다?!
고위 공직자 중 누가 가장 부자일까?

공직자윤리법에서는, 국회의원과 장·차관, 법관, 광역자치단체장 등 고위 공직자의 경우 보유 재산을 공개해 등록하도록 명시하고 있다. 권력 주변에 기생하는 검은돈이 공직자에게로 흘러들어가는 것을 방지하기 위함이다.

정부·국회·대법원 등 주요 기관별 공직자윤리위원회가 2014년 12월 말 기준으로 발표한 2,302명의 재산 공개 내역에 따르면, 국회의원 중에서는 김세연 새누리당 의원이 1,443억4,388만 원을 공개·등록해 1위를 차지했다. 광역자치단체장 중에서는 김기현 울산시장이 68억616만 원을 공개·등록해 역시 1위에 올랐다. 총리·장관급 인사 중에는 당시 최경환 부총리 겸 기획재정부장관이 47억7,421만 원으로 1위를 기록했다. 대한민국 '공식' 최고 권력자인 박근혜 대통령의 재산은 전년보다 3억3,592만 원 증가한 31억6,950만 원으로 공표됐다.

공직자 재산 공개에는 한계도 없지 않다. 공직자도 보유 재산의 중심이 부동산인 경우가 많은데, 본인이 지정하지 않는 한 실제시가가 아니라 공시지가, 즉 기준시가 위주로 부동산 재산이 계산된다. 본인의 의도와 관계없이 '재산 축소' 의혹을 받는 주원인이다.

현재 정부공직자윤리위원회의 재산 등록은 인적사항과 필요사항 등만 입력하면 부동산과 예금 등을 자동으로 계산해주는 시스템에 따라 이루어진다. 그 결과 등록된 재산 규모가 국민들이 체감하는 공직자 재산 규모와 동떨어질 때가 많다. 또한 재산 등록의 범위가 본인과 직계존비속으로 규정되어 있으나 실제로는 피부양자가 아니라는 등 다양한 이유로 부모나 자식의 재산을 신고하지 않는 경우도 적지 않다.

국회의원 재산 많은 순위

순위	이름	소속	재산
1위	김세연	새누리당	1443억4388만원
2위	안철수	무소속	787억4931만
3위	박덕흠	새누리당	541억9428만
4위	윤상현	새누리당	196억4853만
5위	강석호	새누리당	152억4386만
6위	김무성	새누리당	137억5600만
7위	정의화	국회의장/무소속	105억534만
8위	심윤조	새누리당	95억713만
9위	장윤석	새누리당	80억5449만
10위	장병완	더불어민주당	79억5258만

국회의원 재산 적은 순위

순위	이름	소속	재산
1위	황인자	새누리당	-4억5803만
2위	김상민	새누리당	-1억622만
3위	김한표	새누리당	-8050만
4위	강동원	더불어민주당	-5910만
5위	유은혜	더불어민주당	1억4573만
6위	이명수	새누리당	1억5095만
7위	박수현	더불어민주당	1억5135만
8위	최동익	더불어민주당	1억6803만
9위	한명숙	2015. 8. 의원직 상실	1억8835만
10위	박홍근	더불어민주당	2억2010만

광역지방자치단체장 재산 많은 순위

순위	이름	소속	재산
1위	김기현	울산시장	68억616만
2위	권선택	대전시장	36억4818만
3위	남경필	경기지사	33억7672만
4위	서병수	부산시장	31억7829만
5위	이춘희	세종시장	29억9518만
6위	홍준표	경남지사	29억4187만
7위	권영진	대구시장	16억7225만
8위	이시종	충북지사	16억2667만
9위	이낙연	전남지사	15억5979만
10위	김관용	경북지사	13억79만
11위	최문순	강원지사	12억7679만
12위	송하진	전북지사	12억3397만
13위	원희룡	제주지사	10억8820만
14위	안희정	충남지사	8억5714만
15위	유정복	인천시장	8억1194만
16위	윤장현	광주시장	7억5303만
17위	박원순	서울시장	-6억8493만

※2014년 12월 31일 공직자 등록 재산 기준
소속·직위는 2015년 12월 20일 기준

출처: 정부공직자윤리위원회, 공직윤리종합정보시스템

◆ 고위 공직자, 공공기관장 연봉 ◆

높으신 분들 급여명세, 얼마나 많이 받나?

조선시대에는 공직자의 급여를 '녹(祿)'이라 했다. 녹은 품계가 낮은 서리(胥吏)나 군인에게는 월급으로 지급하는 '요(料)'와 달리 1년에 4회 봄, 여름, 가을, 겨울의 첫 달에 석 달 치를 몰아서 지급했다.

예나 지금이나 백성이 공무원의 녹을 바라보는 관점은 다르지 않다. 과연 그들이 일한만큼 녹을 받느냐 여부다. 공무원의 봉급은 국민의 주머니에서 나오는 돈이기 때문이다. 특히 대통령, 국회의원, 대법관 등 고위 공직자들이 보수를 얼마나 받는지 관심이 높다. 2014년 정부 산하 공공기관인 한국투자공사의 사장이 연봉 4억750만 원을 받는다는 사실이 알려져 물의를 빚기도 했다. 공공기관 상위 5개 기관의 기관장 모두 3억 원 이상의 연봉을 받았다고 한다. 결국 일부 공공기관장의 연봉이 2015년부터 30~40% 감액 조정되기에 이르렀다. 그래도 총 312개 공공기관장 연봉의 합산금액은 무려 413억 원에 달한다. 더불어민주당 최재성 의원은 고위공직자와 공공기관 임원의 보수가 일반 국민 가구 중위소득의 1.5배를 넘지 않도록 연 8천만 원 이내로 조정하자는 '고위공직자 보수 및 경비 심사 등에 관한 특별법'을 발의하기도 했다. 법안 통과는 미지수이나 취지는 충분히 공감이 된다.

한국 사회에서 생활비, 주거비, 교육비 등을 포함해 인간다운 삶을 영위하려면 가계 지출 수준으로 월 평균 300만 원이 필요하다는 분석이 있다. 통계청이 발표한 2015년 3월 전체 임금 노동자 1,880만 명(비정규직 601만 명 포함)의 월평균 임금은 2014년보다 3.6% 늘어난 231만4,000원. 정규직은 271만3,000원, 비정규직은 146만7,000원이다. 비정규직의 경우, 인간다운 삶에 필요한 월 300만 원에서 모자라도 한참 모자란다.

고위 공직자 연봉 순위

1위	한국은행 총재	2억7727만원
2위	한국은행 부총재 및 금융통화위원	2억5508만
3위	한국은행 감사	2억4399만
4위	대통령	2억505만
5위	국무총리	1억5896만
6위	국회의원	1억3796만
7위	대장	1억2844만
8위	헌법재판소장, 대법원장	1억2296만
9위	중장	1억2175만
10위	부총리 및 감사원장	1억2026만
11위	장관 및 장관급에 준하는 고위 공무원	1억1689만
12위	서울시장	1억1689만
13위	국가인권위원장	1억1689만
14위	중앙선거관리위원 상임위원 및 사무총장	1억1689만
15위	인사혁신처장, 법제처장, 국가보훈처장, 식품의약품안전처장	1억1521만
16위	차관 및 차관급에 준하는 고위 공무원	1억1352만
17위	광역시장, 도지사, 특별자치도지사, 교육감	1억1352만
18위	소장	1억771만
19위	준장	9807만
20위	헌법재판소재판관, 대법관	8709만

공공기관장 연봉 순위

순위	기관	연봉
1위	한국과학기술원	3억2520만
2위	강원랜드	2억4058만
3위	한국형수치예보모델개발사업단	2억3791만
4위	기초과학연구원	2억3578만
5위	국립암센터	2억2379만
6위	한국벤처투자	2억2233만
7위	국립중앙의료원	2억2053만
8위	국가과학기술연구회	2억1616만
9위	중소기업연구원	2억1278만
10위	한국특허정보원	2억14만

※국회의원은 '국회의원 수당 등의 법률'에 따라 세비에 수당이 포함. 다른 공직자의 경우, 급여 성격의 수당이
포함되지 않은 금액임. 군인의 경우 기본급, 일반수당, 특수업무수당, 복리후생비 등이 포함.

출처: 최재성 더불어민주당 국회의원, 공공기관 경영정보공개시스템 알리오, 국방부

◆ 대한민국 의전서열 ◆

고위직 권력자들, 누가 상석에 앉을까?

"권력의 징표는 자리다!"라는 말이 있다. 권력다툼은 자리싸움이다. 자리 안에 권력이 있기 때문이다. '권좌(權座)'라는 한자어를 말 그대로 풀어보면, '권력이 있는 자리'다. 바꿔 말하면, '권력을 쥔 지위'가 되는 것이다. 대통령을 비롯해 국무총리, 국회의장, 대법원장 등 최고 권력자들이 참석하는 국가행사를 가만히 들여다보면, 그들 각자가 앉아 있는 자리에 따라 권력의 크기가 가늠되기도 한다.

조금 어려운 말로 의전서열(儀典序列)이라는 것이 있다. 공식행사를 진행하는 순서와 기준을 마련해 놓은 것이다. 좀 더 풀어 설명하면, 의전은 '식을 치르는 기준과 절차'가 되고, 서열은 말 그대로 '순서', '순위' 등을 뜻하니, 의전서열이란 '자리순서' 또는 '자리배치'가 된다. 자리배치는 글자 그대로 누가 앞에 앉고 뒤에 앉느냐, 누가 중심에 앉고 누가 좌·우측 가장자리로 가느냐다. 일반인 사이에도 회식이나 식사자리를 마련할 때 누구를 상석에 앉힐지 고민하는 경우가 많다. 하물며 권력의 정점에 자리한 고위직 인사와 사회지도층들이야 오죽하겠는가.

국경일 행사, 국장(國葬), 국민장(國民葬) 등 정부 각급 행정기관과 지방자치단체가 공식적으로 거행하는 각종 의식은 중요한 의전행사다. 실로 헤아릴 수 없을 만큼 다양한 공식행사가 의전서열에 따라 진행된다. 사실 의전서열은 정부가 발행하는 『정부의전편람』에도 구체적으로 명시되어 있지 않다. 정부조직법이나 법원조직법 등에 명시된 직위 순서와 선례와 관행을 예우 기준으로 삼는다. 이러한 기준과 절차는 때와 장소에 따라 변한다. 의전서열이란 변화무쌍한 권좌와 한 배를 탈 수 밖에 없는 운명이니 어쩔 수 없는 노릇이다.

대한민국 의전서열 순위

1위	대통령
2위	국회의장
3위	대법원장
4위	헌법재판소장
5위	국무총리
6위	중앙선거관리위원회 위원장
7위	국회부의장
8위	감사원장
9위	기획재정부 장관(경제부총리)
10위	교육부 장관(사회부총리)
11위	외교부 장관
12위	통일부 장관
13위	법무부 장관
14위	국방부 장관
15위	행정자치부 장관
16위	문화체육관광부 장관
17위	농림축산식품부 장관
18위	산업통상자원부 장관
19위	보건복지부 장관
20위	환경부 장관

※순위는 외교부『의전편람』(2012) 기준,
  직위 명칭은 2015년 9월 기준 정부조직에 준함.

출처: 외교부『의전편람』(2012)

◆ 국내 최고 싱크탱크들 ◆

대한민국을 움직이는
최고의 브레인 집단은?

종합경제주간지 「한경비즈니스」는 해마다 '대한
민국 100대 싱크탱크'를 선정한다. 국내 싱크탱
크에 관한 랭킹 조사로는 유일하다. 조사 방식은
국내 싱크탱크들을 경제·산업, 정치·사회, 외
교·안보, 여성·노동, 환경 등 5개 부문으로 나누어 해당 분야의 연구원·교
수 등 전문가들에게 설문 조사를 실시한다. 평가항목을 대외 영향력, 연구의
질, 연구 역량 등 3가지로 나누고 각 분야의 전문가들에게 평가항목별로 최
고의 싱크탱크 10개를 순서대로 답하게 한 후 가중치를 부여해 합산하는 방
식이다. '영향력'은 의정 설정 능력, 언론 활동, 정책 영향력 등을 의미한다.
'연구의 질'은 연구의 전문성, 객관성, 신뢰성을 가리킨다. '연구 역량'은 연
구원의 전문성과 네트워크, 연구원 수를 말한다.

2015년 조사 결과를 살펴보면, 국책 연구소인 한국개발연구원이 1,759점
으로 1위에 올랐다. 한국개발연구원은 2012년부터 1위 자리를 놓치지 않고
있다. 2위에는 역시 정부 산하 연구소인 대외경제정책연구원(1,211점)이 차지
했다. 3위는 기업 연구소인 삼성경제연구소(1,210점), 4위는 전국은행연합회
산하 한국금융연구원(1,129점)이 올랐다.

조사에 따르면 국내 싱크탱크는 정부 산하·출연 및 공기업 연구소들이
강세를 보이는 것으로 나타났다. 100대 싱크탱크 중 이들이 43개를 차지한
다. 이밖에 시민단체 및 순수 민간 연구소 18개, 업계단체·노조·정당·공
익단체 등이 설립한 공공 연구소 16개, 대학 연구소 12개, 기업 부설 연구소
11개 등으로 포진해 있다.

국내 최고 싱크탱크 순위

순위	싱크탱크명	종합점수	영향력	연구 질	연구 역량	분야
1위	한국개발연구원	1759	603	556	600	경제·산업
2위	대외경제정책연구원	1211	383	393	435	경제·산업
3위	삼성경제연구소	1210	452	358	400	경제·산업
4위	한국금융연구원	1129	362	380	387	경제·산업
5위	산업연구원	1019	351	344	324	경제·산업
6위	한국은행 경제연구원	1007	290	373	344	경제·산업
7위	LG경제연구원	785	292	261	232	경제·산업
8위	한국조세재정연구원	651	185	226	240	경제·산업
9위	국립외교원 외교안보연구소	563	200	178	185	외교·안보
10위	세종연구소	504	152	177	175	외교·안보
11위	현대경제연구원	467	178	153	136	경제·산업
12위	국회예산정책처	460	160	166	134	경제·산업
13위	한국노동연구원	458	154	157	147	여성·노동
14위	한국환경정책평가연구원	437	148	147	142	환경
15위	한국보건사회연구원	416	139	138	139	정치·사회
16위	자본시장연구원	410	110	152	148	경제·산업
17위	통일연구원	405	139	123	143	외교·안보
18위	한국경제연구원	354	154	95	105	경제·산업
19위	정보통신정책연구원	334	76	122	136	경제·산업
20위	한국고용정보원	313	104	97	112	여성·노동
	한국직업능력개발원	313	102	103	108	여성·노동

출처: 한경비즈니스

◆ 가장 비싼 국유재산 ◆

국가가 소유한 재산목록 1순위도 부동산이 최고?!

국유재산이란 국가가 소유하고 있는 일체의 유·무형 재산과 기부채납, 법령, 조약 등에 따라 국가 소유로 된 재산을 말한다. 예컨대, 국유재산에는 청사, 관사, 건물, 학교, 도로, 하천, 항만, 공항 등이 있으며, 공기업 건물과 사무용·사업용 재산은 물론 문화재, 사적지, 보존이 필요한 국유림 등도 포함된다. 대한민국 정부가 보유하는 국유재산 총액은 938조4,902억 원으로 명목 국내총생산(GDP) 1,485조1,000억 원 대비 63.2%에 달하는 규모다. 종류별로는 전체의 48.8% 비중을 차지하는 토지가 437조4,692억 원으로 가장 많다(2014년 기준).

2014회계연도 국가결산에 따라 재산가액이 공표된 주요 국유재산 몇 가지를 살펴보자. 국가가 보유한 건물 중 장부가액이 가장 높은 재산은 1단계 정부세종청사다. 국무총리실, 기획재정부 등이 입주한 1단계 청사의 가치는 4,922억 원이다. 토지를 제외한 고속도로의 경우는 경부선이 재산가치 10조9,787억 원으로 가장 높다. 또 무형국유자산 중에는 기획재정부의 디지털 예산회계시스템인 '디브레인(dBrain)'이 353억 원으로 가장 비싸다. 국가가 보유한 물품으로는 기상청이 일기예보의 정확도 향상을 위해 도입한 슈퍼컴퓨터 3호기 '해온과 해담'이 취득가액 128억 원으로 최고다. 무기 중에 가장 비싼 것은 구축함 광개토Ⅲ급으로 취득가액 9,105억 원이다. 문화재 중에는 경복궁 경회루가 99억5,732만 원으로 가장 가격이 높다. 복구비용으로 276억 원 이상이 소요된 숭례문의 장부가액은 34억5,264만 원으로 의외로 높지 않다. 한편, 국회는 토지(33만m²)와 국회의사당 등 21동 건물을 포함해 2조3,736억 원이고, 청와대는 6,451억 원으로 평가된다.

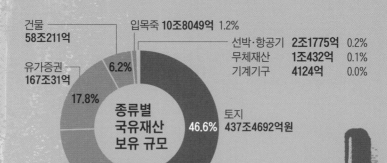

건물
58조211억

입목죽 10조8049억 1.2%

선박·항공기 **2조1775억** 0.2%
무체재산 **1조432억** 0.1%
기계기구 **4124억** 0.0%

유가증권
167조31억

6.2%

17.8%

**종류별
국유재산
보유 규모**

46.6%

토지
437조4692억원

공작물
261조5588억

27.9%

건물 장부가액 순위

1위	정부세종청사(1단계)	4922억원
2위	정부세종청사(2단계)	4445억
3위	국립아시아문화전당	3105억
4위	국회의원회관	2457억
5위	대전청사	2409억

고속도로 장부가액 순위

1위	경부고속도로	10조9787억원
2위	서해안고속도로	6조6853억
3위	남해고속도로	6조4046억
4위	통영·대전중부고속도로	5조2942억
5위	서울외곽순환고속도로	4조6162억

무형자산 취득가액 순위

1위	dBrain시스템	353억원
2위	취업후 학자금 상환 전산시스템 구축	299억
3위	4세대 국가관세종합 정보망시스템	234억
4위	2012년 차세대 국세행정시스템	181억
5위	G2B시스템	172억

물품 장부가액 순위

1위	슈퍼컴퓨터 3호기(해온, 해담)	128억원
2위	KTV 방송장비시스템	105억
3위	엑스레이 화물검색기	95억
4위	슈퍼컴퓨터 3호기 (해빛)	87억
5위	해양조사선	82억

출처: 기획재정부

◆ 살림살이 규모가 가장 큰 정부부처 ◆

정부부처마다 예산 확보에 올인 하는 이유

나라의 살림살이 규모는 매년 '정부 예산'이라는 이름으로 국회의 승인을 받아 결정되는데 2015년에는 375.4조 원에 달했다. 2016년 예산안은 이보다 2.9% 늘어난 386.4조 원으로 확정됐다.

2015년 예산안은 2014년 12월 국회 본회의에서 확정되었는데 19년 만에 법정기일 내에 예산안이 처리되었다고 화제가 되기도 했다. 행정부 각 부처는 물론 입법부와 사법부에 이르기까지 저마다의 속셈(!)으로 예산 확보에 열을 쏟는다. 속된 말로 "권력은 돈에서 나온다"는 말을 실감하게 한다. 예산이 있어야 사업도 하고 산하기관도 관리할  수 있기 때문이다. 오죽하면 일본 관료사회에서 예산 따내기를 위한 '관관접대(官官接待)'라는 용어까지 나왔을까!

2015년 예산 규모를 부처별로 살펴보면, 교육부가 54조8,998억 원으로 가장 많다. 교육부는 최다 공무원 수(35만4,115명)를 보유하고 있으며 각 급 학교를 관장하는 부처답게 전체 예산의 14.6%를 차지한다. 이어 보건복지부, 국토교통부, 행정자치부, 국방부 순이다. 상위 1~5위까지가 전체 예산의 56.7%를 차지한다. 각 부처별 예산과 공무원 정원을 비교하면 국방부, 방위사업청, 인사혁신처 등이 1,000명 이하 비교적 적은 수의 인원으로 거대한 예산을 주무르고 있음을 알 수 있다.

정부부처별 파워의 크기는 예산과 공무원 정원에 더해 장·차관급 고위직 인원 수로 가늠할 수 있다. 정부조직법에 따라 상하 소속관계 등 위상이 정해져 있지만 장·차관급 자리가 몇 개인지에 따라 해당 부처의 입지를 알 수 있다. 공직사회는 '자리'를 차지하기 위한 싸움터라는 속설을 실감케 한다.

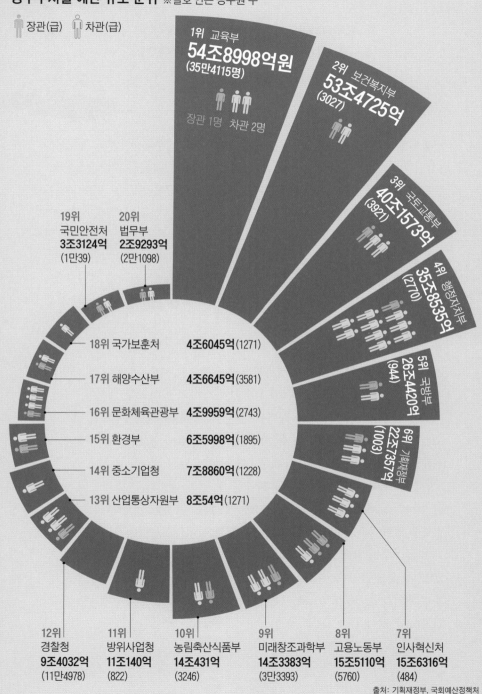

정부부처별 예산 규모 순위 ※괄호 안은 공무원 수

👤 장관(급)   👤 차관(급)

1위 교육부
54조8998억원
(35만4115명)
👤👤👤
장관 1명 차관 2명

2위 보건복지부
53조4725억
(3027)

3위 국토교통부
40조1573억
(3921)

4위 행정자치부
35조8535억
(2770)

5위 국방부
26조4420억
(944)

6위 기획재정부
22조7357억
(1003)

19위 국민안전처
3조3124억
(1만39)

20위 법무부
2조9293억
(2만1098)

18위 국가보훈처 **4조6045억** (1271)

17위 해양수산부 **4조6645억** (3581)

16위 문화체육관광부 **4조9959억** (2743)

15위 환경부 **6조5998억** (1895)

14위 중소기업청 **7조8860억** (1228)

13위 산업통상자원부 **8조54억** (1271)

12위
경찰청
9조4032억
(11만4978)

11위
방위사업청
11조140억
(822)

10위
농림축산식품부
14조431억
(3246)

9위
미래창조과학부
14조3383억
(3만3393)

8위
고용노동부
15조5110억
(5760)

7위
인사혁신처
15조6316억
(484)

출처: 기획재정부, 국회예산정책처

◆ 재정자립도가 가장 약한 지방자치단체 ◆

중앙정부 없이 못살아?!

서울특별시, 부산광역시, 경기도, 세종특별자치시, 제주특별자치도 등 전국 17개 광역 지방자치단체의 2015년 총 예산 규모는 89조8,337억 원이다. 예산을 계획하고 지출을 집행하려면 세입, 즉 수입이 있어야 한다. 지방자치단체가 재정 수입을 어느 정도 자체 충당할 수 있는지 능력을 나타내는 지표가 재정자립도다.

17개 광역자치단체의 평균 재정자립도는 45.1% 수준이다. 평균을 웃도는 지자체는 서울을 비롯해 인천, 울산, 경기, 부산뿐이다. 서울과 전남의 차이는 무려 5.5배나 벌어져 있다. 전국 평균 재정자립도를 살펴보면, 2004년 평균 57.4%에서 지속적으로 하락 추세에 있다. 중앙정부에 대한 의존도가 갈수록 심해지고 있는 것이다.

지자체의 재정자주도는 지방정부가 자율적으로 사용가능한 지방교부세 같은 재원이 전체 세입 중 얼마나 되는가를 나타내는 지표다. 재정자주도는 지자체의 실질적인 재원 활용능력을 나타낸다. 대체로 재정자립도가 낮으면 재정자주도도 떨어지는데, 제주는 지방교부세가 많아 재정자립도가 29.9%임에도 불구하고 재정자주도가 62.5%나 된다.

지방재정이 악화되는 이유야 헤아릴 수 없이 많지만, 지방정부의 방만한 퍼주기식 재정 운영, 수익성을 고려하지 않은 치적용 공공사업은 재정자립도를 떨어트리는 치명적인 요인이다. 예를 들어, 인천시는 2014년 아시안게임을 개최하며 2조2,905억 원을 사용해 심각한 재정위기에 내몰려 있다. 2013년 말 인천의 부채비율도 전국 2위인 12.8%에 달한다. 2014년까지 인천의 재정자립도가 57.5%로 서울(80.4%) 다음으로 좋았지만, 언제 곤두박질 칠지 모를 일이다.

재정자립도가 취약한 지자체 순위 ※2014년 12월 말 기준

순위	지역	재정자립도	재정자주도	예산 규모
1위	전남	14.5%	31.0%	5조3440억원
2위	전북	17.4	32.9	4조3196억
3위	강원	18.0	35.3	3조9030억
4위	경북	20.6	36.6	6조610억
5위	충북	23.7	40.4	3조784억
6위	충남	26.1	39.8	4조100억
7위	제주	29.9	62.5	3조356억
8위	경남	34.2	41.6	5조6513억
9위	광주	39.0	57.4	2조9899억
10위	대구	42.7	61.7	4조4760억
11위	대전	43.4	61.4	2조4984억
12위	세종	43.9	67.1	6759억
13위	부산	46.8	60.8	6조5696억
14위	경기	50.0	51.4	13조4155억
15위	울산	56.1	60.8	2조252억
16위	인천	57.5	63.8	4조6798억
17위	서울	80.4	81.0	17조1003억

출처: 내고장알리미, 행정자치부 재정고

37조 원 국방 예산,
더 늘려야 하나 줄여야 하나?

2015년 기준 우리나라 국방 예산은 37조 4,560억 원이다. 나라 전체 1년 예산의 10.5%에 해당한다. 세계 최대 국방비 사용국인 미국의 5,771억 달러(약 650조2,000억 원)에 비하면 대단히 적은 규모이지만 우리에겐 엄청난 금액이다. 전투기와 함정을 포함한 각종 무기와 장비, 국방 R&D 등에 소요되는 방위력 개선비가 방위사업청 예산으로 11조140억 원이고, 인건비와 군수 및 행정, 훈련 등에 사용되는 병력 및 전력 운영비가 국방부 예산으로 26조4,420억 원이 편성되어 있다.

지출 항목을 세부적으로 살펴보면, 63만여 명 규모의 병력을 유지하는 만큼 급여로 지출되는 인건비가 13조5,310억 원(전체의 36.1%)으로 가장 많이 책정돼 있다. 이어 군수지원 등 4조7,377억 원(12.6%), 군사시설 건설 및 운영 2조6,129억 원(7.0%), 급식 및 피복비 2조501억 원(5.5%) 등의 순이다. 즉, 장교와 하사관, 사병 모두에게 봉급 주고 먹고 입히는 병력운영비로 전체 예산의 41.6%가 사용되는 셈이다. 무기와 장비를 구비하는 데 쓰이는 방위력 개선비는 29.4%를 차지한다. 각종 군사시설 건설 및 운영, 훈련, 복지 및 이에 필요한 물자, 지원, 행정 등을 포괄하는 전력운영비로는 29.0%가 소요된다.

국방부는 「국방계획 2014-2030」에 따라 2022년까지 상비 병력 규모를 현재 62.9만 명에서 52.2만 명으로 감축하고 2025년까지 간부 비율을 40% 이상으로 늘리는 병력 구조 정예화를 추진 중이다. 양적 국방에서 질적 국방으로 변화하는 셈인데, 그러려면 국방 예산은 더욱 늘어날 전망이다.

국방 예산 지출 항목 순위

	세부 지출 항목	예산	비중
1위	급여 인건비(법정부담금 포함)	13조5310억원	36.1%
2위	군수지원 및 협력	4조7377억	12.6
3위	군사시설 건설 및 운영	2조6129억	7.0
4위	급식 및 피복	2조501억	5.5
5위	연구 개발	1조8590억	5.0
6위	함정사업	1조7788억	4.8
7위	화력탄약	1조6575억	4.4
8위	대정부국외획득사업(FMS)	1조4225억	3.8
9위	항공기	1조1652억	3.1
10위	국방행정지원	9951억	2.7
11위	기동	9782억	2.6
12위	정책기획 및 국제협력	9330억	2.5
13위	성능 개량	8308억	2.2
14위	신특수유도무기	8277억	2.2
15위	국방정보화	5401억	1.5
16위	인사 및 교육 훈련	5001억	1.3
17위	감시정찰	2657억	0.7
18위	장병 보건 및 복지	2628억	0.7
19위	국방홍보원 운영 등	1517억	0.4
20위	종합지원 등	1493억	0.4
21위	예비전력관리	1275억	0.3
22위	지휘통제	793억	0.2

계 37조4560억원

출처: 국방부

◆ 여군 계급별 인원 ◆

대한민국 여전사 1만 명 시대

과거 무늬만 군인이었던 대한민국 여군(1950년 9월 창설)의 입지가 1990년 부터 본격적으로 변하기 시작했다. 같은 해부터 행정 지원 업무 중심인 여군 병과가 해체되면서 모든 여군이 각 병과로 배치되었다. 1997년 공군사관학교에 이어 육군사관학교와 해군사관학교가 잇달아 여성에게 문호를 개방했고, 2010년에는 여성학군사관후보생(ROTC) 학군단이 창설되었다. 2014년 부터는 육 · 해 · 공군 모든 병과가 여군 장교에게 개방됐다. 특히 육군은 장교와 부사관을 포함해 모두 24개 병과에서 금녀의 벽을 깼다. 국방부에서 공개한 자료를 살펴보면, 장교 3,664명, 부사관 4,291명 등 총 7,955명의 여군이 포진해 있다. 머지않아 여군 1만 명 시대가 도래할 전망이다.

대한민국 여군 계급별 인원 ※2012년 9월 기준. 단위:명

계급	육군	해군/해병	공군	계	
준장	3			3	장교 3664명
대령	11			11	
중령	75	3	4	82	
소령	267	24	41	332	
대위	1363	206	235	1804	
중/소위	1033	175	208	1416	
준위	16			16	
원사	16			16	부사관 4291명
상사	323		5	328	
중사	939	139	195	1273	
하사	1485	556	633	2674	

계 ⋯⋯ 5531 + 1103 + 1321 = 7955

출처: 국가인권위원회

투표율과 민주주의는 반비례한다?!

1948년 정부 수립 이후 시행된 대통령 및 국회의원 선거와 1995년부터 시행된 지방선거 등을 모두 포함해 투표율을 살펴보면, 가장 높은 투표율을 보인 선거는 1960년 3월 15일에 치러진 제4대 대통령선거다. 경이적인 투표율인 97%를 기록했다. 부정으로 점철된 이 선거로 당선된 이승만이 결국 하야하고 재선거가 치러졌다. 역대 투표율 상위에 오른 선거는 대부분 독재정권 시대의 산물이다. 유신체제하에서 통일주체국민회의가 유권자가 되어 진행한 대통령 간접선거에서는 투표율이 언제나 100%였다. 당시 통일주체국민회의는 대통령 선거뿐 아니라, 국회의원 정수의 1/3 선출, 헌법개정안의 최종 확정 등 막강한 권한을 행사했다. 대의민주주의에 역행했던 역사적 오점이었다.

1948년~2015년 주요 선거 투표율 순위

순위	투표율	선거	날짜	대수
1위	97.0%	대통령선거*(이승만 당선)	1960.3.15	제4대
2위	95.5	국회의원선거	1948.5.10	제헌
3위	94.4	대통령선거(이승만 당선)	1956.5.15	제3대
4위	91.9	국회의원선거	1950.5.30	제2대
5위	91.1	국회의원선거	1954.5.20	제3대
6위	89.2	대통령선거(노태우 당선)	1987.12.16	제13대
7위	88.1	대통령선거*(이승만 당선)	1952.8.05	제2대
8위	87.7	국회의원선거	1958.5.02	제4대
9위	85.0	대통령선거(박정희 당선)	1963.10.15	제5대
10위	84.6	국회의원선거	1985.2.12	제12대

*제4대 대통령 선거는 3.15 부정선거로 당선자 이승만 하야 후 국회 선출에 의한 간접선거로 윤보선 당선.

출처: 중앙선거관리위원회 선거통계시스템

◆ 가장 많은 여성 인력을 보유한 공무원 자리 ◆

여초시대 맞는 공무원 사회

정부의 공무원연금개혁 추진으로 처우와 복지에 불만을
터뜨리는 공무원이 적지 않은 데도 공무원이 되기 위한 수험전쟁은
더욱 치열하다. 지난 2015년 4월 치러진 국가공무원 9급 공개채용 필기시험
은 3,700명 합격정원에 19만여 명이 지원해 평균 51:1의 경쟁률을 기록했
다. 청년 실업률이 10.7%에 달하는 냉혹한 현실에서 수많은 젊은이들이 공
직 진출에 청춘을 걸고 있지만, 바늘구멍을 통과하기란 녹록치 않다.

　공무원이 되는 데는 남녀의 구별이 있을 수 없다. 여성인력의 사회 진출
이 일상화되면서 이를 선도해온 공무원 사회에는 더욱 여성의 숫자가 늘어
나고 있다. 2014년 12월 말 기준 우리나라 전체 공무원은 총 101만6,181명
이다. 부문별로 살펴보면 행정부 국가공무원 63만4,051명(여성 31만860명),
지방공무원 35만7,492명(여성 12만6,483명), 입법부 4,229명(여성 1,542명), 사
법부 1만7,193명(여성 6,488명), 헌법재판소 296명(여성 121명), 중앙선거관리
위원회 2,920명(여성 923명) 등이다. 여성공무원 수는 44만6,417명으로 전체
공무원 대비 43.9%에 이른다. 국가직만 보면 총원 대비 49%로 조만간 남녀
공무원 수가 사상 처음으로 역전될 가능성도 있다.

　직종별로 여성공무원 수가 많은 순서를 살펴보면, 국가공무원의 경우 특
정직인 교육직이 단연 많으며 총원 대비 여성비율도 가장 높다. 지방자치단
체에 근무하는 지방공무원은 3~9급 일반직 여성공무원이 대부분을 차지한
다. 그러나 국가공무원, 지방공무원 모두 여성 고위직의 숫자는 현격히 적다.
윗자리로 갈수록 우리 사회의 유리천장이 얼마나 두꺼운지 공무원 사회에서
도 실감하게 한다.

여성 국가공무원 규모 순위

※괄호 안은 총원 대비 비중

순위	구분	인원	비중
1위	교육	24만8017명	(69.3%)
2위	3-9급 일반직	4만3478	(34.2)
3위	경찰	1만139	(8.8)
4위	우정	4862	(23.6)
5위	연구	1873	(37.3)
6위	외무	530	(29.1)
7위	검사	530	(26.8)
8위	한시임기제	529	(81.0)
9위	일반임기제	341	(41.0)
10위	전문임기제	219	(31.2)
11위	전문경력관	155	(24.5)
12위	별정직	96	(30.6)
13위	고위공무원	34	(3.4)
14위	지도직	31	(25.6)
15위	소방	18	(5.0)
16위	정무직	8	(6.7)

출처: 인사혁신처

여성 지방공무원 규모 순위

※괄호 안은 총원 대비 비중

순위	구분	인원	비중
1위	3-9급 일반직	11만7385명	(39.2%)
2위	소방	2553	(6.5)
3위	일반임기제	2063	(42.5)
4위	교육	2013	(38.5)
5위	지도직	1165	(27.4)
6위	연구	1097	(34.9)
7위	별정직	95	(18.0)
8위	전문경력관	76	(11.1)
9위	경찰	24	(20.2)
10위	정무직	9	(3.4)
11위	1-2급 일반직	3	(4.5)

◆ 조합원 규모가 가장 큰 개별 노조 ◆

노동권이 제대로 작동하기 위한 최소 조건

일할 권리인 노동권은 헌법이 보장한 기본 권이다. 하지만, 대기업과 재벌 중심의 자본 주의 경제 시스템 안에서 노동권이 제대로 보장받는 것은 결코 쉽지 않은 일 이다. 수많은 노동 운동가들은 근·현대 자본주의 역사의 다른 말이 '노동자 핍박의 역사'라 해도 과언이 아닐 것이라고 일갈한다.

노동권이 제대로 보장 받기 위한 가장 기본적인 제도가 노동조합을 만들 고 가입하고 활동할 권리이지만, 이러한 노조 활동은 한국적 자본주의 시스 템 안에서 수많은 제약에 부딪히곤 한다.

국내 노동조합은 크게 민간부문(노조 5,172개, 조합원 157만8,152명), 공무원 부문(노조 123개, 조합원 20만686명), 교원부문(노조 10개, 조합원 6만8,748명)으 로 나누어진다(2013년 기준). 각각의 조직률은 민간 9.1%, 공무원 63.5%, 교 원 16.8%이다. 노조에 가입한 조합원 총수는 184만7,586명(전년 대비 3.7% 증가)이며, 노조 5,305개, 평균 노조조직률 10.3%를 나타내고 있다.

단일 노조로서 가장 많은 조합원 수를 자랑하는 곳은 전국금속노동조 합으로 15만 명에 달한다. 이어 전국금융산업노동조합(10만1,900명), 전국 교직원노동조합(6만249명)이 뒤를 잇는다. 2만 명 이상 조합원을 가진 노조 는 13개, 1,000명 이상 조합원이 가입한 산별노조는 56개에 달한다. 국내에 3개인 총연합단체 가운데 한국노총은 전체 조합원 수의 44.4%(81만9,755명) 를 차지할 정도로 규모가 가장 크다. 이어 민주노총 33.9%(62만6,035명), 국 민노총 1.1%(2만221명) 순이다. 미가맹 노조 소속은 20.7%(38만1,575명)에 이른다.

개별 노조 조합원 수 순위

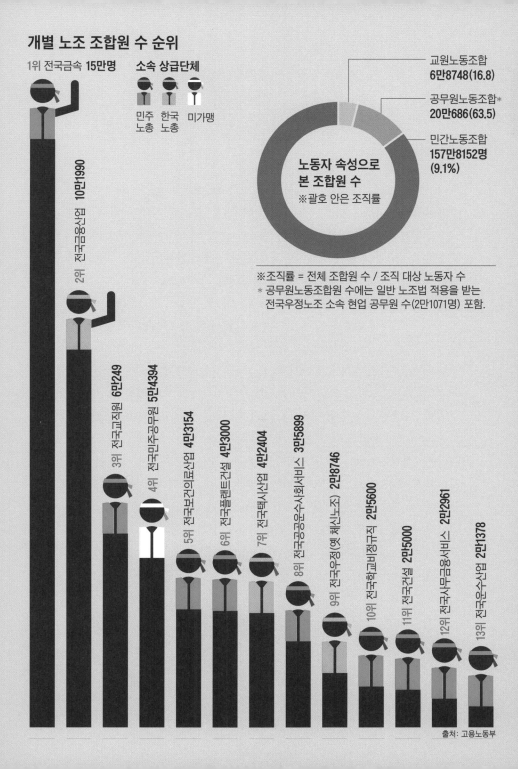

1위 전국금속 15만명

소속 상급단체

민주노총 한국노총 미가맹

2위 전국금융산업 10만1990

3위 전국교직원 6만1249

4위 전국민주공무원 5만4394

5위 전국보건의료산업 4만3154

6위 전국플랜트건설 4만3000

7위 전국택시산업 4만2404

8위 전국금융운수사회서비스 3만5899

9위 전국우정(옛 체신노조) 2만8746

10위 전국학교비정규직 2만5600

11위 전국건설 2만5000

12위 전국사무금융서비스 2만2961

13위 전국운수산업 2만1378

교원노동조합
6만8748(16.8)

공무원노동조합*
20만686(63.5)

민간노동조합
**157만8152명
(9.1%)**

노동자 속성으로
본 조합원 수

※괄호 안은 조직률

※조직률 = 전체 조합원 수 / 조직 대상 노동자 수
* 공무원노동조합원 수에는 일반 노조법 적용을 받는
   전국우정노조 소속 현업 공무원 수(2만1071명) 포함.

출처: 고용노동부

◆ 한국인들이 서로 갈등하는 이유 ◆

이유 없는 갈등은 없다!

우리 사회의 갈등 양상이 '심각하다'고 보는 대한민국 국민은 84.3%에 달한다. 이러한 시각은 성별이 달라도, 연령이 달라도 큰 차이가 없다. 남성 84.2%와 여성 84.4%, 그리고 20대 84.4%, 30대 81.2%, 40대 84.4%, 50대 87.2%가 사회적 갈등이 심각하다고 여긴다. 시장조사전문기업인 트렌드모니터가 2014년 전국의 만 19~59세 성인남녀 1,000명을 대상으로 사회적 갈등과 공동체 의식에 관해 설문조사를 실시한 결과이다.

우리 사회에서 갈등이 가장 심각한 분야는 부의 양극화라고 생각하는 사람이 전체의 62.9%(중복응답)로 가장 많다. 그 다음은 각종 이해관계 문제(50.4%), 여야의 정치적 갈등(46.7%), 이념갈등(44.4%), 갑을 관계(33.3%), 세대 간 갈등(28.7%)의 순으로 사회적 갈등이 심각하다고 보고 있다.

한국 사회에 갈등이 일어나는 근본적인 원인을 묻는 질문에는 가장 많은 사람들이 경제적 양극화로 인한 빈부격차 확대(49.3%, 중복응답)를 지목했다. 2위인 사회지도층의 지나친 자기이익 추구(46.4%)와 3위 정치적 불안정 및 리더십 부재(45.1%)도 1위에 근접하는 높은 비율로 사회적 갈등의 원인으로 꼽혔다. 10위권 안에 있는 갈등 요인 가운데는 경제적인 측면에서 비롯한 것들이 많다. 빈부격차 말고도 5위 고용불안 및 실업률 증가(24.3%), 8위 내수경기 침체(11.4%), 9위 높은 가계부채(10.4%) 등은 모두 경제적인 요인에 해당하는 것들이다. 결국 돈이 문제인 걸까?

한국 사회의 갈등 요인 순위

순위	요인	비율
1위	경제적 양극화, 빈부격차 확대	**49.3%**
2위	사회지도층의 지나친 자기이익 추구	**46.4**
3위	정치적 불안정, 정치적 리더십 부재	**45.1**
4위	경제·사회적 높은 불안감	**31.3**
5위	고용불안, 실업률의 증가	**24.3**
6위	당사자 간 소통 부족으로 인한 낮은 공감대	**23.1**
7위	경쟁을 강화하는 교육시스템	**20.0**
8위	내수경기 침체	**11.4**
9위	높은 가계부채	**10.4**
10위	세대 간 문화적 경험 차이	**8.9**

◆ 대한민국에서 가장 많은 성씨 ◆

남산에서 돌 던지면
김·이·박 중 누가 맞을까?

"남산에서 돌을 던지면 김·이·박 성씨 중 하나
가 맞는다"는 말이 틀린 말은 아닐 듯싶다. 우리
나라에 가장 많은 인구를 가진 성씨는 김(金)씨로
992만5,949명, 조사 당시 국내 전체 인구의 21.6%를 차지했다. 인구 5명 중
1명에 달한다. 그 다음은 이(李)씨가 679만4,637명(14.8%), 박(朴)씨 389만
5,121명(8.5%)의 순이며, 김·이·박 3씨만으로 전 국민의 44.8%에 이르는
셈이다. 1위부터 20위까지 상위 20종류의 성씨 인구가 3,594만9,570명에
달하며 전 국민의 78.2%를 차지한다.

우리나라에서는 오래전부터 신분을 상징하는 씨족구분을 위해 성씨와
본관을 따졌다. 본관은 한국 성씨제도의 독특한 특징이며 '한국인 뿌리의
식의 기본'이라고 일컬어진다. 조선시대 『세종실록지리지』에는 우리나라에
250개 성씨와 4,400여 개의 본관이 있다고 기록돼 있다. 1930년대 국세조
사에는 250여개 성씨에 3,300여 개 본관이 있는 것으로 나타났다. 역사적으
로 보면, 1909년 민적법이 시행되자 모든 사람이 성씨를 갖게 됐다. 이때 자
신이 모시던 상전의 성과 본관을 따서 새롭게 등록하기도 했다. 즉, 일부 양
반들은 하인을 자신의 성과 본관으로 등록시켜 주기도 했다. 민적법 시행 이
후 특정 지역의 유력 성관인구가 크게 늘어난 이유이기도 하다.

2000년 통계청에 따르면 우리나라에는 286개 성씨와 4,179개 본관이
있는 것으로 조사됐다. 성씨별 본관 수는 김씨(金氏) 349본(本), 이씨(李氏)
276본, 박씨(朴氏) 159본, 최씨(崔氏) 159본, 정씨(鄭氏) 136본, 서씨(徐氏)
57본, 강씨(姜氏) 33본 등이다.

金
1위 김
992만5949명

李
2위 이
679만4637

朴
3위 박
389만5121

崔
4위 최
216만9704

鄭
5위 정
201만117

姜
6위 강
104만4386

趙
7위 조
98만4913

尹
8위 윤
94만8600

張
9위 장
91만9339

林
10위 임
76만2767

吳
11위 오
70만6908

韓
12위 한
70만4365

申
13위 신
69만8171

徐
14위 서
69만3954

權
15위 권
65만2495

黃
16위 황
64만4294

安
17위 안
63만7786

宋
18위 송
63만4345

柳
19위 유
60만3084

洪
20위 홍
51만8635

출처: 통계청

◆ 재외동포가 가장 많이 사는 나라 ◆

181개국에 흩어져 사는
한민족 모두 몇 명?

한반도를 떠나 지구촌 곳곳에 흩어져 사는 재외동포의 수는 얼마나 될까? 대
한민국만을 살펴 볼 경우 2014년 말 기준 재외동포는 전 세계 181개국에 모
두 718만4,872명으로 추정된다.

재외동포는 재외국민과 외국국적동포(시민권자)를 포함한다. 외국국적
을 보유하느냐 안하느냐에 따른 구분이다. 재외국민은 대한민국 국민이면
서 외국의 영주권을 취득한 사람 또는 영주할 목적으로 외국에 거주하고 있
는 사람이다. 외국국적동포는 대한민국 정부 수립 이전에 국외로 이주한 동
포를 포함해 외국국적을 취득한 사람, 부모 또는 조부모 중 한사람이 외국
국적을 취득한 사람을 말한다. 이 구분에 의하면 재외국민은 247만2,746명
(전체의 34.4%)이고 외국국적동포는 471만2,126명(65.6%)이다. 국가별로 재
외동포 수를 살펴보면, 중국(258만5,993명, 36.0%), 미국(223만8,989명, 31.2%),
일본(85만5,725명, 11.9%)이 상위 1~3위를 차지하고 있다. 3개국 재외동포만
568만707명으로 전체의 79.1%에 달한다.

공직선거법 등 관련법 개정으로 대한민국 국적을 보유한 재외국민
240여만 명이 2012년 19대 총선부터 투표권을 행사할 수 있게 됐다. 재외국
민은 해외에 있다는 이유로 그동안 제한되었던 참정권을 되찾았고 정치인은
표밭을 얻은 셈이다.

한편, 재외동포의 귀국도 늘고 있다. 이미 조선족 50~60만 명이 국내에
있는 것으로 추정되지만 해외로 나갔던 이민세대들도 다양한 이유로 국내로
환류하고 있다. 국내 생활여건 향상과 노후생활 등을 고려한 이른바 '역(逆)
이민자'가 꾸준히 늘고 있는 것이다.

국가별 재외동포 수 순위

순위	국가	동포 수 (비중)
1위	중국	동포 수 258만5993명 (비중 36.0%)
2위	미국	223만8989 (31.2)
3위	일본	85만5725 (11.9)
4위	캐나다	22만4054 (3.1)
5위	우즈베키스탄	18만6186 (2.6)
6위	러시아	16만6956 (2.3)
7위	호주	15만3653 (2.1)
8위	베트남	10만8850 (1.5)
9위	카자흐스탄	10만7613 (1.5)
10위	필리핀	8만9037 (1.2)
11위	브라질	5만418 (0.7)
12위	인도네시아	4만741 (0.6)
13위	영국	4만263 (0.6)
14위	독일	3만9047 (0.5)
15위	뉴질랜드	3만174 (0.4)
16위	아르헨티나	2만2730 (0.3)
17위	태국	1만9700 (0.3)
18위	싱가포르	1만9450 (0.3)
19위	키르기즈공화국	1만8709 (0.3)
20위	프랑스	1만5000 (0.2)

전체 재외동포 수
(181개국) **718만4872명**

출처: 외교부, 코리안넷 재외동포재단

◆ 한국에 가장 많이 입국하는 외국인 ◆

왜 그들은 한국행 비행기를 타는 걸까?

국내에 입국하는 외국인 수가 2005년 601만 명에서 2010년 877만 명, 2014년 1,426만 명으로 해마다 크게 증가하고 있다. 2015년 1~5월까지는 누계로 598만 명을 넘어섰다. 같은 기간 국적 및 지역별로 보면 중국이 한국계 동포를 포함해 약 276만 명(46.1%)으로 압도적이다. 그 다음은 일본 85만 명(14.3%), 미국 35만 명(5.9%), 대만 29만 명(4.8%) 순이다. 이들이 한국을 방문하는 목적은 관광을 포함한 단기 방문이 66.4%로 가장 많다. 3개월을 기준으로 한 장기 및 단기 국내 체류 외국인 수는 2015년 5월 말 기준 184만5,976명에 이른다. 국내 인구 100명 중 3.6명 이상이 외국인인 셈이다.

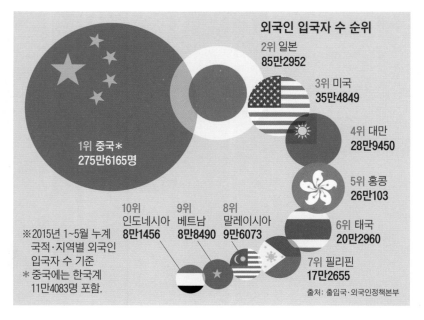

외국인 입국자 수 순위

2위 일본
85만2952

3위 미국
35만4849

4위 대만
28만9450

5위 홍콩
26만103

6위 태국
20만2960

7위 필리핀
17만2655

8위 말레이시아
9만6073

9위 베트남
8만8490

10위 인도네시아
8만1456

1위 중국*
275만6165명

※2015년 1~5월 누계
국적·지역별 외국인
입국자 수 기준
* 중국에는 한국계
11만4083명 포함.

출처: 출입국·외국인정책본부

사라진 우범자들, 어디에 숨어 있을까?

'우범자'란 살인, 방화, 강도, 절도, 강간, 마약류 사범 등의 범죄 경력이 있는 사람 중 재범 우려가 있는 자를 말한다(경찰청예규 제470호). 경찰청이 유대운 더불어민주당 의원에게 제출한 자료에 따르면, 관리 대상 우범자 3만 8,734명 중 3,958명의 소재가 불분명하다. 우범자 10명 중 1명꼴이다. 우범자 비중을 지역별로 비교해보면 역시 인구밀도와 비례한다. 경기도와 서울에 우범자가 가장 많다. 문제는 우범자 중 소재불분명자 비율이다. 경기도는 7.4%로 그나마 양호한 반면, 서울은 15.9%로 경기도의 2배가 넘는다. 천 명이 넘는 소재 불분명 우범자들이 자신의 신분을 숨기고 서울 곳곳을 돌아다니고 있는 것이다.

전국 우범자 지도

우범자 중
소재불분명자

인천 **2486**
서울 우범자 **7186명**
경기 **8530**
강원 **1440**

215명(비율 8.6%)
1146(15.9)
241(15.3)
141(12.9)
138(6.6)
111(9.3)
200(11.8)

111(7.7)
627(7.4)
92(8.3)
124(7.0)
219(14.5)
68(7.3)
328(9.5)
34(5.3)

충남 **1573**
대전 **1095**
충북 **1107**
경북 **1769**
전북 **2080**
대구 **1512**
울산 **937**
광주 **1192**
경남 **2051**
부산 **3445**
전남 **1690**
163(7.9)
제주 **641**

※2013년 기준
출처: 유대운 더불어민주당 국회의원

◆ CCTV가 가장 많이 설치된 지역 ◆

553만 개의 눈이
당신의 삶을 기록한다?!

영국의 소설가 조지 오웰은 『1984년』에서 텔레스크린으로 구석구석을 감시하는 '빅브라더'를 등장시킴으로써 미래사회를 예견했다. 그의 판단 미스는 시점을 2014년이 아니라 1984년으로 너무 이르게 설정했다는 점이다. 세계 최초의 CCTV 시스템은 나치 독일 시절인 1942년 V-2로켓 발사시험을 관찰하기 위해 지멘스가 설치한 것으로 알려져 있다.

폐쇄회로 카메라 또는 모니터로 불리던 명칭도 국내에서는 CCTV로 통일될 정도로, 이 조그마한 영상장치는 인터넷과 디지털화에 힘입어 폭발적으로 보급되고 있다. 이제는 무인비행체 드론과 CCTV의 접목까지 거론될 정도다.

우리나라 전역에 설치된 CCTV 대수의 정확한 통계는 불분명하다. 한국정보화진흥원에 따르면, 2013년 12월 말 기준 약 553만여 대의 CCTV가 설치·운영되고 있다. 이제 한국사회에서 CCTV는 길가의 가로등만큼 흔한 존재가 돼가고 있다. 그러다보니 사생활 침해 논란이 끊이질 않는다. 양만큼 질이 따라주지 않는 것도 문제다. '안 보이는 CCTV'가 적지 않다. '안 보이는 CCTV'란 30만~100만 화소 미만의 저화질 CCTV를 말한다. 저화질 CCTV는 범죄 현장을 제대로 녹화하지 못하기 일쑤다.

앞으로 CCTV는 더 많은 곳에 설치될 것으로 예상된다. 교체 수요도 만만치 않다. 업계에서는 불황이 한창인 시절에 CCTV만큼 블루오션 산업도 드물다고 한다. 돈 버는 일에서만큼은 사회적 가치나 논란거리는 두 번째인 세상이다.

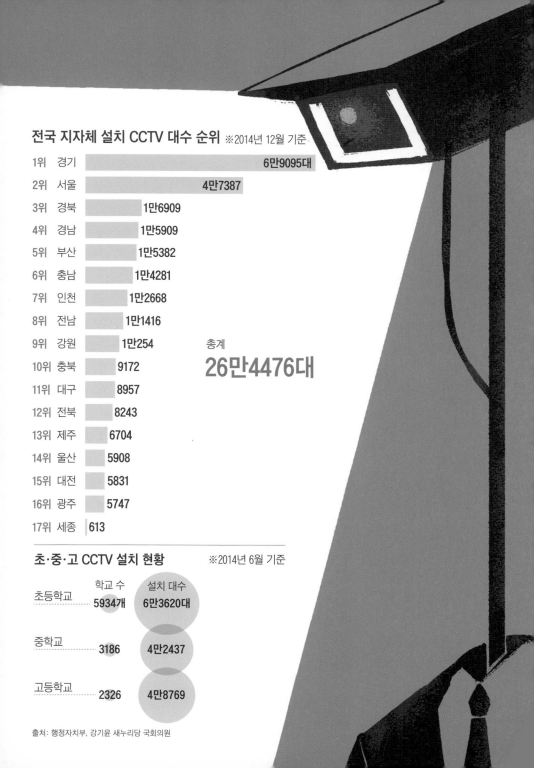

전국 지자체 설치 CCTV 대수 순위 ※2014년 12월 기준

1위	경기	6만9095대
2위	서울	4만7387
3위	경북	1만6909
4위	경남	1만5909
5위	부산	1만5382
6위	충남	1만4281
7위	인천	1만2668
8위	전남	1만1416
9위	강원	1만254
10위	충북	9172
11위	대구	8957
12위	전북	8243
13위	제주	6704
14위	울산	5908
15위	대전	5831
16위	광주	5747
17위	세종	613

총계
26만4476대

초·중·고 CCTV 설치 현황　　※2014년 6월 기준

	학교 수	설치 대수
초등학교	5934개	6만3620대
중학교	3186	4만2437
고등학교	2326	4만8769

출처: 행정자치부, 강기윤 새누리당 국회의원

◆ 도로 무인카메라 단속건수 ◆

과속차량 많이 잡는 무인카메라는 어느 도로에 있을까?

전국의 도로 어디에나 설치되어 있는 과속 단속 무인카메라에서 벗어나기란 여간 어려운 일이 아니다. 특히 고속도로에 설치된 무인카메라의 그물망은 대단히 촘촘하다. 스피드를 즐기는 과속 드라이버에게는 꽤나 골치 아픈 존재겠지만, 공공의 안전을 위해서는 없어서는 안 될 감시자의 눈(!)이다.

과속 단속 카메라는 1950년대 네덜란드 출신의 유명 레이싱 선수 마우리츠 하츠니더스가 자신이 얼마나 빠르게 코너를 도는지 속도를 측정하기 위해서 개발한 것에서 유래한다. 그 당시 '가초'라는 속도 측정 장치가 도로 위의 과속 단속 무인카메라로 지금까지 활용되고 있는 것이다.

경찰청이 유대운 더불어민주당 의원에게 제출한 자료에 따르면, 2014년 1년 동안 고속도로에서 속도와 버스전용차로 위반 등으로 무인카메라에 단속된 건수가 97만1,657건, 이에 따라 부과된 과태료만 무려 5,464억 원에 달했다.

단속건수가 가장 많은 도로 위치를 순위별로 살펴보면, 전북 무주군 가옥면 인근인 통영대전고속도로 통영기점 163.5km지점 상행 1차로가 4만2,094건 단속되어 가장 많았다. 5위에 오른 같은 지점 상행 2차로 단속건수까지 합하면 모두 5만5,155건이 된다. 2위는 호남고속도로 하행 30km 지점(석곡터널 부근) 종점 1차로로 4만1,044건이다.

한편, 구간단속 구간에서의 속도 위반이 무인카메라 단속건수 상위 20개소 총 37만7,163건 가운데 7개구간 14만5,050건을 차지하며 가장 많다. 이는 시점과 종점간의 평균속도가 모두 최고속도 이하여야 되는 구간단속의 경우, 운전자들이 방심하기 때문에 단속 비율이 높게 나타난 것이다.

고속도로 무인카메라 단속건수 순위

순위	위치	단속건수
1위	통영대전고속도로 통영기점 163.5km 상 1차로 (덕유산IC → 무주IC)	4만2094건
2위	호남고속도로 하행 30km (종점 1차로) - 서순천 기점	4만1044
3위	대구포항고속도로 3.8km 대구방향 출구 1차로	3만1872
4위	경부고속도로 390.6km 지점 (서울 → 부산)	3만221
5위	통영대전고속도로 통영기점 153.4km 상 1차로 (덕유산IC → 무주IC)	2만8337
6위	대구포항고속도로 3.8km 대구방향 출구 2차로	1만9551
7위	남해고속도로 90km 순천방면 (종점 1차로)	1만9020
8위	천안논산선 203.9km 논산방향 1차로 종점	1만9002
9위	평택제천고속도로 21.5km 지점 (음성 → 평택)	1만5851
10위	경산시 와촌면 음양리 (대구포항고속도로 10.7km 대구방향 입구)	1만5322
11위	경부고속도로 390.4km 1차로 (부산 → 서울)	1만4738
12위	통영대전고속도로 통영기점 163.5km 상 2차로 (덕유산IC → 무주IC)	1만3061
13위	당진대전선 25.3km 당진방향 1차로 종점	1만2124
14위	남해제2고속도로지선 0.6km 냉점분기점 (서부산 → 마산)	1만1742
15위	중부내륙고속도로 183.3km 양평방향 입구 상행선	1만1739
16위	호남고속도로 11.4km 하행 (순천방면)	1만1527
17위	남해고속도로 90km 순천방면 (종점 2차로)	1만555
18위	익산장수고속도로 6.7km(하) 전북완주 (완주 → 익산)	9978
19위	호남고속도로 하행 30km (종점 2차로)	9718
20위	서울외곽순환도로 35.9km 불암산TG영업소 앞 (의정부 → 구리)	9667

＊표시는 구간단속 구간에서의 적발건수

출처: 경찰청 자료, 유대운 더불어민주당 국회의원

◆ 통행량이 가장 많은 도로·철도·항로 ◆

종횡무진 호모 노마드들의 발자취 탐사

프랑스의 지성 자크 아탈리는 '호모 노마드 (homo nomade)'라는 표현을 통해 '이동'이야 말로 매우 중요한 인간의 본능임을 강조했다. 특별한 이유가 있는 은둔자 아니고서는 이동 없이 생활하는 현대인은 거의 드물다.

한국인들도 둘째가라면 서러울 만큼 이동의 달인들이다. 매일 아침마다 엄청난 교통 정체를 뚫고 출근하며 명절이나 휴가 때는 민족 대이동을 방불케 하며 고향을 찾는다. 10만284km²에 달하는 국토 면적이 365일 중 단 하루도 바람 잘 날 없다.

자, 그러면 한국인들은 어느 도로와 철로와 항로를 종횡무진 이동하는 걸까? 고속도로 통행량이 가장 많은 노선은 서울외곽순환선(남부)으로, 1일 통행량 평균 19만3,607대(2014년)이다. 이용량이 가장 많은 고속버스 노선은 경부선 가운데 서울경부터미널-공주터미널로, 2014년 상반기 누계 64만4,318명이 오갔다. 여객수송량이 가장 많은 철도 노선은 경부선으로 2014년 연간 7,874만5,118명이 이용했다. 국내항공노선에서 가장 이용객이 많은 노선은 단연 김포-제주 간 항로로, 2015년 상반기 누계 727만9,125명이 하늘을 날았다.

상황이 이러하다보니 가계마다 교통비 지출도 만만치 않다. 2015년 1분기 가계소비지출항목 가운데 교통비는 월평균 31만5,574원에 달했다. 식료품·음료비 35만1,419원, 교육비 34만2,911원 보다는 적으나 오락·문화비 15만4,026원, 통신비 14만5,994원 보다 월등히 많다.

고속도로 통행량이 가장 많은 노선 순위

1일 통행량

순위	노선	
1위	서울외곽순환선(남부)	19만3607대
2위	경인선	14만57
3위	서울외곽순환선(북부)	10만6288
4위	경부선	10만253
5위	제2경인선	9만7979
6위	중앙선지선	9만5628
7위	남해제2지선	8만7276
8위	영동선	8만953
9위	용인서울선	7만5300
10위	평택시흥선	6만8307

※2014년 평균 1일 통행량(승용차 환산대수)   출처: TMS 교통량정보제공 시스템

여객 수송량이 가장 많은 철도 노선 순위

여객수송실적

순위	노선	
1위	경부선	7874만5118명
2위	경부고속선	1242만8461
3위	호남선	827만366
4위	부산북연결선*	704만5501
5위	장항선	468만9328
6위	중앙선	380만6822
7위	전라선	372만7560
8위	동해남부선	339만6087
9위	경전선	284만7853
10위	경원선	257만6609

※2014년 노선별 연간 여객수송 실적(도시철도 제외)
*연결선이란 KTX 전용 고속선과 기존선(일반철도)을 연결하는 선로.

출처: 코레일

여객 이용인원이 가장 많은 국내선 항공노선 순위

여객이용실적

순위	노선	
1위	김포 - 제주	727만9125명
2위	김해 - 제주	172만6841
3위	김포 - 김해	111만3492
4위	제주 - 대구	73만3115
5위	제주 - 청주	67만9834
6위	제주 - 광주	61만1492
7위	김포 - 울산	26만1329
8위	김포 - 광주	21만4368
9위	김포 - 여수	19만1305
10위	인천 - 김해 *	17만1428

※2015.1~6 누적 여객 수(출발, 도착 합계)
* 인천-김해 간 실적은 환승전용 내항기 실적.

출처: 한국공항공사

◆ 교량과 터널이 가장 많은 지역 ◆

도로의 숨통을 이어주는 산소 같은 존재

교량(다리)과 터널은 산이나 강으로 끊겨진 도로의 숨통을 이어주는, 이를테면 산소 같은 존재다. 우리나라의 도로는 도로법에 따라 고속국도, 일반국도, 특별·광역시도, 지방도, 시도, 군도, 구도로 구분된다. 도로를 다니다보면 교량과 터널을 지나게 되는데, 이들은 모두 도로에 부속된 시설물이다. 최근 개통된 고속도로일수록 교량과 터널이 많은 이유는, 간선도로를 확충할 때 선형개량 등 도로의 기능 향상을 꾀하고 이용자의 안전을 높이기 위한 조치다.

2014년 12월 말 기준 전국의 교량 수는 2만9,896개소로, 10년 전인 2004년 말 대비 7,990개소(36%p)가 늘어났고, 같은 기간 연장(길이)은 1,882km에서 2,950km로 1,068km(57%p) 증가했다. 고속국도에 8,493개(28%), 일반국도에 7,346개(25%)로 전체 교량의 절반 이상이 고속국도와 일반국도에 위치해 있다. 또한 전국의 터널 수는 1,777개소이며 역시 10년 전인 2004년 말 667개소에서 1,110개소(166%p)가 증가했다. 터널 길이(연장)도 432km에서 1,293km로 861km(199%p) 증가했다. 터널 역시 고속국도(810개, 46%)와 일반국도(494개, 28%)에 대부분 포진해 있는 바, 고속국도와 일반국도 위의 터널이 전체 터널의 약 3/4을 차지한다. 터널이 가장 많은 고속국도는 10호선(남해선)으로 무려 89개에 달하고, 그 다음은 55호선(중앙선) 87개, 27호선(순천-완주선) 76개 순이다.

한편, 휴양과 귀촌 등으로 인기가 높은 제주도에는 도로터널이 1개도 없다. 우연일까? 지형적·지리경제학적인 이유도 있겠지만, '자연 그대로'와 '슬로우 라이프'를 표방한 제주도에서는 좀 더디더라도 돌아서 가면 그만이다.

교량이 많은 지역 순위

순위	지역	개소	연장	순위	지역	개소	연장
1위	경기	4662개소	(429km)	10위	대구	542	(63)
2위	경북	4043	(366)	11위	울산	516	(41)
3위	경남	3606	(290)	12위	부산	478	(106)
4위	강원	3165	(307)	13위	대전	415	(47)
5위	전남	2859	(265)	14위	인천	376	(91)
6위	전북	2716	(239)	15위	광주	370	(42)
7위	충남	2662	(249)	16위	제주	332	(10)
8위	충북	2401	(226)	17위	세종	128	(13)
9위	서울	625	(167)				

※괄호 안은 연장

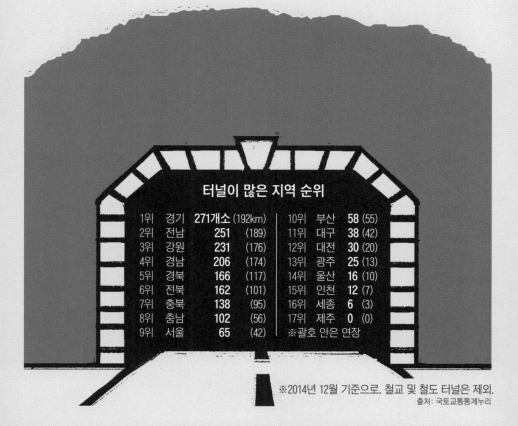

터널이 많은 지역 순위

순위	지역	개소	연장	순위	지역	개소	연장
1위	경기	271개소	(192km)	10위	부산	58	(55)
2위	전남	251	(189)	11위	대구	38	(42)
3위	강원	231	(176)	12위	대전	30	(20)
4위	경남	206	(174)	13위	광주	25	(13)
5위	경북	166	(117)	14위	울산	16	(10)
6위	전북	162	(101)	15위	인천	12	(7)
7위	충북	138	(95)	16위	세종	6	(3)
8위	충남	102	(56)	17위	제주	0	(0)
9위	서울	65	(42)				

※괄호 안은 연장

※2014년 12월 기준으로, 철교 및 철도 터널은 제외.
출처: 국토교통통계누리

투자처로 항만과
어촌 지역이 새롭게 뜬다!

대한민국 국민이라면 누구나 다 아는 사실이지만, 우리나라는 3면이 바다로 둘러싸여 있다. 17개 광역시·도 가운데 바다에 면하지 않은 내륙지역은 서울, 충북, 세종, 대구 등 4곳이고 나머지는 모두 바다를 끼고 있다. 당연히 항만과 어항, 어촌이 발달할 수밖에 없다. 전국에는 항만과 어항이 모두 2,358개나 있다(2014년 3월 기준). 소규모 항포구까지 포함하는 수치다.

항만(港灣)과 항구(港口)는 거의 같은 뜻으로 쓰인다. 우리나라의 항만은 항만법에 의해 지정되어 있으며 2014년 11월 기준 모두 60곳이 있다. 외항선이 입·출항하는 무역항이 31개, 국내항을 운항하는 선박이 드나드는 연안항이 29개다.

어항은 천연 또는 인공 시설을 갖춘 수산업 근거지를 말한다. 어촌·어항법에 따라 이용 어선 수, 톤 수, 위판고 등 일정 기준에 준해 지정되는 법정어항은 국가어항(109개), 지방어항(285개), 어촌정주어항(漁村定住漁港 595개)이 있다. 이밖에 법 적용을 받지 않는 소규모 항포구가 전국에 1,309개나 있다.

어촌·어항은 정주 환경과 복지에 있어서 농촌이나 도시보다 열세에 있다. 그러나 잠재적 가치가 풍부하다. 지역 발전을 위한 투자처로 항만과 어항이 새롭게 조명 받고 있는 것이다. 이미 수산물 관련 축제 방문객이 연간 250만 명을 웃돌고 있다. 또한 전국에 개발·운영 중인 마리나항만구역(예정 구역 포함)이 64개소에 이른다. 이 가운데 어항 내 마리나 구역은 58개소이다. 2019년 전체 수상레저선박 1만4,310척 가운데 마리나항만 수요는 9,400척으로 추정된다. 해양레저의 새로운 시대를 기대해 볼만 하다.

지역별 항만, 어항 보유 순위

		항만	어항	소규모 항포구	계
1위	전남	17개	206개	893개	1116개
2위	경남	9	422	145	576
3위	경북	5	46	85	136
4위	충남	6	57	43	106
5위	제주	6	70	29	105
6위	인천	4	51	39	94
7위	강원	6	52	7	65
8위	부산	2	21	29	52
9위	전북	2	32	10	44
10위	경기	1	17	16	34
11위	울산	1	15	13	29
12위	서울	1	0	0	1
	계	60	989	1309	2358

※2014년 11월 기준

출처: 항만법. 해양수산부. 한국항만협회. 한국어촌어항협회

일본이 독도를
자기네 땅이라고 우기는 이유

"섬에 가면 섬을 볼 수 없다. 지워지지 않으려고 바다를 꼭 붙잡고는 섬이, 끊임없이 밀려드는 파도를 수평선 밖으로 밀어내느라 안간힘 쓰는 것을 보지 못한다." ─ 안도현 시인의 '섬' 중에서

국제수로기구(IHO)에서는, 해면에 둘러싸여 있으며 자연적으로 형성되었고 만조 시 수면 위에 노출되어 있는 육지를 섬이라고 정의한다. 섬의 표면적이 10km² 이상이면 도서(島嶼 island), 1~10km²이면 소도(小島 islet), 1km² 미만이면 암도(巖島 rock)로 분류한다. 또 섬은 사람의 거주 여부에 따라 유인도(有人島)와 무인도(無人島)로 나뉜다. 유인도는 단순히 사람이 있다는 것만으론 부족하고 지속적으로 거주하면서 경제활동을 해야 한다. 그 밖의 섬은 모두 무인도이다.

우리나라에는 모두 몇 개의 섬이 있을까? 해양수산부의 발표에 따르면, 모두 3,358개의 섬이 있다(유인도 482개, 무인도 2,876개). 이들 섬의 면적을 합산하면 3,757.72km²에 달한다. 서울 여의도 면적이 약 4.5km²인 점을 감안하면 얼마나 큰 면적인지 짐작할 수 있다. 섬이 가장 많은 지자체는 전남으로(유인도 296개, 무인도 1,923개), 전체의 57.3%가 이곳에 인접해 있다. 무작정 섬에 가고 싶다면 호남행 차표를 끊으라고 권하고 싶다.

한편, 섬의 개수는 고정된 것이 아니라 계속 늘어나는 진행형이다. 지적도에 잡히지 않은 무인도가 계속 발견되고 있기 때문이다. 그런데 지금 당장 개발할 수도 없고 사람도 살지 못하는 무인도가 왜 그렇게 중요할까? 섬은 영해나 배타적경제수역(EEZ), 대륙붕 등 해양영토의 경계를 결정하는 기준이된다. 일본이 독도를 자기네 땅이라고 우기는 데는 다 그만한 이유가 있다.

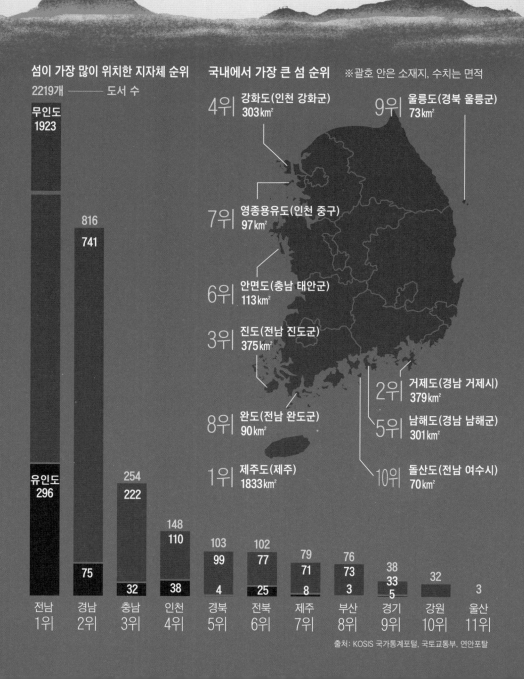

섬이 가장 많이 위치한 지자체 순위

2219개 ——— 도서 수

무인도
1923

유인도
296

전남 1위	경남 2위	충남 3위	인천 4위	경북 5위	전북 6위	제주 7위	부산 8위	경기 9위	강원 10위	울산 11위
	816 / 741 / 75	254 / 222 / 32	148 / 110 / 38	103 / 99 / 4	102 / 77 / 25	79 / 71 / 8	76 / 73 / 3	38 / 33 / 5	32	3

국내에서 가장 큰 섬 순위

※괄호 안은 소재지, 수치는 면적

4위 강화도(인천 강화군)
303km²

9위 울릉도(경북 울릉군)
73km²

7위 영종용유도(인천 중구)
97km²

6위 안면도(충남 태안군)
113km²

3위 진도(전남 진도군)
375km²

2위 거제도(경남 거제시)
379km²

5위 남해도(경남 남해군)
301km²

8위 완도(전남 완도군)
90km²

10위 돌산도(전남 여수시)
70km²

1위 제주도(제주)
1833km²

출처: KOSIS 국가통계포털, 국토교통부, 연안포털

◆ 태풍으로 인한 역대 재산 피해 ◆

110년간 가장 큰 피해를 끼친 역대급 태풍

국내에서 태풍이 문헌에 등장한 것은 삼국시대이다. 고구려 모본왕(慕本王) 2년(서기 49년)에 폭풍이 피해를 일으켰다는 기록이 전해진다.

태풍이 발생하는 근본 원인은 지구의 자전과 공전에 있다. 지구가 태양의 주위를 돌면서 받는 태양열은 적도 부근이 극지방보다 더 많은데 이러한 열량의 차이로 공기의 밀도가 적도 부근은 낮게, 극지방 쪽으로 갈수록 높게 나타난다. 공기 밀도가 낮으면 기압이 낮고(저기압) 공기 밀도가 높으면 기압이 높은데(고기압), 저기압은 주위보다 기압이 낮으므로 사방에서 바람이 불어 들어온다. 이 바람은 중심 부근에서 큰 폭으로 상승한 뒤 밖으로 불어 나간다. 여기에 지구 자전에 의해 회전하는 힘이 가해지면서 공기의 소용돌이가 생긴다. 이때 저기압의 따뜻한 공기가 바다로부터 수증기를 공급받으면 강한 바람과 많은 비를 동반하면서 고위도로 이동하게 되는 것이다. 온대 지역에서 발생하는 저기압을 온대저기압, 열대 지역에서 발생하는 저기압을 열대저기압이라고 하는데 이 열대저기압이 바로 태풍(颱風)이다. 태풍은 지역에 따라 다르게 불리는데 북서태평양에서는 태풍(typhoon), 북중미에서는 허리케인(hurricane), 인도양에서는 사이클론(cyclone)이라고 한다.

태풍은 중심 부근 최대풍속이 17m/s 이상인 모든 열대저기압을 말하는데, 엄밀히 세분하면 3단계가 있다. 세계기상기구(WMO)는 열대저기압 중에서 중심 부근 최대풍속이 32.7m/s 이상인 것을 '태풍(TY)', 24.6~32.6m/s인 것을 '강한 열대폭풍(STS)', 17.2~24.5m/s인 것을 '열대폭풍(TS)'으로 구분한다. 그리고 17.2m/s 미만은 '열대저압부(TD)'라고 한다.

태풍에 고유 이름을 붙이기 시작한 것은 제2차 세계대전 이후라고만 알

태풍으로 인한 역대 재산 피해 순위

1위 루사(RUSA)

1. 발생일   2002.8.30~9.1
2. 재산피해액   **5조1479억원**
3. 인명피해   246명
   (사망+실종)

2위 매미(MAEMI)

1. 2003.9.12~13
2. **4조2225억원**
3. 132명

3위 올가(OLGA)

1. 1999.7.23~8.4
2. **1조490억원**
3. 67명

4위 볼라벤(BOLAVEN)&덴빈(TEMBIN)
1. 2012.8.25~30   2. **6365억원**   3. 11명

5위 재니스(JANIS)
1. 1995.8.19~30   2. **4563억원**   3. 157명

6위 셀마(THELMA)
1. 1987.7.15~16   2. **3913억원**   3. 345명

7위 산바(SANBA)
1. 2012.9.15~17   2. **3657억원**   3. 2명

8위 예니(YANNI)
1. 1998.9.29~10.1   2. **2749억원**   3. 57명

9위 쁘라삐룬(PRAPIROON)
1. 2000.8.23~9.1   2. **2520억원**   3. 28명

10위 메기(MEGI)
1. 2004.8.17~19   2. **2508억원**   3. 7명

※1904~2014년에 발생한 태풍 중
   피해재산액에 따른 순위
출처: 국가태풍센터

려져 있다. 2000년부터는 아시아 · 태평양 지역 국가들로 구성된 태풍위원회에서 자국민들의 태풍에 대한 관심을 높이고 태풍 경계를 강화하기 위해서 회원국 고유의 이름으로 바꾸었다. 각 국가별로 10개씩 제출한 총 140개 이름을 각 조 28개씩 5개조로 편성하고 1조부터 5조까지 순차적으로 사용한다. 남한(개미, 나리, 장미, 미리내, 노루, 너구리, 고니 등)과 북한(기러기, 도라지, 갈매기 등)도 각각 10개 씩 이름을 제안했다. 막대한 피해를 발생시킨 태풍은 앞으로 유사한 태풍 피해가 없도록 해당 이름이 퇴출되고 다른 이름으로 대체

된다. 예컨대 우리가 제출한 '매미', '나비' 등은 각각 '무지개', '독수리'로 대체되었다.

북서태평양에서 연간 약 20~30개가 발생하는 태풍은 주로 8~9월에 가장 많이 발생하며 우리나라에 영향을 미치는 것은 3~5개 정도다. 지난 2004~2013년 동안 태풍으로 인한 국내 재산 피해 규모가 13조8,000억 원을 넘어섰다. 같은 기간 호우(약 5조6,000억 원), 대설(약 1조6,000억 원), 풍랑(약 807억 원) 등 다른 자연재해로 인한 피해 규모보다 월등히 크다. 물론 인명 피해도 상당하다. 그만큼 사회·경제적으로 큰 영향을 미친다.

역대 태풍 중 가장 큰 재산 피해를 낸 것은 2002년 8월 발생한 루사다. 루사는 무려 5조1,479억 원의 재산 피해를 냈다. 인명 피해는 246명, 이재민은 6만3,085명에 달했다. 이어 2003년 9월 태풍 매미가 4조2,225억 원, 1999년 7월 태풍 올가가 1조490억 원으로 모두 1조 원대를 넘어서는 재산 피해를 냈다.

강한 비바람을 동반하는 태풍은 엄청난 피해를 입히기도 하지만 늘 해로운 것만은 아니다. 때에 따라 태풍은 중요한 수자원의 공급원이 된다. 특히 심한 가뭄 끝에 찾아오는 태풍은 더위를 식혀주고 물부족 현상을 해소해 주기도 한다. 또 태풍은 저위도 지방에서 축적된 대기 중의 에너지를 고위도 지방으로 운반해 지구 남북의 온도 균형을 유지해 준다. 해수를 뒤섞어 순환시킴으로써 플랑크톤을 용승 분해시켜 바다 생태계를 활성화시키는 역할을 하기도 한다.

태풍은 기상 예측이 어려운 대기현상 가운데 하나다. 태풍의 발생부터 소멸까지 각국 기상청이 예의 주시하면서 관측 예보와 실시간 분석을 발표하지만 때때로 오차를 보이기도 한다. 우리나라에서도 기상청이 태풍의 중심 위치를 실시간으로 분석한 내용과 태풍이 지나가고 난 뒤 태풍의 중심 위치와 최대풍속 등 자료를 다시 분석해 정리한 '베스트트랙'이 수십km 이상의 차이를 보여, 관측 수준이 논란이 되기도 했다. 우리나라 기상청은 2014년부터 국내에 영향을 준 태풍에 대해 자체 기술로 베스트트랙을 생산하고 있다.

대한민국이 에너지 복지 후진국인 이유

전력 사용량이 가장 많은 곳이 고층빌딩과 네온사인 밀집 지역인 서울 강남이나 명동이라고 생각하면 큰 오산이다. 전력 소비 비중은 용도에 따라 가정용, 상업용, 산업용으로 분류되는데 산업용이 52%로 압도적이고, 상업용(32%)과 가정용(13%)을 합쳐도 산업용 전체에 못 미친다. 대부분 주거와 상업이 차지하는 서울의 전기 사용량이 전국 톱 10에도 들지 못하는 이유가 여기에 있다.

전국 228개 기초자치단체의 연간 전기 사용량을 살펴보면, 울산 남구가 약 150억kWh로 1위이고, 그 뒤를 경기 화성(143억kWh), 경북 포항(139억kWh), 전남 여수(134억kWh)가 따른다. 이들은 모두 국내 굴지의 산업도시들이다. 그만큼 산업용 비중이 높음을 알 수 있다.

문제는 산업용에 비해 가정용 전기 사용량이 크게 적은데도 불구하고 전기요금은 가정용이 턱없이 비싸다는 점이다. 가정에 적용되는 누진제 탓이다. 우리나라 1인당 가정용 전기 사용량은 OECD 국가 평균의 절반도 안 된다. 해마다 블랙아웃 경고음의 주범이 가정의 전기 과소비 탓이라고만 여긴다면 좀 억울하다. 에너지경제연구원이 공개한 국제에너지기구(IEA)의 자료에 따르면, 한국의 1인당 가정용 전기 사용량은 1,278kWh 수준이다. OECD 34개국 중 하위권인 26위 수준이다. 이는 미국의 29%, 일본의 57%에 불과하며 OECD 평균(2,335kWh)보다도 45%나 낮다. 가정용 전기를 가장 많이 쓰는 국가는 노르웨이(7,415kWh), 캐나다(4,387kWh), 미국(4,374kWh), 핀란드(4,111kWh), 스웨덴(4,084kWh) 등이다. 에너지 복지에서도 한국이 얼마나 뒤쳐져 있는지를 보여주는 대목이다.

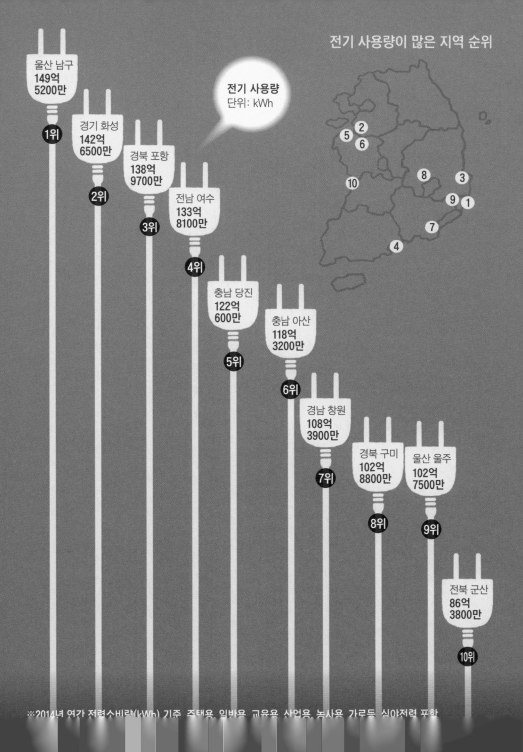

◆ 전국에서 세금 가장 많이 거둬들이는 세무서 ◆

세무서간 세수 다툼, 그들만의 전쟁

국세청은 본청 산하에 서울, 중부, 대전, 광주, 대구, 부산 등 6개 지방국세청을 두고, 그 아래에 117개 일선 세무서를 운영한다. 이들 세무서가 실질적으로 세금을 부과·징수한다. 2015년 1월부터 7월까지 세수실적이 가장 높은 세무서는 서울 남대문세무서다. 남대문세무서는 수년간 영등포세무서의 위세에 밀렸었지만 영등포 관내 대형 금융 공공기관이 부산으로 이전하면서 다시 1위를 탈환했다. 한국거래소 등 대형 금융 공공기관을 품은 부산지방국세청 산하 수영세무서는 단숨에 세수 랭킹 2위에 올라섰다. 반면, 영등포세무서는 4위로 내려앉았다. 세무서의 관할구역은 국회의원의 선거구 획정에 필적할 만큼 밥그릇 싸움이 치열하다. 덩치가 커진 부산 수영세무서를 분리해 별도의 세무서를 신설하자는 주장이 관철될지는 미지수다.

전국 세무서 세수 실적 순위

순위	세무서	세수 실적
1위	남대문세무서	6조9179억원
2위	수영세무서	6조4957억
3위	울산세무서	5조2093억
4위	영등포세무서	3조2618억
5위	삼성세무서	2조9804억
6위	여수세무서	2조7585억
7위	서초세무서	2조5501억
8위	종로세무서	2조5051억
9위	강남세무서	2조4808억
10위	분당세무서	2조3370억

출처: 오제세 더불어민주당 의원, 국세청, 조세일보

4

컬쳐, 에듀

예술, 미디어, 출판, 교육 etc

◆ 국내에서 가장 비싼 그림 ◆

화(畵)테크에 주목하라!

국내 미술품 경매 사상 최고가로 낙찰된 작품은 박수근의 〈빨래터〉다. 2007년 5월 서울옥션에서 45억2,000만 원에 낙찰됐다. 박수근의 작품은 〈시장의 사람들〉(25억 원), 〈농악〉(20억 원), 〈공기놀이 하는 아이들〉(20억 원) 등 20억 원 이상의 작품이 4점이나 된다. 해외에서도 인기가 높아 2012년 뉴욕 크리스티 경매에서 〈나무와 세여인〉이 22억4,000만 원에 낙찰되기도 했다. 2위는 이중섭의 〈황소〉다. 2010년 6월 경매에서 35억6,000만 원을 기록했다. 3위는 고미술품으로 2015년 12월 서울옥션 경매에서 35억2,000만 원에 낙찰된 조선 후기 불화 〈청량산괘불탱〉이다. 〈퇴우이선생진적첩〉을 제치고 국내 고미술품 중에서 최고가를 경신했다. 〈꽃과 항아리〉로 5위에 이름을 올린 김환기의 작품도 미술시장에서는 블루칩으로 꼽힌다. 특히 2015년 10월 서울옥션이 홍콩에서 실시한 경매에서 김환기의 유화 〈19-Ⅶ-71 #209〉가 3,100만 홍콩달러(한화 약 47억1,000만 원)에 낙찰된 바 있다. 이는 국내외를 통틀어 한국 작가 작품으로는 최고가다(경매가 홍콩에서 열린 이유로 국내 미술 경매 랭킹에는 포함시키지 않았다). 6위를 차지한 빈센트 반 고흐의 〈누워있는 소〉는 국내 경매 사상 최고가로 거래된 외국인 화가 작품이다.

국내 역대 경매 최고가 톱 10에는 포함되지 않았지만, 생존 화가 중에서 이우환과 박서보 등의 작품이 인기가 높다. 2015년 상반기까지 이우환은 52점 중 46점이 낙찰(낙찰률 88.46%)되며 총 낙찰액 47억8,339만 원을, 박서보는 63점 중 59점이 낙찰(낙찰률 93.65%)되며 총 낙찰액 약 48억5,629만 원을 기록했다.

역대 국내 미술 경매 최고 낙찰가 순위

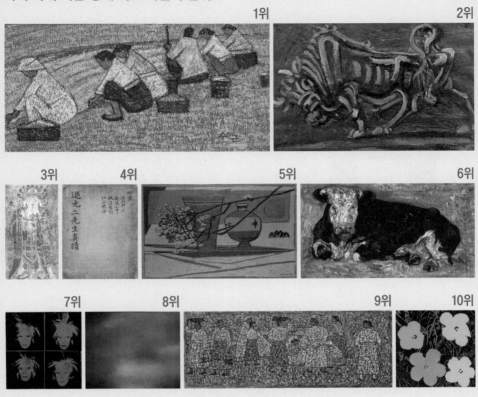

순위	작가명	작품명	낙찰가(만원)	낙찰시기	경매회사
1위	박수근	빨래터	45억2000	2007.5	서울옥션
2위	이중섭	황소	35억6000	2010.6	서울옥션
3위	작자미상	청량산괘불탱	35억2000	2015.12	서울옥션
4위	퇴계 이황, 우암 송시열, 겸재 정선	퇴우이선생진적첩	34억	2012.9	K옥션
5위	김환기	꽃과 항아리	30억5000	2007.5	서울옥션
6위	빈센트 반 고흐	누워있는 소	29억5000	2008.6	K옥션
7위	앤디 워홀	자화상	27억	2007.9	서울옥션
8위	게르하르트 리히터	회색구름	25억2000	2007.9	서울옥션
9위	박수근	시장의 사람들	25억	2007.3	K옥션
10위	앤디 워홀	플라워	24억	2008.6	서울옥션

출처: 한국미술시가감정협회

국내 공연예술 시장, 뮤지컬에게 물어봐!

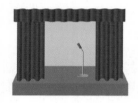

월요일에 뮤지컬 〈레미제라블〉, 화요일에 연극 〈라이어〉, 수요일에 오페라 〈아이다〉, 목요일에 베를린 필하모닉 공연, 금요일에 〈태양의 서커스〉, 토요일에 발레 〈호두까기 인형〉, 그리고 일요일에 가수 이승환의 록콘서트를 즐긴다면? 생각만 해도 멋진 일이 아닐 수 없다.

연극, 뮤지컬, 무용, 오페라, 국악 등 국내 공연예술산업은 연간 매출액 약 4,142억 원, 총 누적 관객 수 3,966만 명 규모로 성장했다(2013년 기준). 문화체육관광부와 예술경영지원센터가 실시한 공연예술실태조사에 따르면, 공연시설은 전국에 걸쳐 모두 984개가 있다(2013년 기준). 지역별로는 서울에 가장 많은 377개 시설이 운영되고, 경기·인천을 포함하면 모두 539개로 전체 공연시설의 54.8%가 수도권에 집중되어 있다. 984개 공연시설이 보유한 공연장 수는 모두 1,227개로 1개 시설 당 평균 1.2개의 공연장을 보유하고 있다. 1,227개 공연장의 총 객석 수는 53만7,402석, 공연장당 평균 438석이다.

총 관객 수를 기준으로 공연작품 장르별 순위를 살펴보면, 뮤지컬이 약 1,281만 명으로 1위를 차지했다. 〈레미제라블〉, 〈노트르담 드 파리〉, 〈아이다〉, 〈맘마미아〉, 〈시카고〉, 〈디셈버〉 등 대형 작품이 흥행에 성공하면서 뮤지컬이 공연산업을 견인하고 있다. 뮤지컬은 모두 5,255건의 공연실적을 올리며 1공연장 당 평균 1만441명의 관객을 동원했다. 2위는 복수의 장르를 혼합한 복합공연이 906만 명의 관객(1공연장 당 평균 7,387명)을 동원했다. 공연건수로는 복합 장르가 1만3,173건(1공연장 당 평균 10.7건)으로 가장 많았으며, 공연횟수는 연극 장르가 8만3,103회(평균 67.7회)로 가장 많았다.

국내 공연 장르별 누적 흥행 순위

순위	공연 장르	관객 수(명)		공연건수(건)		공연횟수(회)	
		연간누적	평균	합계	평균	합계	평균
1위	뮤지컬	12,810,939	10,440.9	5,255	4.3	57,027	46.5
2위	복합	9,063,935	7,387.1	13,173	10.7	32,659	26.6
3위	연극	7,301,640	5,950.8	8,194	6.7	83,103	67.7
4위	양악	5,044,779	4,111.5	12,819	10.4	14,518	11.8
5위	국악	3,037,795	2,475.8	2,866	2.3	4,904	4.0
6위	무용	1,442,273	1,175.4	2,016	1.6	4,270	3.5
7위	오페라	520,730	424.4	416	0.3	1,028	0.8
8위	발레	434,469	354.1	459	0.4	956	0.8

※평균은 1공연장당(1,227개) 평균임.

※장르별 연간 누적 관객 수 기준

출처: 문화체육관광부, 예술경영지원센터

◆ 한국인이 가장 많이 시청하는 방송채널 ◆

지상파 지고, 종편 뜨고!

방송통신위원회는 해마다 TV방송채널 시청점유율을 조사해 발표한다. 2014년에는 521개 채널과 전국 4,000가구를 조사했다. 주로 실내에 설치해 시청하는 고정형TV를 대상으로, 실시간 시청시간만을 조사하기 때문에 VOD, PC, 스마트폰 같은 모바일 등의 시청시간까지 포함하지는 않는다. 시청점유율은 전체 TV방송에서 해당 방송채널에 대한 시청시간이 차지하는 비율을 말한다. TV를 시청한 가구(시청자) 수를 TV보유 가구(시청자) 수로 나눈 비율인 시청률과는 개념이 약간 다르다.

TV방송채널 시청점유율 1위는 14.96%를 획득한 KBS-1TV가 차지했다. 이어 2위 KBS-2TV(13.47%), 3위 MBC(11.97%, 19개 지역 계열사 합산), 4위 지역민방을 포함하지 않은 SBS(5.96%) 순이다. SBS는 지역민방의 시청점유율 5.34%를 합하면 11.30%에 이르러 MBC와 큰 차이가 없다. 5위에서 8위까지는 MBN(3.53%), TV조선(3.02%), 채널A(2.66%), JTBC(2.61%) 등 종합편성채널이 차지했다. JTBC가 8위로 처진 것은 다소 뜻밖이다.

지상파방송사의 전체 시청점유율은 2011년 62.67%에서 2014년 54.48%로 계속 떨어지고 있다. 이와는 대조적으로 4개 종합편성채널의 시청점유율은 2011년 출범한 이후 계속 증가하여 4년 만에 합계 10%를 넘어섰다. CJ 계열의 tvN 같은 채널의 성장세도 돋보인다.

한편, 1인당 하루 평균 TV시청시간은 3시간 18분이다(2014년 기준). 우리 국민이 가장 즐기는 여가활동 가운데 TV시청이 51.4%로 가장 비중이 높다는 조사결과도 있다.

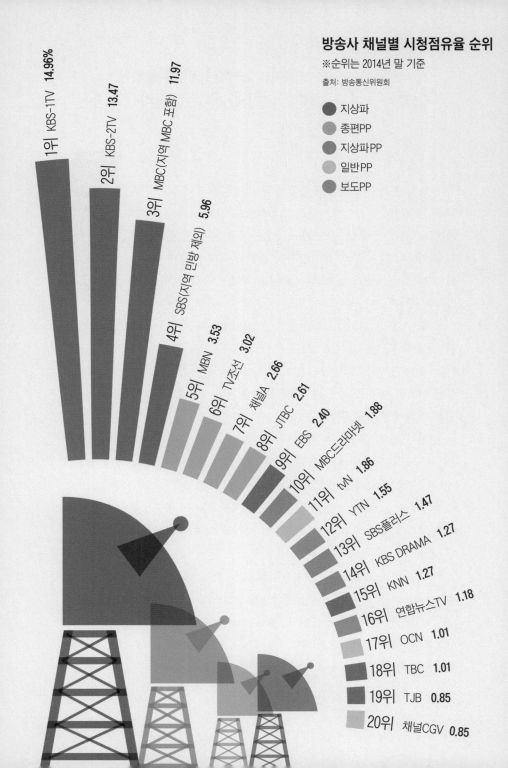

방송사 채널별 시청점유율 순위

※순위는 2014년 말 기준

출처: 방송통신위원회

● 지상파
● 종편PP
● 지상파PP
● 일반PP
● 보도PP

1위 KBS-1TV **14.96%**
2위 KBS-2TV **13.47**
3위 MBC(지역 MBC 포함) **11.97**
4위 SBS(지역 민방 제외) **5.96**
5위 MBN **3.53**
6위 TV조선 **3.02**
7위 채널A **2.66**
8위 JTBC **2.61**
9위 EBS **2.40**
10위 MBC드라마넷 **1.88**
11위 tvN **1.86**
12위 YTN **1.55**
13위 SBS플러스 **1.47**
14위 KBS DRAMA **1.27**
15위 KNN **1.27**
16위 연합뉴스TV **1.18**
17위 OCN **1.01**
18위 TBC **1.01**
19위 TJB **0.85**
20위 채널CGV **0.85**

늘면 늘수록 좋은 대출은 도서관 대출

국내 도서관 가운데 최대 규모의 장서를 보유한 국립중앙도서관과 서울대학교 중앙도서관은 정기적으로 이용 실태를 분석해 발표한다. 이 발표 자료에는 도서관 이용자들이 과연 어떤 책을 얼마나 많이 빌려 보았는지에 관한 통계도 포함돼 있다. 이를 통해 독자들이 선호하는 책이 무엇인지 출판 트렌드를 가늠해 볼 수 있다.

국립중앙도서관의 2014년 종합 순위를 살펴보면, 이용자들이 여전히 소설 분야의 책들을 많이 선호하는 것으로 나타났다. 조정래의 소설 『정글만리』가 2013년과 2014년 2년 연속 종합 1위에 올랐다. 원작이 영화화되면서 새삼 인기를 모은 소설 『창문 넘어 도망 친 100세 노인』처럼 이른바 '스크린 셀러'가 주목받기도 했다.

한편 서울대 중앙도서관에서 가장 많이 대출된 도서는 2015년 상반기에는 『에우리피데스 비극』이 85회로 1위였으나, 2006년~2015년 7월까지 약 10년간 누적 데이터를 보면 세계적인 과학 저술가 재레드 다이아몬드의 『총, 균, 쇠』가 총 924회로 1위를 차지했다. 최근 학부와 전공을 초월해 인문학 분야의 서적 이용률이 높게 나타나고 있는 것은 사회 전반의 트렌드와 무관하지 않다.

한국교육학술정보원(KERIS)에 따르면, 전국 대학도서관 416곳(4년제 278개, 전문대 138개)의 재학생 1명당 평균 대출 건수는 2012년 9.6권, 2013년 8.7권, 2014년 7.8권으로 감소하고 있다. 2014년 도서관에서 한 번 이상 관외 대출을 한 4년제 대학생은 57.6%로, 10명 중 4명 이상이 한 권도 책을 빌리지 않았다.

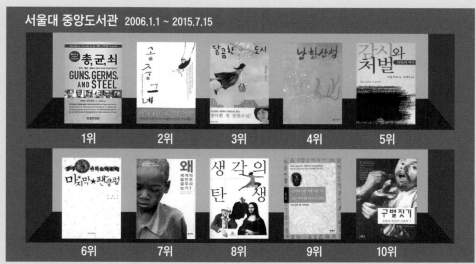

서울대 중앙도서관 2006.1.1 ~ 2015.7.15

| 1위 | 2위 | 3위 | 4위 | 5위 |
| 6위 | 7위 | 8위 | 9위 | 10위 |

1위 총, 균, 쇠(Jared M Diamond, 2007)
2위 공중그네(Okuda Hideo, 2005)
3위 달콤한 나의 도시(정이현, 2006)
4위 남한산성(김훈, 2007)
5위 감시와 처벌(Michel Foucault, 2003)

6위 삼미 슈퍼스타즈의 마지막 팬클럽(박민규, 2003)
7위 왜 세계의 절반은 굶주리는가?(Jean Ziegler, 2007)
8위 생각의 탄생(Robert Scott Root-Bernstein, 2007)
9위 로마인 이야기 v.1(Shiono Nanami, 1995)
10위 구별짓기 v.1(Pierre Bourdieu, 1995)

국립중앙도서관 2014년

| 1위 | 2위 | 3위 | 4위 | 5위 |
| 6위 | 7위 | 8위 | 9위 | 10위 |

1위 정글만리(조정래, 2013)
2위 강신주의 감정수업(강신주, 2013)
3위 창문 넘어 도망친 100세 노인(Jonas Jonasson, 2013)
4위 제3인류(Bernard Werber, 2013)
5위 나미야 잡화점의 기적(Higashino Keigo, 2012)

6위 조선왕조실록(박시백, 2003~2013)
7위 트렌드 코리아 2014(김난도/이준영 외, 2013)
8위 총, 균, 쇠(Jared M Diamond, 2007)
9위 미 비포 유(Jojo Moyes, 2014)
10위 한여름의 방정식(Higashino Keigo, 2014)

출처: 서울대학교 중앙도서관, 국립중앙도서관

그 나라의 지적 수준을
가늠하는 잣대

도서관의 역사를 살펴보면, 인류문명사와 그 궤를 같이 해왔음을 알 수 있다. 문명의 발상지인 메소포타미아 바빌로니아의 니푸르사원에서 기원 전 3,000년에 새겨진 설형문자의 점토판이 발견되었고, 이집트 테베의 카르나크신전에서는 '책의 집'을 뜻하는 기록이 전해져 도서관의 역사적 발자취를 가늠하게 한다. 초기의 도서관은 왕실의 문서보존소로 출발했고, 중세 유럽에서는 수도원이 고대의 지식을 모으는 도서관 역할을 했으며, 중국과 한국, 일본 등에서는 왕실, 관청, 학교, 사찰, 서원, 신사 등이 문헌 관리를 대신했다. 한편, 고대 그리스 철학자들은 개인서고를 가지고 있었는데, 그 중 유명한 것이 알렉산드리아도서관이다(약 70만 권의 장서 소장).

근대에 들어서는 활자인쇄술 등 과학기술의 발달로 도서의 대량 생산이 가능해짐에 따라 도서관 설립이 더욱 활발해졌다. 세계 문헌정보학계에서는 1731년 미국의 벤저민 프랭클린이 설립한 회원제 대출도서관을 근대 공공도서관의 시초로 보는 데 이견이 없다.

우리나라의 경우, 조선시대에는 실록을 보관하는 4대 서고와 장서각(규장각) 및 고종이 세운 근대식 도서관 건물 '중명전(重明殿)'이 유명하다. 물론 이들은 일반 서민에게까지 개방된 것은 아니었다. 우리나라 최초의 공공도서관은 1901년 10월 일본인이 세운 독서구락부로 지금의 부산광역시립시민도서관이다.

우리나라를 대표하는 국립중앙도서관이 2015년 5월 개관 70주년을 맞아 비도서자료 약 156만 권을 포함해 장서 1천만 권 시대를 열었다. 세계에서 열다섯 번째다. 국립을 제외하고 지자체와 교육청 등이 설립한 국내 공공

국립·공공 도서관 도서 보유 순위

순위	도서관	보유 권수
1위	국립중앙도서관	822만6722권
2위	국회도서관	391만2731
3위	대전광역시한밭도서관	73만5826
4위	부산광역시립시민도서관	69만2067
5위	경기평생교육학습관	64만2174
6위	정독도서관	53만2536
7위	대구광역시립중앙도서관	49만3782
8위	남산도서관	47만3775
9위	강릉시립중앙도서관	41만237
10위	수원시선경도서관	39만7314
11위	충북중앙도서관	38만9892
12위	안양시석수도서관	37만613
13위	광명시하안도서관	33만7761
14위	광주광역시립무등도서관	32만7765
15위	성남시중앙도서관	31만8644
16위	경기도립성남도서관	31만7850
17위	성남시분당도서관	31만6246
18위	목포공공도서관	30만8174
19위	인천광역시미추홀도서관	30만4442
20위	안성시립중앙도서관	30만1152

대학도서관 도서 보유 순위

순위	대학	보유 권수
1위	서울대	469만9851권
2위	고려대	315만2536
3위	경북대	307만8223
4위	연세대	300만1670
5위	경희대	246만6951
6위	부산대	222만9941
7위	한양대	222만3879
8위	동국대	208만8830
9위	단국대	187만9197
10위	중앙대	186만3440
11위	성균관대	185만3016
12위	홍익대	181만1353
13위	계명대	180만3
14위	영남대	178만2444
15위	건국대	172만2215
16위	이화여대	165만8478
17위	인하대	163만3867
18위	충남대	161만1407
19위	한국외국어대	157만7160
20위	전남대	155만8434

※국립도서관인 국립중앙도서관, 국회도서관 2015년 6월, 공공
도서관 2013년, 대학도서관 2014년 보유 도서 기준(비도서자료 제외)

출처: 국가도서관통계시스템, 학술정보통계시스템, 대학교육연구소

주요 국가별 공공도서관 비교
※괄호 안은 1인당 장서 수

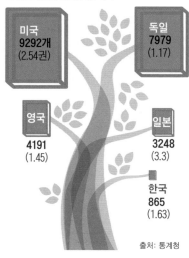

미국
9292개
(2.54권)

독일
7979
(1.17)

영국
4191
(1.45)

일본
3248
(3.3)

한국
865
(1.63)

출처: 통계청

도서관은 2013년 기준 모두 865개이며 장서 수는 약 8,397만 권에 이른다. 정부가 제2차 도서관발전종합계획(2014~2018년)을 추진하면서 2015년에는 47개의 공공도서관이 개관해 모두 968개관으로 증가했고, 장서도 500만 권이 더 늘어났다. 학술정보통계시스템에 따르면, 학문의 전당인 대학교(4년제 및 전문대학) 도서관은 2013년 기준 395관에 장서 수 약 1억3,914만 권에 달한다. 서울대학교가 약 470만 권으로 가장 많은 장서를 보유하고 있다.

하지만 이러한 통계에도 불구하고 국내 공공 및 대학 도서관의 상황은 아직도 갈 길이 멀다. 공공도서관의 경우 1인당 도서 수가 그나마 조금씩 늘어나고 있다 하더라도 1관당 직원 수, 사서 수, 자료구입비 등이 모두 감소 추세를 보이고 있다. 지역별 장서 수를 보면, 1위 경기 2,299만 권, 2위 서울 1,069만 권과 15위 제주 205만 권, 16위 울산 139만 권, 17위 세종 10만 권 등 그 격차가 심각하다. 대학교육연구소에 따르면, 대학도서관 역시 사립대 기준으로 학생 1인당 도서 수가 평균 65권, 학교 예산총액 대비 자료구입비 비율 0.8%, 도서관 1좌석 당 학생 수 5.2명 등 매우 열악하다. 주요 선진국과 비교하면 수준 차이가 더욱 크게 느껴진다. 예를 들어 미국의 하버드대학교 한군데만 1,683만 권을 보유하고 있다.

도서관에 투자하는 것은, 조금 거창하게 표현하면 인류의 미래에 투자하는 것과 다르지 않다. 미국의 철강왕 앤드류 카네기는 평생의 재산을 들여 미국 전역에 2,509개의 공공도서관을 설립했다. 오늘날의 미국을 뒷받침하는 토대를 쌓은 것이다.

20대 여성이
책을 가장 안 읽는다?

20대 여성은 화장품과 책 중 어떤 것을 더 많이 살까? 물론 화장품이다. 외모에 한창 관심이 많을 시기니 그럴 법도 하다. 하지만, 그녀들은 다른 성별·연령층에 비해 책도 적지 않게 산다. 교보문고가 한국출판인회의를 통해 발표한 자료에 따르면, 교보문고의 연간 도서 구매 회원은 약 330만 명이다. 이들은 연평균 약 4회, 연간 약 12만 원 어치 책을 산다. 도서 구매 고객의 가장 큰 특징은 전체의 약 60%를 여성이 차지한다는 점이다. 그 가운데 20·30대가 여성 전체의 약 57%를 차지한다. 한국의 젊은 여성은 외모 뿐 아니라 내면을 가꾸는 데도 적지 않은 투자를 한다.

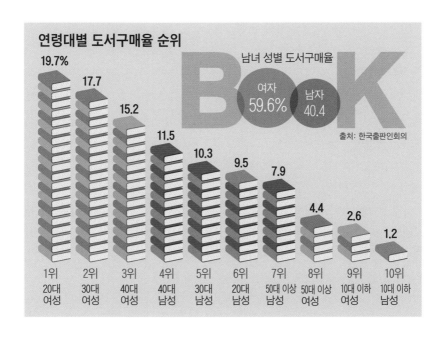

연령대별 도서구매율 순위

남녀 성별 도서구매율

여자 59.6% 남자 40.4

출처: 한국출판인회의

순위	연령대	구매율
1위	20대 여성	19.7%
2위	30대 여성	17.7
3위	40대 여성	15.2
4위	40대 남성	11.5
5위	30대 남성	10.3
6위	20대 남성	9.5
7위	50대 이상 남성	7.9
8위	50대 이상 여성	4.4
9위	10대 이하 여성	2.6
10위	10대 이하 남성	1.2

변호사 라이선스
부럽지 않은 자격증은?

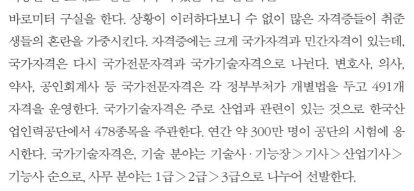

취업대란 시대에 자격증 하나 없이 취업을 준비하는 것만큼 무모한 게 또 있을까? 대한민국에서, 자격증은 말 그대로 '일할 자격'이 있는지를 판별하는 바로미터 구실을 한다. 상황이 이러하다보니 수 없이 많은 자격증들이 취준생들의 혼란을 가중시킨다. 자격증에는 크게 국가자격과 민간자격이 있는데, 국가자격은 다시 국가전문자격과 국가기술자격으로 나뉜다. 변호사, 의사, 약사, 공인회계사 등 국가전문자격은 각 정부부처가 개별법을 두고 491개 자격을 운영한다. 국가기술자격은 주로 산업과 관련이 있는 것으로 한국산업인력공단에서 478종목을 주관한다. 연간 약 300만 명이 공단의 시험에 응시한다. 국가기술자격은, 기술 분야는 기술사·기능장 > 기사 > 산업기사 > 기능사 순으로, 사무 분야는 1급 > 2급 > 3급으로 나누어 선발한다.

민간자격에는 국가공인민간자격과 등록자격이 있다. 국가공인민간자격은 민간업체 주관으로 시행되지만, 공신력 있고 사회적으로 통용성이 높은 자격 중에서 정부가 심의를 거쳐 인정한다. 등록자격은 민간자격을 신설해 관리·운영하려는 자가 주무부장관에게 등록한 것을 말한다. 민간자격증 수는 2015년 기준 1만6,413종이나 된다. 이 중에서 97종만이 국가공인민간자격이다. 민간자격증 중에는 이름뿐인 쓸모없는 자격증도 적지 않다.

최근에는 먹거리 콘텐츠가 대세라 그런지 한식조리기능사 응시률이 컴퓨터활용능력 시험에 이어 2위에 올라 있다. 젊은 세대 사이에서 '셰프'라는 직업이 각광 받기 시작하면서 조리사 응시률도 큰 폭으로 상승하고 있다. 주방장이 변호사 부럽지 않은 시대가 도래한 것이다.

취준생들이 가장 따고 싶어 하는 자격증 순위

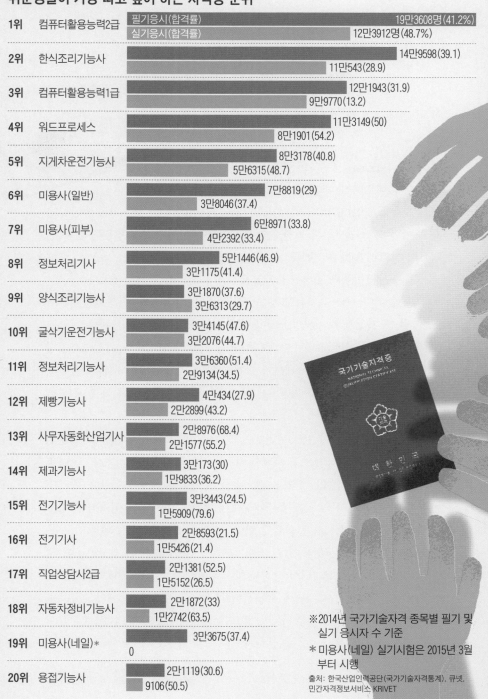

1위 컴퓨터활용능력2급
- 필기응시(합격률) — 19만3608명 (41.2%)
- 실기응시(합격률) — 12만3912명 (48.7%)

2위 한식조리기능사
- 14만9598 (39.1)
- 11만543 (28.9)

3위 컴퓨터활용능력1급
- 12만1943 (31.9)
- 9만9770 (13.2)

4위 워드프로세스
- 11만3149 (50)
- 8만1901 (54.2)

5위 지게차운전기능사
- 8만3178 (40.8)
- 5만6315 (48.7)

6위 미용사(일반)
- 7만8819 (29)
- 3만8046 (37.4)

7위 미용사(피부)
- 6만8971 (33.8)
- 4만2392 (33.4)

8위 정보처리기사
- 5만1446 (46.9)
- 3만1175 (41.4)

9위 양식조리기능사
- 3만1870 (37.6)
- 3만6313 (29.7)

10위 굴삭기운전기능사
- 3만4145 (47.6)
- 3만2076 (44.7)

11위 정보처리기능사
- 3만6360 (51.4)
- 2만9134 (34.5)

12위 제빵기능사
- 4만434 (27.9)
- 2만2899 (43.2)

13위 사무자동화산업기사
- 2만8976 (68.4)
- 2만1577 (55.2)

14위 제과기능사
- 3만173 (30)
- 1만9833 (36.2)

15위 전기기능사
- 3만3443 (24.5)
- 1만5909 (79.6)

16위 전기기사
- 2만8593 (21.5)
- 1만5426 (21.4)

17위 직업상담사2급
- 2만1381 (52.5)
- 1만5152 (26.5)

18위 자동차정비기능사
- 2만1872 (33)
- 1만2742 (63.5)

19위 미용사(네일)*
- 3만3675 (37.4)
- 0

20위 용접기능사
- 2만1119 (30.6)
- 9106 (50.5)

※2014년 국가기술자격 종목별 필기 및 실기 응시자 수 기준

* 미용사(네일) 실기시험은 2015년 3월 부터 시행

출처: 한국산업인력공단(국가기술자격통계), 큐넷, 민간자격정보서비스 KRIVET

◆ 이러닝으로 가장 많이 하는 공부 ◆

아직도 공부하러
학원에 직접 가십니까?

이러닝(e-learning)은 온라인을 활용해 시간과 장소
의 제약 없이 누구나 자신이 원하는 내용과 수준으로 학습
하는 교육을 말한다. TV나 라디오 등 공중파를 사용하던 기존의 방송통신교
육 등이 온라인 인프라를 기반으로 쌍방향성을 가진 ICT를 활용해 더욱 진
일보한 형태로 확장된 것이다.

산업통상자원부와 정보통신산업진흥원의 이러닝산업 실태조사에 따르
면, 꾸준한 성장세를 유지하고 있는 국내 이러닝산업 규모는 총매출액 3조
2,142억 원, 사업체 수 1,691개사, 종사자 수 2만6,189명에 이른다(2014년 기
준). 이러닝 사업자 1,691개 중에는 서비스사업체 1,101개사, 콘텐츠사업체
389개사, 솔루션사업체 201개사가 포진해 있다. 기업당 평균 매출액은 연간
19억 원 수준이다. 수요자 측면에서 이러닝 지출액은 1조3,649억 원에 이른
다(2014년 기준).

이러닝 이용을 분야별로 살펴보면, 역시 외국어가 가장 높은 이용률로
나타났다(29.8%). 외국어는 유아에서 50대 이상에 이르기까지 모든 연령층
에서 이용률 1위에 올라 이러닝 최대 수요 분야임을 입증하고 있다. 최근에
는 영어와 일본어 이외에도 중국어의 필요성이 높아지면서 이러닝을 이용
한 외국어 학습자가 더욱 늘어나고 있다. 한편, 자격증(18.1%, 2위)과 직무 관
련(14.9%, 3위) 등이 상위에 오른 것을 보면, 취업준비생이나 직장인들이 시
공간의 제약이 덜한 이러닝의 장점을 크게 활용하고 있음을 알 수 있다. 초·
중·고 교과과정(14.0%, 4위)과 수능시험(4.4%, 6위)도 상위에 올라 있는 바,
학생층도 이러닝시장의 중요한 수요층을 형성하고 있음을 알 수 있다.

이러닝 분야별 이용 순위

순위	이러닝 분야	이용률	평균 수강과목 수
1위	외국어	29.8%	1.60개
2위	자격증	18.1	2.02
3위	직무	14.9	2.18
4위	초·중·고 교과과정	14.0	3.16
5위	정보기술	9.1	1.49
6위	수학능력시험	4.4	3.44
7위	산업기술	3.7	1.82
8위	기본소양	3.2	1.39
9위	유아·미취학 교육	2.7	2.21

출처: 산업통상자원부 이러닝산업 실태조사

◆ 초등학생이 장래 가장 희망하는 직업 ◆

내 아이는 이런 직업을 원한다!

우리나라 초등학생들이 장래 희망 직업으로 가장 선호하는 것은 무엇일까? 한국직업능력개발원이 2014년 7월 전국 초등학교 6학년생 7만3,262명(남자 3만7,854명, 여자 3만5,408명)을 대상으로 조사를 실시했다. 우선 초등학생들의 희망 직업 유무를 보면 '있다'가 87.1%, '없다'가 12.9%로 나타나 대부분의 학생들이 자기가 바라는 희망 직업이 있었다. 이는 중학생 68.4%, 고등학생 70.5% 보다 높다. 초등학생들이 가장 많이 선호하는 직업은 남학생과 여학생이 차이를 보였다. 남학생은 '운동선수'를, 여학생은 '교사'를 가장 선호했다. '교사'는 중학생과 고등학생에게도 남녀 통틀어 선호도가 가장 높다.

그러면 초등학생을 둔 부모들은 과연 자녀가 장래에 어떤 직업을 갖기를 원할까? 남학생 부모는 '의사'를 가장 원해 1위에 올랐다(15.1%). 2위는 '교사(선생님)' 10.2%, 3위 '박사, 과학자 등 연구원' 8.3%, 4위 '법조인' 7.5%, 5위 '경찰관' 4.8%, 6위 '운동선수' 4.4% 순이다. 여학생 부모는 '교사'가 31.6%로 가장 높았다. 그 다음은 '의사' 13.3%, '법조인' 5.0%, '조리사' 2.4%, '경찰관' 2.1%, '연예인' 1.9% 순이다.

초등학생 부모가 자녀에게 희망하는 직업의 이유는 '자녀의 소질이나 적성에 맞을 것 같아서'라고 응답한 비율이 53.0%로 가장 높다. 그러나 중·고교로 올라가면 직업 선택의 첫 번째 기준으로 '지속적인 고용 보장'을 꼽았다. 그러니 자연스럽게 '교사'를 희망하는 부모와 자녀가 많다. 취업절벽이라는 냉혹한 현실 앞에서는 어른도 아이들도 어쩔 수 없는 노릇이다.

초등학생 장래 희망 직업 순위

남학생	순위	여학생
운동선수 **남학생 21.1%**	1위	교사(선생님) **8.9% 여학생**
박사, 과학자 등 연구원 **10.5**	2위	의사 **5.8**
의사 **7.9**	3위	운동선수 **5.5**
법조인 **5.3**	4위	경찰관 **5.3**
경찰관 **4.9**	5위	조리사 **5.1**
조리사 **4.6**	6위	박사, 과학자 등 연구원 **4.9**
프로게이머 및 기타 스포츠, 레크레이션 관련 전문가 **3.8**	7위	연예인 **4.8**
교사(선생님) **3.5**	8위	컴퓨터 개발자/프로그래머 **3.9**
연예인 **3.2**	9위	기계공학 기술자 및 연구원 **3.5**
컴퓨터 개발자/프로그래머 **2.9**	10위	법조인 **3.2**
18.1	기타	32.4
14.2	없음	16.7

※2014년 7월 학교 진로 교육 실태 조사 응답률

출처: 한국직업능력개발원

◆ 아이들이 학교를 그만 두는 이유 ◆

학교 밖 아이들,
그들은 왜 학교를 떠났을까?

우리나라 대부분의 아이들은 만 7세에 초등학교에 입학해 중학교까지 9년간의 의무교육을 마치고 고등학교에 진학해 다시 3년 교육을 받는다. 총 12년의 교육기간 중 다양한 이유로 학업을 그만두는 경우가 생긴다. 2014년 4월 조사 기준으로 한 해 동안 중도에서 학교를 그만 둔 학생 수는 모두 6만568명이다. 2014년 전체 초·중·고 학생 수가 628만6,000명이므로 약 0.96%에 달하는 수치다. 100명 중 1명이 중도에 다니던 학교를 떠나는 것이다.

학업 중단의 주된 사유는 초·중학생의 경우 미인정유학·해외출국(초등학생 83.4%, 중학생 47%)이 가장 많다. 해외 조기유학이 늘어나면서 초등학생 때부터 국내에서의 학업을 중단하는 경우가 많아진 탓이다. 아울러 제도권 공교육을 불신하는 일부 학부모들이 대안학교를 선택하면서 학업을 중단하는 경우도 있다. 엄밀히 말하면 해외 조기유학과 대안학교는 공교육에서의 학업 중단이 된다.

고등학생이 되면 학교부적응(51.6%)에 이어 조기진학, 방송활동 등 자발적 의지에 의한 학업 중단 사유(21.7%)가 높게 나타난다. 특히 고교생의 경우 부적응 관련 사유가 모두 2만5,016명으로 전체 학업 중단 사유의 82.3%에 달한다.

2014년 한 해에만 6만여 명의 청소년이 학업을 중단했는데, 어떤 이유에서건 학업을 중단하고 어디에서 무엇을 하는지 모르는 '학교 밖 청소년'이 28만여 명에 이른다. 학교를 떠난 아이들이 얼마나 제대로 자신의 진로를 찾을 수 있을지는 미지수다. 다만, 제도권 공교육의 틀을 벗어난 아이들일수록 좀 더 세심한 사회적 관심과 배려가 필요한 것만은 아무리 강조해도 지나치지 않다.

학업중단 학생수

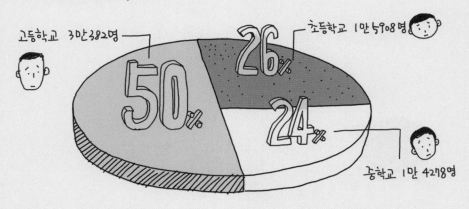

고등학교 3만 382명

초등학교 1만 5908명

50%

26%

24%

중학교 1만 4278명

고등학생 학업 중단 이유 (괄호 안은 비중)

총 3만 382명

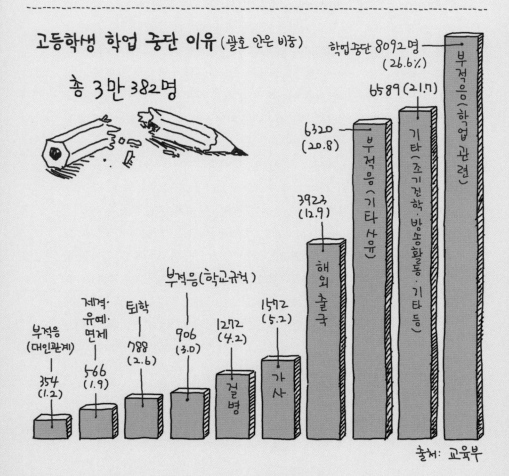

학업중단 8092명
(26.6%)
부적응 (학업 관련)

6589 (21.7)
기타 (조기진학 · 방송활동 · 기타 등)

6320
(20.8)
부적응 (기타 사유)

3923
(12.9)
해외 출국

1572
(5.2)
가사

부적응 (학교규칙)
906
(3.0)

1272
(4.2)
질병

퇴학
788
(2.6)

제적 · 유예 · 면제
566
(1.9)

부적응 (대인관계)
354
(1.2)

출처: 교육부

SKY 아성에 균열을 일으킨 대학은?

대학에 서열은 있다? 없다? 치열한 입시 풍경을 보더라도 대학에 서열이 있음을 부정할 순 없을 것이다. 실제로 국내 대학들을 여러 잣대로 비교해 보면 다양한 평가가 나온다.

「중앙일보」는 전국 80여 개 대학을 대상으로 교육 여건, 연구 환경, 학생 교육 노력 및 성과, 평판·사회진출도 등 4개 분야를 평가해 해마다 대학 순위를 매기고 있는데, 2015년에 서울대가 종합 1위를 차지했다. 서울대는 2014년에만 해도 5위에 머물렀다가 2015년에 다시 이름값을 회복했다. 재미있는 사실은 서울대와 함께 이른바 SKY를 이루는 사학 명문 연세대와 고려대가 4위와 5위에 랭크됐다는 점이다. 2위와 3위 자리에는 성균관대와 한양대가 차지했다.

평가 결과를 좀 더 자세히 살펴보면, 종합평가에서 서울대는 교수가 집필·번역한 저·역서의 질(피인용), 국내 학술지에 게재한 논문의 질 모두 80개 대학 중 1위로 나타났다. 2위 성균관대는 연구에 대한 투자와 연구 성과의 기술 상용화에서 높게 평가됐다. 3위 한양대는 창업교육이 돋보였다. 2014년 학교가 제공한 창업강좌를 수강한 학생이 전체 재학생 중 절반 이상(56.6%, 1위)이다. 현재 기술벤처의 대표로 활동 중인 재학생·졸업생(534명)도 가장 많았다. 연세대는 졸업생 취업의 질을 가늠하는 '유지 취업률(취업 이후 6개월 이상 재직)'이 가장 높았고, 고려대는 해외 대학에 파견한 재학생(2,056명)이 가장 많아 국제화에서 좋은 점수를 받았다. 6위에 오른 서강대는 기업과의 협력 연구, 벤처 공동 창업이 돋보였다. 공대 규모가 작은 편이지만 기술 이전을 통해 얻은 수입은 가장 많았다.

국내 대학 평가 순위

SKY 구도를 깬 '빅3'

1위	서울대	302점
2위	성균관대	284
3위	한양대(서울)	275

이름값 못하는 전통 명문 사학

4위	연세대(서울)	274
5위	고려대(안암)	267

알토란 명문 사학

6위	서강대	248
7위	이화여대	247
8위	중앙대 한양대(ERICA)	237
10위	서울시립대	235

상위권을 위협하는 중위권 대학

11위	경희대	232
12위	부산대	231
13위	인하대	230
14위	한국외국어대	225
15위	경북대	222
16위	아주대 전북대	217
18위	충남대	216
19위	동국대(서울)	215
20위	전남대	212

출처: 중앙일보 대학평가

◆ 외국인 학생이 많은 국내 대학 ◆

유학?
Out of Korea에서 In Korea로

몇 년 전까지만 해도 '유학'이란 말을 떠올리면 우리나라 학생이 해외에 나가 공부하는 것으로 여기는 게 보편적인 생각이었다. 그런데, 지금은 반드시 그렇지만은 않다. 우리나라 대학으로 공부하러 입국하는 외국인 학생 수가 적지 않기 때문이다. 각 대학마다 글로벌화를 표방하면서 외국인 학생 유치에 적극적인 점도 작용하겠지만, 세계 젊은이들 사이에서 한국에 대한 관심이 높아진 이유이기도 하다.

우리나라에 체류 중인 해외 유학생은 2005년 2만2,526명에서 해마다 늘어나 2011년에는 8만9,537명으로 가장 많았다. 2012년부터 다소 감소세로 돌아서면서 2014년에는 8만4,891명을 기록했다. 수도권 소재 대학에 다니는 유학생은 증가한 반면 비수도권의 경우는 감소했다. 2년제 포함 전체 356개 대학(대학원 포함) 가운데 외국인 유학생이 가장 많이 재적하고 있는 대학은 연세대로 4,609명(전체의 5.4%)이다. 1,000명 이상 유학생이 있는 학교는 전국에 22개 교에 달한다. 유학생을 출신 국가별로 살펴보면, 역시 중국 유학생이 압도적으로 많다. 모두 4만8,109명으로 전체 유학생의 56.7%를 차지한다.

외국인 유학생을 유치하기 위해 정부도 팔을 걷어붙였다. 정부는 외국인 유학생들을 20만 명까지 유치한다는 '스터디코리아 2020 프로젝트(Study Korea 2020 Project)'를 2023년까지 연장했다. 학령인구 감소로 입학 정원을 채우지 못하는 국내 대학들이 늘어나는 현실을 감안하건대, 정부와 대학이 학생 유치를 위해 해외로 눈을 돌리고 있는 것이다. 특히 중국은 국내 대학들에게도 대단히 매력적인 시장(!)이 아닐 수 없다. 이미 5만 명에 가까운 중국 유학생이 국내 대학에 유학 중이다.

외국인 학생이 많은 국내 대학 순위 ※괄호 안은 비중

순위	대학	학생 수 (비중)
1위	연세대	4609명 (5.4%)
2위	경희대	3663 (4.3)
3위	고려대	3116 (3.7)
4위	한양대	2930 (3.5)
5위	서울대	2812 (3.3)
6위	성균관대	2723 (3.2)
7위	건국대	2326 (2.7)
8위	동국대	2273 (2.7)
9위	중앙대*	2005 (2.4)
10위	국민대	1599 (1.9)
11위	한국외대	1514 (1.8)
12위	부산대	1487 (1.8)
13위	이화여대	1462 (1.7)
14위	전남대	1417 (1.7)
15위	경북대	1413 (1.7)
16위	우송대	1226 (1.4)
17위	서강대	1220 (1.4)
18위	상명대	1167 (1.4)
19위	계명대	1111 (1.3)
20위	인하대	1068 (1.3)
21위	영남대	1036 (1.2)
22위	선문대	1009 (1.2)

＊중앙대는 서울캠퍼스임.

국내 대학에 유학 중인 출신 국가별 학생 수 순위

순위	국가	학생 수
1위	중국	4만8109명
2위	일본	3806
3위	베트남	3166
4위	몽골	3118
5위	미국	2442
6위	재중국동포	2227
7위	대만	1837
8위	인도네시아	1025
9위	프랑스	887
10위	말레이시아	874

※순위는 2014년 기준으로, 비학위과정 유학생, 해외지역 출신 교민 포함.

출처: 교육부 대학알리미

대학은 등록금 먹는 하마!

1990년 27.1%에 불과했던 고등학교 졸업생의 대학진학률이 2000년 62.0%로 뛰었고, 2010년에는 75.4%로 최고점을 찍었다. 아이러니하게도 대학진학률과 비례하는 게 등록금이다. 대학생 수가 많으면 등록금이 줄어들 법도 한데, 현실은 그렇지가 않다. 대학생 자녀를 둔 집집마다 '등골이 휜다'는 말이 결코 과장이 아니다.

교육부와 한국대학교육협의회 대학정보공시센터 '대학알리미'에서 공개한 자료에 따르면, 2015학년도 4년제 일반대학의 학생 1인당 평균 연간 등록금은 666만7,000원이다. 전체 대학별로는 한국산업기술대 등록금이 901만1,000원으로 가장 비싸고 그 다음은 연세대(879만8,200원), 신한대(863만5,700원), 을지대(850만100원), 한국항공대(847만1,800원), 이화여대(845만3,300원) 순이다. 사이버대학 등을 제외하고 연평균 등록금이 가장 낮은 방통대(68만3,000원)를 비롯해 중앙승가대(174만 원), 영산선학대(200만 원), 광주과학기술원(206만 원), 서울시립대(238만9,700원) 등 등록금이 적은 대학들과 차이가 현격하다.

종로학원하늘교육이 분석한 계열별 연간 평균 등록금은 의학계열 926만 원, 공학계열 733만 원, 예체능계열 726만 원, 자연과학계열 687만 원, 인문사회계열 572만 원 순이다.

학문의 전당 상아탑(象牙塔)이 1970~80년대에는 우골탑(牛骨塔)이었다. 대학생을 둔 농가마다 소깨나 팔았다는 얘기다. 그러면 2000년대 이후에는 어떨까? 인골탑(人骨塔)도 모자라 자살탑(自殺塔)까지 생겼다는 무시무시한 농담들이 대학가에 횡행한다.

등록금 비싼 대학

순위	대학	등록금
1위	한국산업기술대	901만원
2위	연세대	880만
3위	신한대	864만
4위	을지대	850만
5위	한국항공대	847만
6위	이화여대	845만
7위	한양대	841만
8위	추계예술대	839만
9위	연세대 원주분교	836만
10위	홍익대 세종분교	835만
11위	성균관대	834만
12위	한양대 ERICA분교	833만
13위	가천대	821만
14위	대구예술대	821만
15위	고려대	820만
16위	아주대	819만
17위	홍익대	818만
18위	건국대	813만
19위	고려대 세종분교	810만
20위	한세대	810만

등록금 싼 대학

순위	대학	등록금
1위	한국방송통신대	68만원
2위	중앙승가대	174만
3위	영산선학대	200만
4위	광주과학기술원	206만
5위	서울시립대	239만
6위	부산교대	302만
7위	서울교대	309만
8위	경인교대	319만
9위	한국교원대	319만
10위	춘천교대	319만

※2015학년도 연간 평균 등록금 기준. 사이버대학 및 등록금이 없는 대학 제외. 등록금이 없는 대학은 정석대학
(한진그룹 사내 기술대학), 대구경북과학기술원(DGIST), 광주가톨릭대 등. 출처: 한국대학교육협의회 대학정보공시센터 '대학알리미'

◆ 서울대 합격생을 가장 많이 배출한 고등학교 ◆

서울대 합격생 배출이
명문고의 판단기준?!

한국사회에서 출세의 첫 번째 조건으로 서울대학교 졸업장을 지목하는데 이의를 제기할 사람은 없을 것이다. 이러한 '서울대 신드롬'은 교육일선에서도 그대로 드러난다. 전국 고등학교에 서열이 있다면 그 기준은 서울대 합격생을 얼마나 배출했는가가 될 것이다.

2015학년도 대학입시에서 서울대 합격자를 가장 많이 배출한 상위 30위 고교에는 특목고가 14개 교로 가장 많았고, 자사고 11개 교, 일반고 5개 교가 순위에 올랐다. 서울대 합격자를 가장 많이 배출한 고교 1위는 서울예술고다. 특목고인 서울예술고는 수시와 정시를 합해 모두 93명의 합격자를 배출했다. 2위는 서울 대원외고(특목고) 79명, 3위 용인한국외대부설고(자사고) 61명, 4위 서울과학고(특목고) 57명, 5위 경기과학고(특목고) 56명, 6위 서울하나고(자사고) 54명, 7위 전북 상산고(자사고) 53명, 8위 강원 민족사관고(자사고) 37명, 9위 서울 대일외고(특목고)와 서울 명덕외고(특목고)가 각각 32명 순이다. 10위권까지 모두 특목고와 자사고 일색이다. 서울대 합격자를 10명 이상 배출한 일반고는 20개 학교다. 일반고만 떼어놓고 보면, 충남 공주 한일고(24명), 서울 숙명여고(21명), 경기 수지고(20명)가 '빅3'를 형성한다.

서울대 2016학년도 입시의 정원 내 전형은 수시모집이 지역균형선발전형 681명(전체의 21.7%), 일반전형 1,688명(53.8%)이고 정시모집 일반전형은 766명(24.4%)으로 모두 합하면 3,135명에 달한다. 정원 외 전형은 182명 이내이다. 새학기에는 또 어떤 고등학교가 서울대 합격생 랭킹 톱에 오를지 학부모는 궁금하다.

서울대 합격생 배출 고교 순위 ※괄호 안은 지역/학교 유형

1위   93명 서울예술고 (서울/특목고)

2위   79 대원외고 (서울/특목고)

3위   61 용인한국외대부설고 (경기/자사고)

4위   57 서울과학고 (서울/특목고)

5위   56 경기과학고 (경기/특목고)

6위   54 하나고 (서울/자사고)

7위   53 상산고 (전북/자사고)

8위   37 민족사관고 (강원/자사고)

9위   32 대일외고 (서울/특목고) 명덕외고 (서울/특목고)

11위   31 한영외고 (서울/특목고)

12위   28 휘문고 (서울/자사고) 안산동산고 (경기/자사고)

14위   27 포항제철고 (경북/자사고)

15위   26 선화예술고 (서울/특목고)

16위   25 한국과학영재학교 (부산/특목고) 세종과학고 (서울/특목고)

18위   24 한일고 (충남/일반고)

19위   23 현대고 (서울/자사고) 고양외고 (경기/특목고)
세화고 (서울/자사고) 경기외고 (경기/특목고)

23위   22 대구과학고 (대구/특목고)

24위   21 숙명여고 (서울/일반고) 중동고 (서울/자사고) 국악고 (서울/특목고)

27위   20 수지고 (경기/일반고)

28위   19 진성고 (경기/일반고) 단국사대부고 (서울/일반고) 현대청운고 (울산/자사고)

출처: 서울대

수능 국·영·수 점수가 가장 높은 곳은 여전히 강남 8학군일까?

예나 지금이나 수능에서 국·영·수 3과목이 차지하는 비중은 가히 절대적이다. 3과목을 포기하고 대학 입학을 꿈꾼다는 건 어불성설(語不成說)이다. 서울 강남권이 입시에서 강세를 보인다는 건 누구나 다 아는 사실이다. 그런데, 수능의 핵심인 국·영·수 평균점수 1등이 강남 지역이 아니라는 사실은 믿기지 않는다. 하지만, 사실이다.

시·군·구별 수능 국·영·수 분석 결과를 살펴보면 전국 10개 시·군·구가 국어A와 B, 영어, 수학A와 B 등 5개 영역 모두에서 표준점수 평균 상위 30위에 포함된 것으로 나타났다. 서울 강남구, 서울 서초구, 대구 수성구, 광주 남구, 경기 과천시, 경기 김포시, 충남 공주시, 전남 장성군, 경남 거창군, 제주 제주시 등 10곳이다. 1개 영역 이상 표준점수 평균 상위 30위에 포함된 지역은 모두 57곳이다. 특히 강원 양구군은 수학A와 영어 및 국어B 등 3개 영역의 표준점수 평균에서 1위를 차지했다. 강원 양구군은 국어A, 수학B도 표준점수 상위 30개에 포함되었으나 응시자 수가 30명 미만인 까닭에 분석 대상에서 제외됐다. 전남 장성군은 국어A와 수학B에서 1위, 국어B와 수학A 및 영어에서 2위에 올랐다. 강원 양구군과 전남 장성군은 모두 학교 수가 상대적으로 적고 관내 자율고 등 일부 명문고가 직접적인 영향을 미친 것으로 분석된다. 강원도 양구군에는 공립형 사립학교인 강원외고가, 전남 장성군에는 자사고인 장성고가 있다. 아무리 그렇다고 해도 수능 1번지인 서울 강남구와 서초구가 강원 양구군과 전남 장성군에 1등자리를 내준 건 의외가 아닐 수 없다. 그것도 국·영·수 과목에서 1등자리를 내줬으니 지방에 있는 학교라고 우습게 볼 게 아니다.

수능 국·영·수 평균이 가장 높은 지역 순위

순위	국어A	국어B	수학A	수학B	영어
1위	**전남 장성군**	**강원 양구군**	**강원 양구군**	**전남 장성군**	**강원 양구군**
2위	서울 강남구	전남 장성군	전남 장성군	울산 중구	전남 장성군
3위	대구 수성구	경기 가평군	전남 담양군	서울 강남구	경기 과천시
4위	경남 거창군	전남 담양군	경남 거창군	대구 남구	서울 강남구
5위	경기 과천시	경기 과천시	경남 고성군	광주 남구	서울 서초구
6위	서울 서초구	부산 연제구	경기 과천시	서울 서초구	대구 수성구
7위	제주 제주시	강원 춘천시	제주 제주시	제주 제주시	경남 거창군
8위	경남 함양군	충남 공주시	부산 연제구	충남 공주시	경기 가평군
9위	광주 남구	경기 의왕시	광주 남구	경기 성남시	부산 연제구
10위	전남 담양군	경기 동두천시	대구 남구	대구 수성구	전남 담양군
11위	충남 공주시	제주 제주시	경기 가평군	전남 화순군	제주 제주시
12위	전북 전주시	대구 수성구	서울 강남구	경기 과천시	경남 함양군
13위	서울 양천구	서울 강남구	대구 수성구	광주 북구	광주 남구
14위	대구 중구	경남 거창군	경북 상주시	인천 연수구	부산 해운대구
15위	부산 해운대구	광주 남구	경기 동두천시	경기 안양시	서울 양천구
16위	전북 익산시	강원 강릉시	경기 의왕시	경기 의왕시	경기 김포시
17위	경북 울진군	전북 전주시	경남 함양군	서울 양천구	충남 공주시
18위	대구 달서구	서울 서초구	충남 공주시	인천 중구	강원 춘천시
19위	강원 횡성군	충남 부여군	광주 북구	광주 서구	경기 의왕시
20위	충남 부여군	경남 함양군	전북 익산시	울산 동구	전북 전주시
21위	부산 동래구	부산 해운대구	경기 김포시	경남 거창군	대구 달서구
22위	경남 창녕군	경기 김포시	강원 춘천시	부산 동래구	부산 수영구
23위	부산 기장군	충북 충주시	충남 부여군	대구 달서구	전북 익산시
24위	부산 동구	충남 홍성군	서울 서초구	경남 진주시	경기 성남시
25위	부산 연제구	경북 상주시	충남 홍성군	대전 유성구	부산 동래구
26위	경기 김포시	서울 중구	대구 달서구	울산 남구	대구 중구
27위	광주 동구	광주 북구	전북 전주시	경기 오산시	대전 유성구
28위	전남 영광군	전북 익산시	경남 함안군	경기 김포시	광주 북구
29위	경남 진주시	대구 남구	서울 중구	경기 광명시	경기 안양시
30위	경기 성남시	경북 경주시	전남 영광군	광주 동구	서울 중구

※2014년 시행 수능시험 표준점수 평균 기준

출처: 한국교육과정평가원

◆ 사교육비 탐사보고 ◆

사교육비가 뭐길래!

국내 초·중·고생의 연간 사교육비 규모는 약 18조2,295억 원이다. 사교육비는 2009년 이후 계속 감소하고 있다. 2014년 전체 초·중·고 학생 수가 628만6,000명으로 전년 대비 3.0% 줄어든 탓이다. 문제는 이처럼 전체 사교육비 규모가 줄어듦에도 불구하고 가계마다 느끼는 사교육비 고통은 점점 더 커지고 있다는 점이다.

가계에서 지출하는 학생 1인당 월평균 명목 사교육비는 24만2,000원이고, 물가상승 등을 반영한 실질 사교육비는 20만7,000원이다. 시·도별 1인당 월평균 사교육비는 서울(33만5,000원), 경기(26만 원), 대전(25만7,000원) 순으로 높고 강원(16만7,000원)에 이어 전남(16만4,000원)이 가장 낮다. 서울과 전남의 차이는 약 2배에 이른다.

한편, 전체 사교육 참여율은 68.6%로 매년 지속적인 감소를 보이고 있다. 초등학교가 81.1%로 가장 높고, 중학교 69.1%, 고등학교 49.5% 순이다. 시·도별 사교육 참여율은 서울(74.4%), 경기(72.8%), 대전(70.5%) 순으로 높고, 역시 전남(58.5%)이 가장 낮다. 서울과 경기 지역이 사교육 참여율과 사교육비 지출에서 모두 높게 나타났다.

통계청에서 발표한 가계 동향 조사에 따르면, 가구당 월평균 가처분소득이 349만8,000원이다. 초·중·고생 자녀가 1명일 경우 1인 월평균 사교육비(24만2,000원) 지출이 가처분소득에서 차지하는 비중은 6.9%, 자녀 2명이면 13.8%이다. 통계로는 역대 최저치인 것으로 나타났지만 이는 어디까지나 평균을 낸 수치에 불과하다. 이 평균치에 사교육을 아예 받지 않는 초·중·고생까지 포함됐음을 감안하건대, 가계마다 사교육비 부담이 적지 않음은 두말할 필요 없다.

지역별 사교육비 순위
※괄호 안은 사교육 참여율

전체 평균
24만2000원
(68.6%)

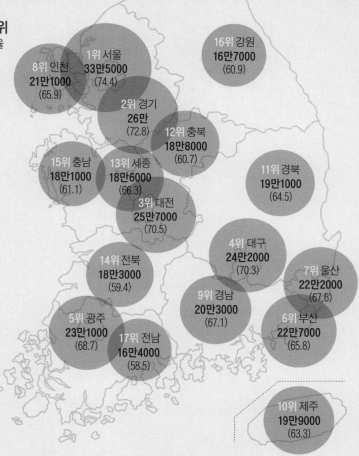

8위 인천
21만1000
(65.9)

1위 서울
33만5000
(74.4)

16위 강원
16만7000
(60.9)

2위 경기
26만
(72.8)

12위 충북
18만8000
(60.7)

15위 충남
18만1000
(61.1)

13위 세종
18만6000
(66.3)

11위 경북
19만1000
(64.5)

3위 대전
25만7000
(70.5)

4위 대구
24만2000
(70.3)

7위 울산
22만2000
(67.6)

14위 전북
18만3000
(59.4)

9위 경남
20만3000
(67.1)

6위 부산
22만7000
(65.8)

5위 광주
23만1000
(68.7)

17위 전남
16만4000
(58.5)

10위 제주
19만9000
(63.3)

1인당 월평균 사교육비 2014년 기준

초등학교	23만2000원
중학교	27만
고등학교	23만

일반교과(국·영·수등) 1인당 월평균 사교육비
191,000원

사교육 참여시간
5.8시간

학교급별 사교육 참여율
초등학교
81.1%

중학교
69.1

고등학교
49.5

출처: 교육부 사교육비 조사

사교육비는 어떤 과목에 얼마나 쓰일까?

연간 18조2,000억 원에 달하는 국내 초·중·고생의 사교육비는 과연 어떤 과목에 얼마나 쓰일까? 초·중·고 전체로는 영어가 6조1,497억 원(33.7%)으로 가장 많고 그 다음은 수학 5조7,682억 원(31.6%), 음악 1조4,670억 원(8.0%), 체육 1조3,534억 원(7.4%) 순이다. 국어·영어·수학 등 일반 교과의 사교육 참여 목적으로는, 학교수업 보충이 36.7%로 가장 높았고, 선행학습(25.0%), 진학준비(18.3%), 불안심리(14.1%) 순이다. 한편, 사교육에 들어가는 어마어마한 비용에도 불구하고 '사교육 걱정 없는 학부모회'가 7,719명의 초·중·고 학생들을 대상으로 실시한 조사에서 수포자(수학포기자) 비율이 초등학생 36.5%, 중학생 46.2%, 고등학생 59.7%로 나타났다.

과목별 사교육비 순위

1위 영어	2위 수학	3위 음악
6조1497억원	5조7682억	1조4670억

4위 체육	5위 국어	6위 사회, 과학	7위 미술
1조3534억	1조1317억	6799억	6604억

8위 논술	9위 취미·교양	10위 제2외국어, 한문, 컴퓨터	11위 취업 관련
4784억	3141억	1751억	516억

출처: 교육부 사교육비 조사

5

레저, 헬스

운동, 관광, 여가, 건강 etc

등산, 어디까지 올라가 보셨습니까?

우리나라 지형은 산이 전 국토의 65% 이상을 차지한다. 남한에만 산 명칭이 고시되어 있는 산이 5,700여 개에 달한다. 여기에 예전부터 산 명칭이 붙어 있는 산 1,700여 개를 합치면 모두 7,408개나 된다. 국토지리정보원이 2015년 5월 공개한 전국의 산높이 데이터베이스에는 높이 200m 이상인 산이 5,264개이고 100m 이상은 6,777개에 이른다.

남북한 통틀어 가장 높은 산은 백두산(2,750m)이고, 남한에서 가장 높은 산이 한라산(1947.3m)이라는 것은 누구나 다 아는 상식이다. 그러면, 국내에서 가장 낮은 산은? 국토지리정보원 데이터에 따르면 경북 울진 평해읍의 굴미봉이다(2.9m 높이). 3m도 안 되는 산이 무슨 산이냐고 반문할 수 있지만, 굴미봉은 국토지리정보원에 엄연히 산으로 등재돼 있다.

한국인이 가장 좋아하는 산은 어디일까? 한국갤럽의 조사에 따르면 전체 응답자 가운데 가장 많은 25.0%가 설악산을 지목했다. 설악산을 찾는 등산객은 연간 약 300만 명을 헤아리며 대청봉 정상까지 등정하는 등산객도 약 45만 명에 이른다. 그 뒤를 지리산과 한라산이 잇는다. 4위 북한산은 연평균 탐방객이 500만 명에 이른다. '단위면적당 가장 탐방객이 많은 국립공원'으로 기네스북에도 올라 있다. 가을 단풍으로 유명한 내장산은 5위에 올랐다. 중국을 통해서만 오를 수 있는 백두산은 6위에 머물렀고, 지금은 관광이 금지된 금강산은 아예 순위에서 빠졌다.

통계자료에 따르면, 월 1회 이상 등산인구가 1,500만 명에 이른다. 국민 3명 중 1명이 한 달에 1회 이상 등산을 간다. 인구밀도 기준으로 보면 전 세계에서 등산인구 비율이 가장 높을 것으로 추정된다. 알프스를 지척에 둔 등산대국 독일이나 프랑스, 이탈리아 등을 능가할지도 모른다.

한국인이 가장 좋아하는 산 순위

순위	산	산 높이	주봉	응답비율	
1위	설악산	1708.1m	대청봉	25.0%	
2위	지리산	1915.4m	천왕봉	19.0%	
3위	한라산	1947.3m		10.0%	
4위	북한산	835.6m	백운대	6.0%	
5위	내장산	763.5m	신선봉	5.0%	
6위	백두산	2750m		2.8%	
7위	속리산	1058.4m		2.0%	
8위	무등산	1186.8m		1.9%	
	오대산	1565.4m	비로봉	1.9%	
	관악산	632.2m		1.9%	
11위	계룡산	846.5m		1.7%	
12위	소백산	1439.7m	비로봉	1.5%	
	태백산	1566.7m		1.5%	
14위	도봉산	740.2m	자운봉	1.4%	
	치악산	1282m		1.4%	
16위	주왕산	722.1m		1.3%	
17위	팔공산	1192.3m	비로봉	1.1%	
	월출산	810.7m		1.1%	

출처: 한국갤럽

설악산의 풍경

◆ 훼손 정도가 심한 국립공원 탐방로 ◆

산도 사람처럼 스트레스 받는다!

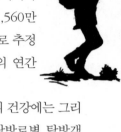

등산에 관한 정확한 통계자료는 발표된 게 많지 않지만, 2009년 자료인 한국등산지원센터(현 한국등산트레킹지원센터)와 한국리서치가 조사한 바에 따르면, 한 달에 한 번 이상 산에 가는 사람은 1,560만 명, 두 달에 한 번 이상 산에 가는 사람은 무려 1,886만 명으로 추정된다. 이러한 추정치를 뒷받침하듯, 전국 산악형 국립공원의 연간 탐방객은 3,245만9,188명이나 된다(2014년 16개소 기준).

산을 많이 찾는 게 인간의 건강에는 이로울지 모르나 산의 건강에는 그리 달갑지 않다. 국립공원관리공단은 2013년부터 국립공원 탐방로별 탐방객 수, 단체 탐방객 수, 정상 탐방객 수, 탐방로 훼손 정도, 샛길 길이, 쓰레기 발생량, 생물종 다양도 등 8개 지표를 조사해 국립공원 탐방로 이용압력(스트레스) 지수를 분석하고 있다.

전국 15개 산악형 국립공원 144개 탐방로에 대한 스트레스 지수를 분석한 결과 가장 스트레스 지수가 높은 코스 1위는 덕유산 설천봉~향적봉 구간으로 나타났다. 덕유산 향적봉 구간은 곤돌라를 이용해 산 정상 부근까지 쉽게 접근할 수 있어 훼손도가 특히 심각하다는 분석이다. 이용압력 지수 2위에 꼽힌 북한산 통일교~도봉대피소~신선대 구간은 연간 탐방객 수가 195만 명에 이르며 탐방로 훼손 구간이 전체 3.12km 중 1.44km(46%), 샛길 길이도 정규 탐방로의 3배에 가까운 8.8km에 이른다. 3위 지리산 바래봉 구간은 짧은 탐방로 길이(0.6km)에 비해 탐방객 수가 연간 11만 명이 넘는다. 또 절반 이상의 탐방로가 훼손된 구간인데다 샛길 길이도 6.4km에 이르러 훼손에 의한 이용압력이 심한 곳이다. 한편, 탐방로 144개 중에 가장 스트레스 지수가 낮은 구간은 월출산 도갑사~구정봉(4.2km) 구간이다.

국립공원 탐방로 이용압력(스트레스) 순위

순위	국립공원	구간(시점~종점)	구간거리	스트레스 지수		등급
1위	덕유산	설천봉~향적봉	0.6km	99.99		1
2위	북한산	통일교~도봉대피소~신선대	3.1km	99.81		1
3위	지리산	바래봉삼거리~바래봉	0.6km	99.78		1
4위	북한산	탕춘대공원지킴터~절터샘	1.0km	97.72		1
5위	지리산	중산리~천왕봉	5.4km	95.54		1
6위	내장산	벽련암~불출봉	2.4km	93.45		1
7위	북한산	북한산성입구~위문	4.1km	92.92		1
8위	북한산	북악공원지킴터~형제봉삼거리	1.6km	92.07		1
9위	지리산	구룡삼곡~구룡폭포	3.1km	91.62		1
10위	설악산	소공원~소청봉	9.6km	90.99		1
11위	주왕산	주산지입구~주산지	1.0km	89.07		1
12위	지리산	고기리~고리봉	3.2km	88.69		1
13위	북한산	구기분소~대남문	2.8km	87.49		1
14위	지리산	반선~화개재	9.2km	86.65		1
15위	설악산	용소폭포입구~용소폭포삼거리	0.5km	83.89		1
16위	지리산	천은사입구~차나무밭	1.0km	80.99		1
17위	지리산	거림~세석	5.0km	79.67		2
18위	북한산	정진~족두리봉	1.4km	79.39		2
19위	덕유산	치목~안국사	3.7km	77.94		2
20위	북한산	무수골~원통사~우이암	2.2km	77.04		2

※등급의 정도는 '1 매우 심각, 2 심각, 3 보통, 4 건전, 5 매우 건전'을 나타냄.

출처: 국립공원관리공단

◆ 한국인이 가장 좋아하는 운동 종목 ◆

한국인의 축구사랑과 피파 랭킹은 별개?!

한국인의 축구사랑과 피파(FIFA) 랭킹은 반드시 일치하지 않는 모양이다. 한국 축구 국가대표팀의 피파 랭킹은 50위권을 겨우 맴돌지만, 한국인이 가장 좋아하는 운동은 축구이기 때문이다(한국갤럽). 축구 다음으로는 등산을 선호한다. 등산은 중장년층일수록 대세이며 특히 50대 이상에서 남녀 모두 첫째로 꼽는다. 3위 야구는 남성 뿐 아니라 여성에게도 열렬한 지지를 얻은 종목이다. 여기에는 프로야구의 인기가 한몫한 것으로 분석된다. 최근에는 사회인 야구 동호인들이 늘어나면서 관전에서 직접 시합에 참여하는 스포츠로 각광 받고 있다.

남성은 축구, 야구, 농구, 골프 등 움직임이 많고 승부를 내는 종목을 선호하는데 비해, 여성은 체중이나 몸매 관리에 도움이 되는 수영, 걷기, 요가 등의 종목에 관심이 많다.

한국인의 생활체육 참여 현황을 살펴보면, 전혀 하지 않는다(34.5%), 주3회(12.7%), 주1회(11.2%), 월2~3회(10.8%), 주2회(10.2%), 주5회(5.9%), 매일(5.5%), 주4회(5.2%), 주6회(4.0%) 순으로 나타났다. 주1회 이상 생활체육 참여율은 54.8%에 이른다. 주2회 이상 규칙적으로 생활체육에 참여하는 사람의 연령대별 비율은 60대가 48.1%로 가장 높다. 10대는 가장 활동력이 왕성할 때인데도 생활체육 참여율이 가장 낮다. 생활체육 종목 참여율을 살펴보면, 걷기(38.7%)가 가장 높고, 이어 등산(22.3%), 보디빌딩(헬스, 11.8%), 축구(8.7%), 자전거(7.1%), 배드민턴(6.7%), 수영(6.2%), 요가(4.8%), 농구(3.4%), 맨손·생활체조(3.2%) 순이다.

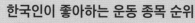

1위 축구(18%)   2위 등산(13)   3위 야구(10)

4위 수영(8) 5위 걷기(7) 6위 배드민턴(4) 7위 농구(4) 8위 골프(3)

9위 요가(3) 10위 테니스(3) 11위 헬스(3) 12위 탁구(2) 13위 자전거(2)

출처: 한국갤럽, 문화체육관광부 체육백서

◆ 도시공원 이용면적이 가장 넓은 지역 ◆

부동산 가치를 견인하는
도시공원들

지금까지 부동산 가치를 끌어올리는 요소로 빼놓을 수 없는 게 학군과 교통 여건이었다면, 여기에 하나 더 추가해야 할 듯하다. 바로 근린시설이다. 도시공원은 대표적인 근린시설로 꼽힌다. 아파트 분양 사무소마다 학군과 교통 못지않게 강조하는 것이 도시공원 조성 계획인 이유가 여기에 있다.

우리나라의 도시에는 모두 2만1,418개소의 도시공원이 있다. 시·도별로 도시공원의 설치 수를 보면 경기도가 5,442개소로 1위에 올라있다. 이어 서울(2,116개소), 경남(1,674개소) 순이다. 그런데, 정작 중요한 것은 시·도의 도시공원 수가 아니다. 시·도민 1인당 도시공원 면적이 실질적으로 확보되어 있어야 하기 때문이다. 해당 도시의 거주 인구 대비 1인당 도시공원 조성면적을 들여다보면, 도시공원 수가 가장 적은 세종시가 154.9m²로 1위에 올라있다. 2위인 전남 19.7m²과 비교해 압도적이다. 도시공원 수로 1, 2위인 경기와 서울은 각각 7.2m², 8.3m²로 전국 평균 1인당 도시공원 조성면적 8.6m²에도 미치지 못한다. 국내 시·도별 1인당 도시공원 면적 8.6m²는 선진국 도시들에 비하면 매우 낮은 수준이다(런던 26.9m², 뉴욕 18.6m², 파리 11.6m²). 선진국의 도시들은 도시공원이 하나의 랜드마크 역할을 할 정도로 중요하게 자리매김해 왔다. 뉴욕의 센트럴 파크는 대표적인 랜드마크 도시공원으로 꼽힌다.

실제로 우리나라 도시공원은 도시계획상 결정면적(989km²) 대비 조성면적(406km²)이 아직 41.1%에 머무르고 있다. 그 이유는 도시지역의 지가 상승으로 토지매입비 부담이 과도한 데 비해 지방자치단체의 재정 형편이 미흡하여 도시공원에 대한 투자가 제대로 이루어지지 못하기 때문이다.

시·도별 도시공원 1인당 조성면적 순위

1위 세종

1인당 공원 조성면적 **154.9**㎡   도시공원 수 **244개**

① 소공원 34개 ② 어린이 공원 84개 ③ 근린 공원 84개 ④ 역사 공원 7개 ⑤ 문화 공원 12개 ⑥ 기타 23개

2위 전남
19.7㎡
1523개
① 478 ② 535 ③ 385
④ 12 ⑤ 29 ⑥ 84

3위 전북
11.7㎡
732개
① 97 ② 332 ③ 256
④ 6 ⑤ 15 ⑥ 26

4위 울산
11.4㎡
552개
① 69 ② 336 ③ 109
④ 6 ⑤ 20 ⑥ 26

5위 경남
10.6㎡
1674개
① 252 ② 873 ③ 408
④ 28 ⑤ 28 ⑥ 85

6위 충남
10.3㎡
1196개
① 167 ② 617 ③ 335
④ 10 ⑤ 17 ⑥ 50

7위 대전
10.2㎡
608개
① 120 ② 310 ③ 119
④ 7 ⑤ 12 ⑥ 40

8위 경북
9.3㎡
1604개
① 214 ② 918 ③ 374
④ 9 ⑤ 22 ⑥ 67

9위 서울
8.3㎡
2116개
① 399 ② 1203 ③ 421
④ 12 ⑤ 45 ⑥ 36

10위 인천
7.6㎡
1107개
① 149 ② 575 ③ 324
④ 4 ⑤ 13 ⑥ 42

11위 경기
7.2㎡
5442개
① 1071 ② 2749 ③ 1154
④ 46 ⑤ 103 ⑥ 319

12위 충북
7㎡
986개
① 166 ② 457 ③ 302
④ 6 ⑤ 10 ⑥ 45

13위 강원
7㎡
1009개
① 97 ② 595 ③ 262
④ 6 ⑤ 6 ⑥ 43

14위 광주
6.1㎡
610개
① 70 ② 393 ③ 126
④ 6 ⑤ 3 ⑥ 12

15위 부산
5.7㎡
991개
① 291 ② 471 ③ 170
④ 2 ⑤ 16 ⑥ 41

16위 대구
4.5㎡
773개
① 114 ② 480 ③ 161
④ 1 ⑤ 6 ⑥ 11

17위 제주
4.3㎡
251개
① 2 ② 155 ③ 83
④ 1 ⑤ 2 ⑥ 8

※2014년 기준, 기타는 수변공원, 묘지공원, 체육공원, 조례가 정하는 공원, 도시자연공원 등.

출처: 국토교통부, 통계청, 도시포털 도시재생 종합정보체계

◆ 가장 많은 동물이 서식하는 동물원 ◆

자연 생태를 위한 공간으로 탈바꿈할 수 있을까?

세계 최초의 동물원은 1752년 오스트리아 빈에 설립된 쇤브룬 동물원이다. 260여 년이 지난 지금도 어엿이 운영 중이다. 우리나라 최초의 동물원은 1909년 일제에 의해 서울 창경궁에 세워졌다. 궁궐 정원에 코끼리, 기린, 호랑이 등을 사육·전시하는 동물원을 설치하고 이름도 '창경원'이라 바꿨다. 1984년 경기도 과천에 있는 서울대공원 동물원(현재 서울동물원)으로 동물원을 옮기고서야 창경궁은 원래의 제 모습을 되찾았다.

현재 사단법인 한국동물원·수족관협회(KAZA)에 가입되어 있는 동물원은 공영동물원과 민간 대형동물원 등 모두 13곳이다. 수족관 7곳을 포함하면 총 20곳이다. 가장 많은 동물 종류를 보유하고 있는 동물원은 서울동물원이다. 모두 348종 2,970마리의 동물을 보유하고 있다. 이 가운데는 천연기념물 19마리, 멸종위기 종 241마리도 포함되어 있다. 2위는 민간 기업으로 국내 테마파크 가운데 가장 규모가 큰 에버랜드의 주토피아다. 동물원인 주토피아와 사파리월드, 로스트밸리를 포함해 경기도 용인시 에버랜드 내 9만 2,000m² 면적에 모두 201종 2,280마리의 동물을 사육·전시하고 있다.

동물 종별로 살펴보면, 호랑이 113마리(9개 동물원), 사자 111마리(10개 동물원), 망토원숭이 60마리(9개 동물원), 하이에나 47마리(5개 동물원), 흑곰 20마리(3개 동물원) 등이 국내 동물원에서 거주(!)하고 있다.

최근 동물원이 '놀이' 장소에서 '생태' 보존지로 변해야 한다는 목소리가 높아지고 있다. 동물원에 사육 중인 동물들이 야성을 잃지 않고 본래 서식지에서와 다르지 않은 삶을 살 수 있도록 해야 한다는 것이다. 동물 복지와 생태환경적인 측면에서 일리 있는 주장이 아닐 수 없다.

동물원 보유동물 순위

1위 서울동물원   경기 과천시
보유동물 **348종 2970마리** (면적 2,420,000㎡)

2위 용인에버랜드 주토피아   경기 용인시
201종 2280마리 (92,000㎡)

3위 테마동물원쥬쥬   경기 고양시
189종 1140마리 (59,400㎡)

4위 광주우치동물원   광주시 북구
137종 630마리 (121,302㎡)

5위 대전오-월드 주랜드   대전시 중구
130종 600마리 (179,573㎡)

6위 삼정더파크   부산시 부산진구
128종 428마리 (85,334㎡)

7위 청주랜드동물원   충북 청주시
126종 500마리 (126,900㎡)

8위 서울어린이대공원동물원   서울 광진구
109종 3500마리 (28,181㎡)

9위 전주동물원   전북 전주시
100종 710마리 (126,000㎡)

10위 대구달성공원동물원   대구시 중구
84종 1430마리 (9,414㎡)

11위 진양호동물원   경남 진주시
54종 300마리 (30,000㎡)

12위 인천대공원 어린이동물원   인천시 남동구
50종 260마리 (9,500㎡)

13위 울산대공원동물원   울산시 남구
39종 2148마리 (12,156㎡)

※2014년 7월 기준   출처: 세상의 모든 순위

◆ 외국인 관광객이 가장 많이 찾는 국내 명소 ◆

그곳에 가면 8할이 외국인

한국을 찾는 외국인 관광객은 해마다 10% 이상의 가
파른 성장세를 보이고 있다. 이러한 성장세의 중심에
는 '요우커(遊客)'라 불리는 중국인 관광객이 있다. 중
국인 관광객은 2013년까지 가장 많은 수를 나타내던 일본인 관광객을 누르
고 2013년 430만 명에서 2014년 613만 명으로 폭발적으로 늘어나 한국을
가장 많이 찾는 외국인 관광객이 되었다.

한국문화관광연구원의 '외래 관광객 실태 조사'에 따르면 여가·위락·휴
가를 목적으로 방한하는 관광객이 58.1%로 가장 비중이 높다. 한국 방문 선
택 시 고려하는 요인은 쇼핑(72.3%), 자연풍경(49.5%), 식도락 탐방(41.1%) 등
의 순으로 높았다. 쇼핑은 홍콩(78.9%)과 중국(78.4%) 관광객에서 높고, 식도
락 탐방은 일본 관광객(72.5%)에서 상대적으로 높다. 이처럼 쇼핑과 자연, 음
식이 한국 여행의 3대 매력이라 할 수 있으나 K-POP 한류스타, 역사 문화유
적 등에 관심이 많은 외국인 관광객도 증가하고 있다.

외국인 관광객들이 한국 여행 중 방문한 지역은 서울이 80.4%로 단연 높
다. 2위인 제주 18.0%와도 엄청난 차이를 나타낸다. 서울권에 공항이나 호
텔, 여행사, 쇼핑몰, 면세점 등 기반시설이 집중되어 있기에 이해가 되지만,
지방 관광 활성화는 여전히 국내 관광업계가 해결해야 할 과제다.

서울지역 방문지 중에는 명동(77.6%), 동대문(61.9%)의 방문 비율이 높다.
그 다음은 고궁(43.5%), 남산/N서울타워(42.5%), 인사동(30.3%), 신촌/홍대
주변(29.9%), 남대문시장(27.8%) 등의 순이다. 전통적인 쇼핑 관광지뿐 아니
라 일상을 즐기는 여행, 서울의 풍경과 문화를 즐기는 여행에 선호도가 높아
지고 있음을 알 수 있다.

외국인 관광객이 가장 많이 찾는 국내 명소 순위

순위	명소	비율
1위	명동	77.6%
2위	동대문시장	61.9
3위	고궁	43.5
4위	남산/N서울타워	42.5
5위	인사동	30.3
6위	신촌/홍대 주변	29.9
7위	남대문시장	27.8
8위	잠실(롯데월드)	23.6
9위	강남역	22.9
10위	박물관(기념관)	21.9
11위	청계천/광화문광장	21.1
12위	한옥마을(남산)	20.5
13위	북촌/삼청동	19.0
14위	이태원	19.0
15위	한강/유람선	12.5
16위	가로수길	10.7
17위	청담동/압구정동	10.1
18위	여의도(63빌딩)	9.5
19위	코엑스	8.1
20위	DMC/월드컵경기장	3.2

서울

순위	지역	비율
1위	서울	80.4%
2위	제주	18.0
3위	경기	13.0
4위	부산	8.0
5위	강원	7.1
6위	인천	5.0
7위	경남	3.6
8위	경북	2.4
9위	전남	1.6
10위	울산	1.4
11위	전북	1.2
12위	대구	1.2
13위	대전	1.1
14위	충남	0.9
15위	충북	0.5
16위	광주	0.4
	기타	0.3

전국

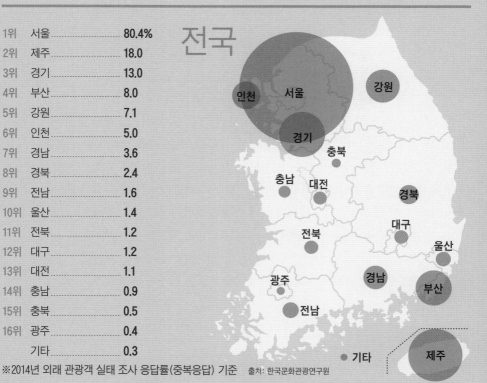

※2014년 외래 관광객 실태 조사 응답률(중복응답) 기준   출처: 한국문화관광연구원

◆ 해외여행지 선택 요인 및 이용 방법 ◆

해외로 여행가는 사람들의 귀가 얇은 이유

1989년 1월 1일은 국내 항공업계와 여행업계에게 역
사적인 날이다. '해외여행 자유화' 조치가 시행된 날이
기 때문이다. 해외 초청장, 귀국보증서, 소양(또는 반공)
교육 같은 절차를 거치지 않아도 자유롭게 해외로 나갈 수 있게 된 것이다.
그로부터 30년이 채 안된 지금 국민 2명 중 1명인 50.3%가 최근 3년간 한
번 이상 해외여행을 한 것으로 나타났다.

해외여행객들이 가장 많이 이용하는 여행 형태는 개별 자유여행(46.9%)
이다. 젊은 층일수록 개별 자유여행을 선호하는 경향이 강하다. 반면, 풀 패
키지 여행상품(36.2%)은 중·장년층으로 갈수록 비중이 높다. 해외 여행지를
선택할 때는 친구나 가족 등 주변 사람들의 추천 여부(71.0%)에 영향을 많이
받는다. 인터넷이나 블로그에 올라온 여행후기(59.2%)까지 감안하면 유경험
자의 조언이나 입소문에 많이 의존하고 있음을 알 수 있다.

여행 광고를 보면 종종 '그랜드 투어(grand tour)'라는 문구가 눈에 띈다.
영국 상류층 자제의 교육여행에서 비롯된 그랜드 투어는 17세기 중반부터
19세기 초반까지 유행했다. 주로 고대 그리스·로마 유적지와 이탈리아, 프
랑스 파리 등을 마차를 타고 섭렵하는 고가의 여행상품이었다. 철도 여행이
일반화되면서 엘리트만을 위한 여행이었던 그랜드 투어는 빛을 잃었지만 여
행문화는 상류층의 특권에서 벗어나 대중을 품었다. 또 '철새'라는 뜻의 반더
포겔(Wandervogel)은 독일의 학생들이 1901년에 시작한 집단 도보여행 운동
이다. 이들은 대자연 속에서 몸과 마음을 단련하고 조국애를 고취했다. 오늘
날 독일인은 세계에서 가장 많은 시간과 비용을 휴가와 여행에 소비하는 국
민이 되었다.

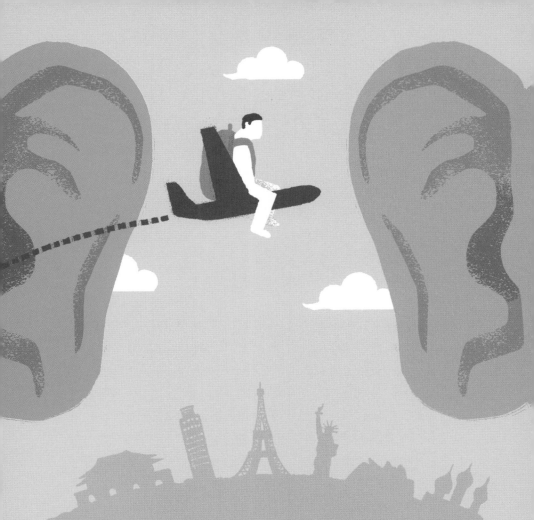

해외여행지 선택 시 영향 요인 순위

순위	항목	비율
1위	친구, 가족 등이 추천한 곳	71.0%
2위	인터넷 포털·블로그의 여행후기 또는 경험담	59.2
3위	여행상품 관련 광고	38.2
4위	잡지·신문 매체에 기사로 소개된 곳	29.2
5위	여행사 뉴스레터	15.3
6위	드라마·영화 촬영지였던 곳	15.1
7위	광고 배경 등으로 접한 곳	14.1
8위	TV (홈쇼핑 등)	10.1

해외여행 이용 형태 순위

순위	항목	비율
1위	개별 자유관광 여행	46.9%
2위	국내 여행사 풀 패키지 여행	36.2
3위	여행사/항공사를 통한 에어텔 여행	28.0
4위	세미 패키지 여행	22.7
5위	현지 여행사 패키지 프로그램	12.9
6위	어학연수	5.8
7위	캠프/자원봉사 등 프로그램 참가	4.6

※트렌드모니터 전국 만 19~59세 성인 남녀 1000명 대상 조사 응답률   출처: 마크로밀엠브레인 트렌드모니터

◆ 시·군·구별 지역건강지수 ◆

당신이 사는 지역은
얼마나 건강한 곳입니까?

'대한민국 건강 랭킹'이라는 것이 있다. 16개 시·도와 229개 시·군·구 기초자치단체(세종시 포함)의 건강 수준을 종합 평가해 순위를 매긴 것이다. 질병관리본부, 국민건강보험공단, 보건복지부 등 보건당국과 통계청, 각 지방자치단체 등의 건강·보건의료 관련 정보를 분석해 '지역건강지수'로 수치화해서 발표한다.

전국 광역시·도 가운데 가장 '건강한' 곳은 울산이다. 지역건강지수 76.4점으로 1위를 차지했다. 2위는 광주 75.0점, 3위 대전 72.4점 순이다. 가장 지수가 낮은 곳은 충북 44.9점, 강원 45.2점, 충남 49.6점 순이다. 울산은 폐암·대장암·당뇨병 환자가 전국에서 가장 적다. 병원에 가거나 약을 먹지 않는 일수인 건강일수도 전국에서 가장 길다. 건강검진수진율도 최고다. 반면 충남은 대장암 환자 수가 가장 많으며 흡연율이 전국 2위다. 강원은 자연환경은 뛰어나지만 암환자 수와 암진료비 비중이 매우 높고, 고혈압·당뇨병 환자 수도 전국 1, 2위다. 흡연율과 비만율이 매우 높은 것도 특징이다.

기초자치단체인 시·군·구별로는 서울 송파구가 지역건강지수 83.7점으로 1위에 올랐다. 유방암을 제외한 암환자 수가 적고 흡연율과 비만율도 낮다. 외래·입원 비용도 비교적 적다. 2위, 3위 역시 서울의 강남구와 서초구가 차지했다. '강남 3구'가 건강 인프라 면에서도 상위 3위를 독차지한 것은 의료 양극화의 전형으로 느껴진다. 다만 송파·강남·서초 구는 모두 유방암 환자 수가 매우 많다. 경제 수준이 높은 선진국형 질병인 유방암은 강남 3구의 소득 수준과 연관이 있는 것으로 분석된다.

대한민국 지역건강지수 순위

전국 시·도 평균 **59.8**

1위	울산광역시	76.4
2위	광주광역시	75
3위	대전광역시	72.4
4위	서울특별시	68.8
5위	대구광역시	65.1
6위	경상남도	64.9
7위	경기도	62.4
8위	인천광역시	59.8
9위	부산광역시	58.6
10위	전라북도	56.1
11위	제주특별자치도	55.4
12위	경상북도	51.4
13위	전라남도	50.7
14위	충청남도	49.6
15위	강원도	45.2
16위	충청북도	44.9

출처: 엘리오앤컴퍼니 대한민국 건강 랭킹

◆ 병원 진료 질병 순위 ◆

아프니까 인간이다!
주로 어떤 질병으로 병원에 갈까?

인간으로 태어난 이상 아프지 않고 살 순 없다. 아프면 뾰족한 방법이 없다. 참거나 병원에 가거나. 아픈 데 장사 없다고 결국 병원을 찾을 수밖에 없는 노릇이다.

사는 게 복잡해지면서 아픈 원인도 각양각색이다. 한국인은 주로 어디가 아파서 병원을 찾을까? 양방 기준 외래와 입원을 모두 합해 병원에서 가장 많은 진료를 받은 질병은 급성 기관지염이다. 외래 1,508만3,588명, 입원 9만2,130명으로 합계 1,517만5,718명이다. 어림잡아 전체 국민 3명 당 1명 꼴로 기관지염 때문에 병원을 찾는다. 급성 기관지염이란 폐로 들어가는 기관에 바이러스나 세균 등이 급성 염증을 일으키는 질병이다. 대기에 꽃가루, 미세먼지, 황사 등 각종 유해물질이 가득한 환절기에 급증한다. 중국발 미세먼지와 황사 탓에 급성 기관지염 환자는 앞으로 더 늘어날 전망이다.

진료비(요양급여비용) 총액이 가장 많은 질병은 입원의 경우 뇌경색증이다 (7,132억 원). 나이가 들수록 뇌경색 질환으로 병원을 찾는 경우가 늘어난다. 뇌경색은 증세가 심할 때가 많아 입원 치료를 받는 경우가 대부분이다. 외래의 경우에는 치은염 및 치주질환이 가장 많다(9,066억 원).

한편, 진료인원 수 상위 20위에는 오르지 않았지만 평소 국민들의 관심이 높은 질병도 많다. 주요 질병의 진료인원 수를 보면, 당뇨병 231만4,116명, 안구건조증 211만8,931명, 골다공증 80만5,304명, 오십견 74만3,321명, 녹내장 62만7,325명, 우울증 59만1,148명, 치매 31만5,219명, 대장암 13만7,397명, 심근경색증 7만7,256명, 비만 1만6,573명 등이다. 흥미로운 사실은 건강염려증도 1년간 4,144명이나 된다.

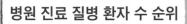

병원 진료 질병 환자 수 순위

1위	급성 기관지염	1517만5718명
2위	치은염 및 치주질환	1290만1902
3위	급성 편도염	699만2298
4위	다발성 및 상세 불명 부위의 급성 상기도 감염	658만7780
5위	혈관운동성 및 알레르기성 비염	630만4025
6위	치아우식	544만5972
7위	위염 및 십이지장염	538만5907
8위	본태성(일차성) 고혈압	531만6345
9위	급성 인두염	513만1408
10위	급성 비인두염(감기)	492만482
11위	알레르기성 접촉피부염	475만428
12위	등통증	473만5267
13위	치수 및 치근단주위조직의 질환	456만9523
14위	결막염	441만1686
15위	급성 부비동염	407만9833
16위	감염성 및 상세불명 기원의 기타 위장염 및 결장염	393만4117
17위	역류성 위-식도염	364만6561
18위	급성 후두염 및 기관염	336만1432
19위	달리 분류되지 않은 기타 연조직 장애	293만8571
20위	무릎관절증	263만2151

※환자 수는 진료실 인원을 기준으로 하는 바, 진료실 인원은 진료 받은 모든 환자의 횟수를 집계한 것으로 전체 내원일수인 연인원(延人員)과 다름.

출처: 건강보험심사평가원, 보건의료빅데이터시스템

◆ 발병률과 사망률이 가장 높은 암 종류 ◆

죽음으로 몰아넣는 '암'에 관한 보고서

암에 관한 통계 자료가 많다는 것은, 그만큼 암이 심각한 사회문제가 되고 있음을 시사한다. 심지어 21세기 의료산업은 암 발병률과 함께 성장하고 있다 해도 과언이 아니다.

우리나라의 암 조발병률은 인구 10만 명당 445.3명(남자 446.2명, 여자 444.4명)이다(2012년 기준). 가장 많이 발병한 암은 갑상선암이고, 이어 위암, 대장암, 폐암, 유방암 등이 뒤를 잇는다. 남자는 위암, 대장암, 폐암, 간암, 전립선암 순으로 발병률이 높고, 여자는 갑상선암, 유방암, 대장암, 위암, 폐암 순으로 높다. 한 해 동안 전체 사망자 26만6,257명 가운데 암으로 사망한 사람은 7만5,334명으로 28.3%를 차지한다(2013년 기준). 사망률이 가장 높은 암은 폐암(1만7,177명, 전체 암 사망자의 22.8%)이고, 다음으로 간암(15.1%), 위암(12.2%), 대장암(11.0%), 췌장암(6.4%) 순이다. 백혈병(혈액암)은 다른 암에 비해 사망자 수가 상대적으로 적다(2.1%).

2008~2012년 기준으로 갑상선암을 제외한 암 환자의 5년 상대생존율은 60.9%로, 최초 암 진단 이후 5명 중 3명이 5년 이상 생존하는 것으로 추정된다. 이는 1993~1995년 40.3%와 비교해 20.6%p 향상된 것이다. 건강검진을 통해 초기에 암을 발견하는 경우가 늘어나면서 그만큼 생존기간도 연장되고 있는 것이다. 여자의 생존율(76.6%)이 남자(59.6%)보다 좀 더 높다.

세계보건기구(WHO)는 암 발생 인구의 1/3은 예방이 가능하고, 1/3은 조기발견 시 완치가 가능하며, 나머지도 적절한 치료를 통해 완화가 가능하다고 공식적으로 표명한 바 있다. 암 발병 원인에 관한 통계는 많지만 임상적으로 명확하게 정리된 것은 아직 없다. 의료 기술이 날로 발전하고 있지만 암이 결핵 수준으로 정복될 수 있는지는 여전히 미지수다.

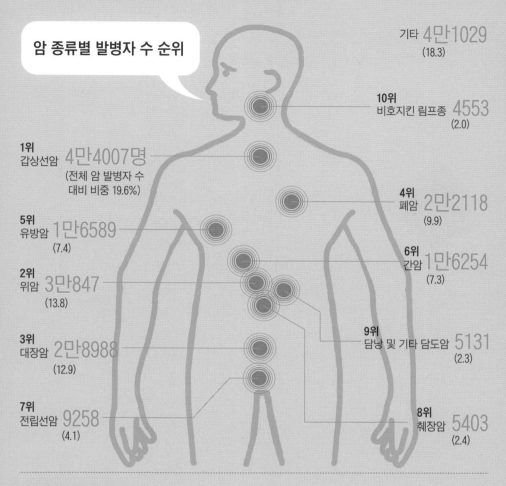

암 종류별 발병자 수 순위

기타 4만1029
(18.3)

10위
비호지킨 림프종 4553
(2.0)

1위
갑상선암 4만4007명
(전체 암 발병자 수
대비 비중 19.6%)

4위
폐암 2만2118
(9.9)

5위
유방암 1만6589
(7.4)

6위
간암 1만6254
(7.3)

2위
위암 3만847
(13.8)

9위
담낭 및 기타 담도암 5131
(2.3)

3위
대장암 2만8988
(12.9)

7위
전립선암 9258
(4.1)

8위
췌장암 5403
(2.4)

암 종류별 사망자 수 순위

순위	암 종류	사망자 수
1위	폐암	1만7177명 (22.8%)
2위	간암	1만1405 (15.1)
3위	위암	9180 (12.2)
4위	대장암	8270 (11.0)
5위	췌장암	4831 (6.4)
6위	담낭 및 기타 담도암	3782 (5.0)
7위	유방암	2244 (3.0)
8위	전립선암	1629 (2.2)
9위	비호지킨 림프종	1609 (2.1)
10위	백혈병	1593 (2.1)
	기타	1만3614 (18.1)

전체 암
사망자 수
대비 비중

※2012년 암 종류별 발병자 수, 2013년 암 종류별 사망자 수 기준

출처: 보건복지부 국가암정보센터

◆ 한국인을 죽음에 이르게 하는 사인들 ◆

1년 26만7,692명, 1일 733명
사선을 넘는 사람들

한국인들은 한 해 동안 몇 명이나 죽음을 맞이할까? 가장 최근 통계 자료인 2014년 사망자 수는 26만7,692명이다. 인구 10만 명당 사망자 수인 조사망률은 527.3명이다. 남자 조사망률 580.6명, 여자 474.1명으로 남자가 여자에 비해 약 100명이 많다. 남자 사망률이 여전히 여자보다 1.22배 높다. 하루 평균 사망자 수는 733명에 이른다.

한국인이 사망하는 원인별 순위를 살펴보면, 악성신생물, 즉 암(癌)이 7만6,611명(조사망률 105.9명)으로 수 년 동안 1위 자리를 굳게 지키고 있다. 2위 심장 질환 2만6,588명(조사망률 52.4명), 3위 뇌혈관 질환 2만4,486명(조사망률 48.2명) 순이다. 3대 사망 원인에 의한 사망자 수가 전체 사망자 수의 47.6%를 차지한다. 또 1~10위까지 10대 사망 원인은 전체 사망 원인의 70.4%에 달하며, 그 가운데 자살과 교통사고를 제외하면 대부분 만성 질환으로 인한 사망이다.

10년 전에 비해 순위가 상승한 사망 원인은 심장 질환(3위 → 2위), 고의적 자해(5위 → 4위), 폐렴(10위 → 5위)이고, 하락한 사망 원인은 당뇨병(4위 → 6위), 간 질환(6위 → 8위), 고혈압성 질환(9위 → 10위) 등이다.

10대 사인 이외의 원인을 살펴보면, 무엇보다 사고 및 재난 관련 사망자 수가 눈에 띈다. 운수사고 5,700명을 비롯해 추락 2,282명, 익사 564명, 화재 323명, 중독 209명 등이다. 2014년에는 청소년층의 사망 원인 1위가 '자살'에서 '운수사고'로 바뀌었다. 세월호 침몰사고가 통계를 바꾼 것이다. 출생 후 1년 이내의 영아 사망자는 1,305명으로, 출생아 1,000당 사망률이 3명으로 나타났다. 또 노령 인구 증가로 치매로 인한 사망도 4,399명에 이른다.

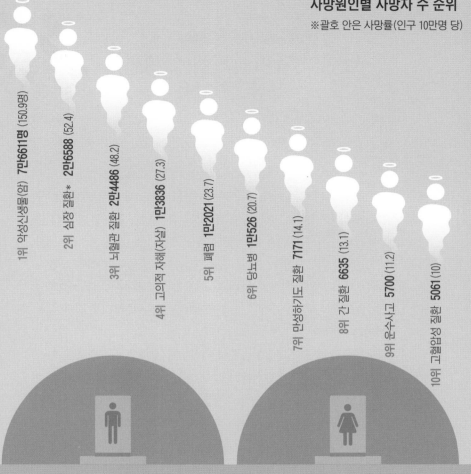

사망원인별 사망자 수 순위

※괄호 안은 사망률(인구 10만명 당)

1위 악성신생물(암) 7만6611명 (150.9명)
2위 심장 질환* 2만6588 (52.4)
3위 뇌혈관 질환 2만4486 (48.2)
4위 고의적 자해(자살) 1만3836 (27.3)
5위 폐렴 1만2021 (23.7)
6위 당뇨병 1만526 (20.7)
7위 만성하기도 질환 7171 (14.1)
8위 간 질환 6635 (13.1)
9위 운수사고 5700 (11.2)
10위 고혈압성 질환 5061 (10)

남녀 사망원인별 사망률 순위

남자			여자	
악성신생물(암)	188.7%	1위	113.2%	악성신생물(암)
심장 질환*	52.3	2위	52.4	심장 질환*
뇌혈관 질환	46.6	3위	49.9	뇌혈관 질환
고의적 자해(자살)	38.4	4위	23.2	폐렴
폐렴	24.1	5위	20.7	당뇨병
당뇨병	20.8	6위	16.1	고의적 자해(자살)
간 질환	19.9	7위	14	고혈압성 질환
만성하기도 질환	17.7	8위	12.2	알츠하이머병
운수 사고	16.5	9위	10.5	만성하기도 질환
추락	6.7	10위	6.3	간 질환

*심장 질환에는 허혈성 심장 질환 및 기타 심장 질환을 포함.
*2014년 사망원인별 사망자 수 기준.

출처: 통계청

◆ 다이어트에 관한 별별랭킹 ◆

당신이 다이어트에 실패하는 가장 큰 이유

다이어트의 주목적은 건강보다는 외모 때문인 듯하다. 가장 선호하는 다이어트 방법 1위가 '굶기'이기 때문이다. 굶어서 살은 어느 정도 빠질지 몰라도 오히려 건강은 더 안 좋아질 수도 있지 않을까? 결국 멋진 몸매를 위해서 다이어트에 돌입하는 경우가 대부분이다. 멋진 몸매를 갖는다는 건 여간 매력적인 일이 아니다. 외모지상주의인 시대에는 외모가 훌륭해야 취업도 잘되고 이성과의 만남도 마음먹은 대로 척척 진행되기 때문이다. 외모지상주의를 뜻하는 '루키즘(lookism)'이라는 신조어까지 생겼으니 외모가 얼마나 중요한 지 짐작이 간다.

대학내일20대연구소(20slab)가 대학생 다이어트 실태를 조사해보니, 가장 살을 빼고 싶어 하는 신체부위는 뱃살이었다. 특히 남학생들은 67.3%가 뱃살을 가장 빼고 싶은 부위로 꼽았고, 여학생들은 절반 가까이(47.4%)가 허벅지 살빼기를 원했다. 현재 몸무게에서 얼마나 줄이면 만족하는지에 대한 응답으로는, 4~6kg 정도를 선택한 응답자가 30.8%로 가장 많았다. 응답자 전체 평균 1인당 5.26kg을 감량하길 원하는 것으로 조사됐다. 앞서 언급했듯이 가장 선호하는 다이어트 방법은 굶기(26%)로 나타났다.

다이어트에 실패한 가장 큰 이유로는 운동부족(30.8%)을 꼽았다. 그 다음으로 사회생활이나 친교를 위해 빠질 수 없는 음주모임(22.5%)이 차지했다. 다이어트 실패율을 성별로 살펴보니 남성이 49.2%인데 비해 여성은 무려 82.4%나 됐다. 다이어트를 하는 거의 모든 여성이 실패한다고 봐도 무방하다. 그래서일까? 젊은 여성 중에는 '다이어트란 원래 실패하는 것'이라 여기는 다이어트 회의론자들이 참 많다.

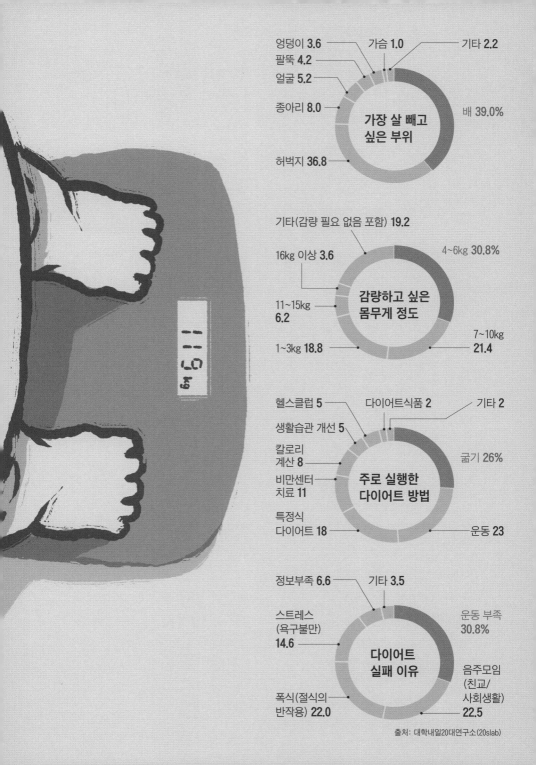

엉덩이 3.6 가슴 1.0 기타 2.2
팔뚝 4.2
얼굴 5.2
종아리 8.0

**가장 살 빼고
싶은 부위**

배 39.0%

허벅지 36.8

기타(감량 필요 없음 포함) 19.2

16kg 이상 3.6

11~15kg
6.2

1~3kg 18.8

**감량하고 싶은
몸무게 정도**

4~6kg **30.8%**

7~10kg
21.4

헬스클럽 5 다이어트식품 2 기타 2
생활습관 개선 5
칼로리
계산 8
비만센터
치료 11
특정식
다이어트 18

**주로 실행한
다이어트 방법**

굶기 26%

운동 23

정보부족 6.6 기타 3.5

스트레스
(욕구불만)
14.6

**다이어트
실패 이유**

운동 부족
30.8%

음주모임
(친교/
사회생활)
22.5

폭식(절식의
반작용) 22.0

출처: 대학내일20대연구소(20slab)

◆ 외식 메뉴 중 칼로리가 가장 높은 음식 ◆

맛이냐, 저칼로리냐 그것이 문제로다!

'집밥'이란 말이 트렌드가 될 정도라는 사실은 우리
식생활 중 '외식'이 차지하는 비중이 그만큼 커졌
음을 방증한다. 한국외식산업연구원의 조사에
따르면 우리 국민은 월 평균 9회 외식하는 것으로 나타났다. 주로 이용하는
메뉴는 '한식'이 62.9%로 대부분을 차지한다. 어머니가 해주는 '집밥'이 그
리운 것이다.

　식품의약품안전처가 국민건강영양조사 결과를 바탕으로 우리나라 국민
의 섭취 빈도가 높은 식품 총 315품목의 1인분 중량당 평균 영양성분 함량
을 조사했다. 대상 음식은 전국을 6개 대권역, 19개 중권역, 72개 소권역으로
나누고, 소권역별로 유동인구와 방문고객이 많거나 매장이 일정 규모 이상이
되는 음식점에서 수거했다. 그 결과, 가장 열량이 높은 음식 1위는 '돼지고기
수육'으로 나타났다. 돼지고기수육은 1인분(300g) 기준으로 무려 1,206kcal
다. 2위는 감자탕 960kcal(900g), 3위는 돼지갈비 941kcal(350g)로, 외식 칼
로리 '빅3'가 모두 돼지(!)와 관련 있는 음식이다. '국민외식메뉴'인 자장면
도 797kcal~825kcal로 상대적으로 열량이 높다. 김치찌개는 1회량 200g당
59kcal에 불과하지만 식사용 백반으로 섭취하면 457kcal에 이른다.

　성인 남성에게 하루 필요한 열량은 2,400kcal, 여성은 2,000kcal이다. 남
녀노소 할 것 없이 비만에 대한 두려움을 거론하지만 일일이 음식마다 열량
을 계산하면서 먹는 것도 쉬운 일은 아니다. 그러나 3끼 식사에 간식, 저녁
회식자리 등 하루에 먹는 음식을 계량하면 1일 섭취열량은 필요열량을 쉽게
넘어선다. 초과된 열량은 운동이나 다른 활동을 통해 소모하지 않으면 그 무
서운 '뱃살' 귀신으로 둔갑하고 만다.

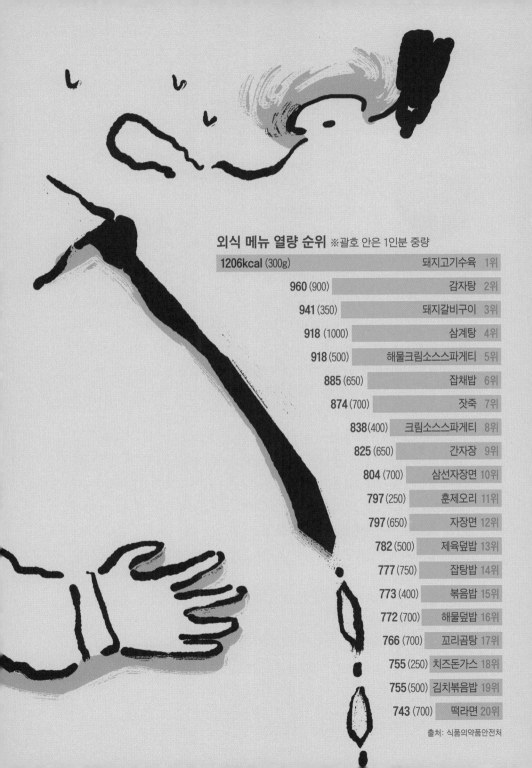

외식 메뉴 열량 순위 ※괄호 안은 1인분 중량

열량	메뉴	순위
1206kcal (300g)	돼지고기수육	1위
960 (900)	감자탕	2위
941 (350)	돼지갈비구이	3위
918 (1000)	삼계탕	4위
918 (500)	해물크림소스스파게티	5위
885 (650)	잡채밥	6위
874 (700)	잣죽	7위
838 (400)	크림소스스파게티	8위
825 (650)	간자장	9위
804 (700)	삼선자장면	10위
797 (250)	훈제오리	11위
797 (650)	자장면	12위
782 (500)	제육덮밥	13위
777 (750)	잡탕밥	14위
773 (400)	볶음밥	15위
772 (700)	해물덮밥	16위
766 (700)	꼬리곰탕	17위
755 (250)	치즈돈가스	18위
755 (500)	김치볶음밥	19위
743 (700)	떡라면	20위

출처: 식품의약품안전처

우리가 1년 동안 먹는 쌀은 얼마나 될까?

우리나라 남한의 총 면적은 10만284km²이다. 이 가운데 농작물을 재배하는 밭(田)은 7,716km²(전체 면적의 7.7%), 논(畓)은 1만1,518km²(11.5%), 과수원은 595km²(0.6%)이다. 국내 전체 면적의 19.8%에서 연간 약 1,622만 톤의 농작물이 수확된다(2014년 말 기준). 1년 동안 생산된 농산물 중에 가장 많은 양을 차지하는 것은 단연 쌀이다. 쌀은 2001년 이후 벼 재배면적이 2001년 108만ha, 2010년 89.2만ha, 2013년 83.3만ha로 계속 감소하고 있다. 정곡 92.9%(9분도) 쌀의 생산량은 423만 톤으로 세계 쌀 생산량의 1.1%에 해당한다(세계 7위). 그 다음으로 생산량이 많은 것은 김치의 식재료인 배추다. 212만 톤으로 전체 채소류 생산량 924만 톤의 22.9%를 차지한다. 과일 중에서는 농작물 전체 6위에 올라 있는 감귤이 1위를 차지했다(68만 톤).

농산물 생산량 대비 소비량 비율이 농산물자급률이다. 이 비율이 높을수록 수요에 비해 많이 생산된 것으로 해석된다. 사료용을 제외한 우리나라의 식량(식용곡물)자급률은 2002년 58.3%까지 상승한 적도 있으나 2013년 47.2%까지 떨어졌다. 전 세계적으로 식량주권이 강조되는 시점에서 우리나라는 쌀 시장 개방 여파로 주식인 쌀 생산량이 오히려 감소하고 말았다. '산업의 쌀'이라 불리는 반도체는 급성장하는 반면, 정작 먹는 쌀은 갈수록 퇴보하는 실정이다.

한편 1,639 표본가구를 대상으로 산출 조사하는 주요 농산물 연간 1인당 소비량을 살펴보면, 쌀은 1998년 99.2kg에서 2013년 67.2kg으로 크게 감소했다. 반면, 과일 1인당 소비량은 1998년 49.4kg에서 2012년 61.8kg으로 증가했다. 채소류는 1인당 170kg을 소비하는 것으로 나타났다.

국내 주요 농작물별 생산량 순위 ※2013년 국내 생산량 기준

순위	농작물명	생산량(톤)	분류
1위	쌀	423만11	미곡류(정곡)
2위	배추	212만393	엽채류
3위	양파	129만4009	조미채소
4위	무	100만1130	근채류
5위	감자	72만7438	서류
6위	감귤	68만2801	과실
7위	수박	67만2914	과채
8위	사과	49만3701	과실
9위	파	43만580	조미채소
10위	마늘	41만2250	조미채소
11위	토마토	38만8624	과채
12위	감	35만1990	과실
13위	고구마	32만9516	서류
14위	호박	32만3364	과채
15위	양배추	31만4022	엽채류
16위	고추	29만8885	조미채소
17위	배	28만2212	과실
18위	포도	26만280	과실
19위	오이	25만4576	과채
20위	딸기	21만6803	과채
21위	복숭아	19만3243	과실
22위	참외	17만6622	과채
23위	콩	15만4067	두류
24위	상추	9만6669	엽채류
25위	시금치	9만1116	엽채류
26위	옥수수	8만465	잡곡
27위	당근	7만9800	근채류
28위	자두	5만6101	과실
29위	쌀보리(조곡)	4만4097	맥류(조곡)
30위	들깨	3만3347	특용작물
31위	겉보리(조곡)	3만1235	맥류(조곡)
32위	밀(조곡)	2만7130	맥류(조곡)
33위	생강	2만4549	조미채소
34위	맥주보리(조곡)	1만5058	맥류(조곡)
35위	참깨	1만2392	특용작물
36위	땅콩	1만875	특용작물
37위	팥	7628	두류
38위	녹두	2345	두류
39위	메밀	1923	잡곡
40위	조/수수	0	잡곡

출처: 농림축산식품부

◆ 식품 유형별 카페인 함유량 ◆

카페인 폭탄 식품 찾기

카페인(caffeine)은 보통 커피, 카카오, 콜라 나무의 열매 및 녹차와 같은 차류에서 추출되는 물질이다. 중추신경계, 심장, 혈관 등을 자극하며, 약한 이뇨 작용도 일으킨다. 카페인을 섭취해서 좋은 점은 피로감을 줄이고 감각기능과 민첩성을 증가시켜 운동능력을 향상시킨다. 과도한 업무와 스트레스에 시달리는 현대인들이 카페인을 선호하는 이유가 여기에 있다. 카페인의 부작용으로는 불안, 신경과민, 두통, 불면증 등을 들 수 있다.

일반적으로 커피나 차를 통해 카페인을 가장 많이 섭취하므로 커피나 차에만 카페인이 들어있는 줄로 생각하기 쉬우나 천만의 말씀이다. 과자, 껌, 사탕, 두유, 아이스크림, 시리얼 등과 같은 식품은 물론 심지어 감기약이나 진통제에도 카페인 함유물질이 원료로 사용된다.

식품의약품안전처가 카페인이 함유된 원료를 사용해 제조한 유통식품 1,202개 제품의 카페인 함유량을 분석해보니 1위인 커피 다음으로 카페인 함유량이 많은 것은 뜻밖에도 가공유제품이다. 가공유제품은 초콜릿이나 코코아보다도 카페인 함유량이 높게 나타났다.

우리나라 1인당 카페인 1일섭취량은 평균 67.8mg인 바, 이는 성인 카페인 최대 1일섭취권고량 400mg의 약 17% 수준이다. 그러나 최대 1일섭취권고량이 2.5mg/kg인 청소년은 체중 60kg일 경우에도 하루 150mg이 최대 허용치이다. 카페인 함유량이 높은 커피음료와 에너지음료를 하루 각 1캔만 마셔도 이를 가볍게 초과한다. 과자, 껌, 캔디까지 섭취할 경우 평균을 훨씬 웃돌게 된다. 성인이라도 1회 제공량 당 평균 카페인 함량이 107.7mg에 달하는 커피를 하루 4잔 이상 마시면 카페인 최대 1일섭취권고량을 훌쩍 초과한다.

식품 유형별 카페인 함유량 순위

평균함량

1위 449.1 mg/kg
커피(인스턴트 커피, 커피음료 등)

2위 277.5
가공유류

3위 239.6
음료류(탄산, 두유 등)

4위 231.8
코코아가공품류/초콜릿류

5위 184.4
과자류(추잉껌, 캔디 포함)

6위 176.9
일반 가공식품(곡류, 당류 가공품 포함)

7위 168.6
차류(침출차, 액상차 포함)

8위 114.2 주류

9위 82.9 아이스크림류

10위 74.9 빵류

출처: 식품의약품안전처

◆ 주류별 1잔당 칼로리 ◆

술맛 떨어지는 계산?!

여기 술맛 떨어지는 계산이 있다. 바로 술의 칼로리 계산이다. 생맥주 500cc 두세 잔은 밥 1공기 분량의 칼로리를 훌쩍 넘기고도 남는다. 일반적으로 알코올 도수가 높은 술일수록 칼로리가 높고, 낮을수록 칼로리가 낮다. 그러나 도수가 낮은 술은 마시는 양이 늘어나 칼로리 조절에 불리할 수도 있다. 술잔을 기준으로 칼로리 순위를 매기면 알코올 도수가 낮은 생맥주가 단연 1위다. 쌀밥 1공기(200g 기준)가 300칼로리라면 1잔 당 약 2/3공기에 해당한다. 문제는 또 하나. 술은 에틸알코올이 주성분이라 칼로리가 높으면서도 별다른 영양소가 없다. 영양소를 보충하려면 안주를 열심히 먹기 마련이다. 결국 칼로리 계산이 무의미해지고 마는 셈이다.

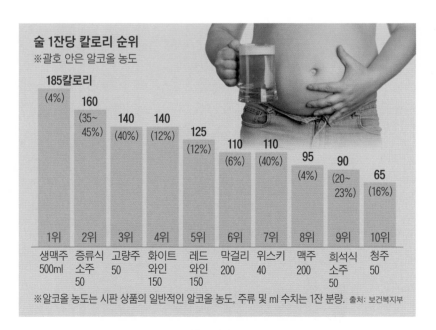

술 1잔당 칼로리 순위
※괄호 안은 알코올 농도

185칼로리 (4%)	160 (35~45%)	140 (40%)	140 (12%)	125 (12%)	110 (6%)	110 (40%)	95 (4%)	90 (20~23%)	65 (16%)
1위	2위	3위	4위	5위	6위	7위	8위	9위	10위
생맥주 500ml	증류식 소주 50	고량주 50	화이트 와인 150	레드 와인 150	막걸리 200	위스키 40	맥주 200	희석식 소주 50	청주 50

※알코올 농도는 시판 상품의 일반적인 알코올 농도, 주류 및 ml 수치는 1잔 분량. 출처: 보건복지부

6

엔터테인먼트

영화, 음악, 예능, 복권 etc

◆ 한국의 파워 셀러브리티 ◆

인기와 유명세에도 급(級)이 있다!

미국에 경제전문지 「포브스」가 선정한 '셀러브리티 100'이 있다면 우리나라에는 '파워 셀러브리티 40'이 있다. 선정방식도 '셀러브리티 100' 그대로다. 「포브스코리아」는 매년 연예계와 스포츠계에서 활약한 '코리안 셀러브리티'들을 뽑아 종합 순위를 매긴다. 영화배우, 탤런트, 가수, 예능MC, 스포츠 선수 등 유명인 150여 명 후보군을 다음카카오의 '인물 검색 순위'를 바탕으로 선정하고 이들의 소득, 영향력, 명성, 전문성을 평가한다. 평가 방식은 매출, 미디어 노출 빈도, 방송 활동, 전문성 등 4가지 기준에 따라 순위를 매긴다. 소득은 영화·방송·광고 출연료와 음반·음원 판매 수익, 연봉, 후원금 등 매출을 조사해 가늠한다. 미디어 노출 빈도, 온라인 검색 순위는 셀러브리티의 영향력을 평가하는 척도다. 광고모델 순위와 방송 프로그램 출연 횟수 등 미디어 활동을 통해서는 유명인의 명성을 알아볼 수 있다. 전문성은 프로그램 시청률, 관객 수 등으로 판단한다. 가수의 음반 판매량과 디지털 음원차트 순위, 스포츠 선수의 경기 성적, 각종 수상 실적도 전문성 평가에 포함된다.

　'2015 한국의 파워 셀러브리티'를 살펴보면 아이돌그룹 엑소가 1위로 선정됐다. 엑소는 매출, 미디어, 방송, 전문성에서 유일하게 모두 한 자리 수 순위를 기록했다. 2014년 72만4,777장의 음반 판매(가온차트 집계)와 광고, TV 출연으로 국내 매출만 160억 원을 올렸다. 배우 김수현은 전년에 비해 15단계를 뛰어넘어 2위에 올랐다. 김수현은 중국에서만 약 300억 원의 광고 수익을 올렸다. 국내 셀러브리티 '빅3'의 남은 한 자리는 피겨스타 김연아가 차지했다. 은퇴 후 대외 활동의 빈도는 줄었지만 매출, 미디어, 전문성에서 고르게 높은 순위를 얻었다.

코리안 파워 셀러브리티 40

종합순위	셀러브리티	매출 순위	미디어 순위	방송 순위	전문성 순위
1위	엑소	5	6	2	3
2위	김수현	1	5	13	11
3위	김연아	3	1	24	1
4위	전지현	2	15	11	12
5위	손연재	13	10	25	2
6위	이승기	15	16	4	22
7위	류현진	11	2	30	13
8위	손흥민	18	4	33	4
9위	소녀시대	19	8	26	14
10위	씨스타	16	27	5	29
11위	박지성	10	7	35	21
12위	이종석	26	17	18	25
13위	걸스데이	23	33	1	23
14위	아이유	8	23	34	15
15위	추신수	4	12	40	17
16위	정우성	21	20	6	35
17위	2NE1	17	35	27	7
18위	에이핑크	22	30	21	20
19위	현빈	25	22	9	32
20위	비스트	31	18	28	18
21위	유재석	33	25	10	27
22위	기성용	32	3	36	16
23위	빅뱅	6	39	16	30
24위	슈퍼주니어	14	34	31	19
25위	이서진	29	36	8	28
26위	김희애	30	13	15	37
27위	하정우	28	27	16	33
28위	이유리	38	29	12	9
29위	김우빈	7	32	20	36
30위	송혜교	12	11	29	40
31위	오승환	34	14	39	6
32위	조인성	27	21	23	34
33위	박신혜	36	19	14	31
34위	수지	9	31	22	39
35위	임시완	24	37	3	38
36위	박인비	35	26	38	5
37위	동방신기	20	37	32	24
38위	박형식	37	40	7	10
39위	이성민	40	24	18	26
40위	박태환	39	9	37	8

출처: 포브스코리아

◆ 출연료 가장 많이 받는 영화배우 ◆

국내 영화배우 중 출연료 '빅5'는 누구?

한국영화는 2006년 이후 매년 평균 약 167편 이상이 제작되고 146편이 영화관에서 관객에게 선보일 기회를 갖는다. 2014년에는 제작편수 248편 가운데 217편이 개봉되었다.

2014년 개봉한 국내영화 217편의 제작비 총액은 4,362억 원으로 추산되며, 1편당 평균 총제작비는 20.1억 원이다. 총제작비 10억 원 미만의 영화가 157편으로 전체 개봉작의 72.3%를 차지한다. 한편 상업적인 기획으로 제작·배급된 총제작비 10억 원 이상 또는 전국 개봉 스크린 수가 100개 이상인 영화의 평균 제작비는 58.9억 원이다. 할리우드 영화의 평균 제작비 500억~800억 원에 비하면 한참 낮은 수준이지만, 국내에서는 총비용 기준으로 80억 원 이상, 순제작비 기준으로 60억 원 이상인 영화를 '블록버스터 영화'로 구분한다.

영화의 순제작비 가운데 중요한 부분 중 하나가 배우들의 출연료다. 「동아일보」가 영화업계를 조사한 바에 따르면, 원톱 주연이 가능한 배우의 출연료는 7억 원이 넘는다. 일부 톱스타들의 출연료 지급은 인센티브 방식으로 변하고 있다. 단순히 출연료만 지급받고 끝나는 것이 아니라 영화의 흥행성적에 따라 손익분기점을 넘으면 수익의 일정 지분, 이른바 런닝 개런티를 추가로 지급받는 방식이다.

2015년 8월 기준으로 한국영화배우협회에 등록된 배우는 남자 370명, 여자 164명으로 모두 534명이다. 이 중에는 7억 원이 넘는 몸값의 배우도 있고, 단돈 백만 원도 받지 못하는 배우도 있다. 물론 이들은 같은 영화에 출연하기도 한다. 영화계의 현실은 생각보다 훨씬 차갑고 냉정하다.

국내 영화배우 출연료 현황

7억원 이상 편당 출연료

 송강호
 장동건
 이병헌
 김윤석
 하정우

4~6억원

 류승룡
 황정민
 정재영
 최민식

 원빈
 차태현
 한석규
 김수현

 현빈
 손예진
 하지원

3~4억원

 전도연
 전지현
 한효주

2~3억원

 엄태웅
 이민호
 유아인
 이종석

 김우빈
 송중기

※2014년 4월 업계 추정 출연료 기준

출처: 동아일보

◆ 국내에서 역대 가장 많은 관객이 든 영화 ◆

이천만 돌파도 머지않았다!

국내 상영 영화에 관한 모든 공식 집계 기록은 영화진흥위원회가 '통합전산망'을 운영해 관리한다. 공식 통계인 역대 박스오피스도 영화진흥위원회가 2010년 이전 영화는『한국영화연감』의 영화별 흥행 기록을 참고하고, 2011년부터는 매월·매년 등 일정 주기로 통합전산망을 마감해 통계 정보를 산출한다.

영화진흥위원회가 제공하는 역대 박스오피스 순위를 살펴보면 2003년 개봉한 〈실미도〉가 처음으로 천만 관객을 돌파한 뒤, 천만 관객이 '역대 흥행 톱 10'에 오르기 위한 하나의 기준이 돼버렸다. 2015년 7월 기준 역대 관객 동원 1위 영화는 2014년 7월 개봉한 〈명량〉이다. 관객 수 1,761만1,849명, 1,357억 원의 흥행 수입(매출액)을 올렸다. 2위는 〈국제시장〉이 차지했다. 2014년 12월 개봉해 1,425만7,163명의 관객이 관람했다. 매출액은 1,109억원. 3위는 2009년 12월 개봉한 〈아바타〉로, 해외영화만 놓고 본다면 1위다 (관객 수 1,362만4,328명, 매출액 1,284억 원). 한편, 한국 영화사상 최초로 500만 관객 돌파라는 대기록을 수립한 〈쉬리〉(1999년 개봉)는 48위로 밀려나 격세지감을 느끼게 한다.

천만 관객 영화가 출현하게 된 배경에는 '멀티플렉스'의 등장이 있다. 1개의 영화관에 5~15개의 스크린을 설비한 상영관을 갖춘 멀티플렉스는 스크린 독점을 가능하게 해 흥행몰이에 적합하다.

2014년 기준 한국인의 영화 관람 횟수는 연 4.19회로 세계 최고 수준이다. 다만, 멀티플렉스 시스템 탓에 영화 관람이 흥행영화 위주로 몰리는 경향이 있다. 꼭 보고 싶은 영화가 있어도 흥행영화가 아니면 상영 영화관을 찾기가 쉽지 않은 게 현실이다.

역대 국내 상영 영화 흥행 순위

순위	영화	개봉일	매출액	관객 수
1위	명량	2014.7.30	1357억원	1761만1849명
2위	국제시장	2014.12.17	1109억	1425만7163
3위	아바타	2009.12.17	1284억	1362만4328
4위	괴물	2006.7.27	990억(*)	1301만9740
5위	도둑들	2012.7.25	937억	1298만3330
6위	7번방의 선물	2013.1.23	914억	1281만1206
7위	광해, 왕이 된 남자	2012.9.13	889억	1231만9542
8위	왕의 남자	2005.12.29	660억(*)	1230만2831
9위	태극기 휘날리며	2004.2.05	790억(*)	1174만6135
10위	해운대	2009.7.22	819억	1145만3338
11위	변호인	2013.12.18	829억	1137만5944
12위	실미도	2003.12.24	775억(*)	1108만1000
13위	어벤져스: 에이지 오브 울트론	2015.4.23	886억	1049만4499
14위	겨울왕국	2014.1.16	825억	1029만6101
15위	인터스텔라	2014.11.06	823억	1027만5509
16위	설국열차	2013.8.01	670억	934만9991
17위	관상	2013.9.11	660억	913만4586
18위	아이언맨 3	2013.4.25	708억	900만1309
19위	해적: 바다로 간 산적	2014.8.06	664억	866만5652
20위	수상한 그녀	2014.1.22	627억	865만6417

(*) 업계 추정액
※2015년 7월 기준
출처: 영화진흥위원회

한국 영화사에서 가장 위대한 작품

한국영상자료원은 2014년 1월 학계와 평론가, 현업 종사자 등 영화관계자 62명을 심사위원단으로 구성해 한국영화 100선을 발표했다. 심사는 1934년에 첫 상영된 현존하는 가장 오래된 한국영화 〈청춘의 십자로〉부터 2012년 12월 31일까지 극장에서 개봉한 한국 장편영화(극영화, 다큐멘터리, 애니메이션 포함)를 대상으로 설문투표로 진행됐다. 그 결과 총 101편의 작품이 한국영화 100선으로 선정되었다.

한국영화 100선은 한국의 영화사 100년을 대표하는 작품들이다. 장르·예술적 완성도가 높고 실험성이 강해 주제와 소재 등에서 사회에 미친 영향이 크다. 또 당시의 대중 의식을 반영하며 한국사회의 독특한 맥락이 제작 배경이 되어 연구 가치가 높다. 두말할 것 없이 영화계와 대중 모두로부터 주목받은 작품들이다.

가장 많은 작품을 한국영화 100선에 포함시킨 영화감독은 임권택이다. 〈짝코〉(1980) 〈만다라〉(1981) 〈서편제〉(1993) 등 모두 7편이 한국영화 100선에 선정되었다. 그 다음은 이만희 감독으로 〈돌아오지 않는 해병〉(1963) 〈마의 계단〉(1964) 〈삼포가는 길〉(1975) 등 모두 6편이 100선에 이름을 올렸다. 또 한국영화 100선 가운데 가장 많은 작품에 등장한 배우는 김진규다. 〈피아골〉(1955) 〈돈〉(1958)에서 〈삼포가는 길〉(1975)까지 모두 13편에 출연했다. 그 다음은 〈하녀〉(1960) 〈바람불어 좋은날〉(1980) 〈만다라〉(1981) 〈꼬방동네 사람들〉(1982) 〈고래사냥〉(1984) 〈인정사정 볼 것 없다〉(1999) 등 모두 12편의 작품에 출연한 '국민배우' 안성기다.

전문가가 뽑은 한국 장편영화 100선

시기	제작년도	작품	감독
일제 강점기	1934	청춘의 십자로	안종화
	1936	미몽	양주남
	1941	집없는 천사	최인규
	1941	반도의 봄	이병일
해방 이후 ~ 1950년대	1946	자유만세	최인규
	1949	마음의 고향	윤용규
	1954	운명의 손	한형모
	1955	피아골	이강천
	1956	자유부인	한형모
	1956	시집가는날	이병일
	1958	돈	김소동
	1958	지옥화	신상옥
1960년대	1960	로맨스 빠빠	신상옥
	1960	박서방	강대진
	1960	하녀	김기영
	1961	성춘향	신상옥
	1961	마부	강대진
	1961	오발탄	유현목
	1961	삼등과장	이봉래
	1961	사랑방 손님과 어머니	신상옥
	1961	서울의 지붕밑	이형표
	1963	고려장	김기영
	1963	돌아오지 않는 해병	이만희
	1963	김약국의 딸들	유현목
	1963	혈맥	김수용
	1964	맨발의 청춘	김기덕
	1964	마의 계단	이만희
	1964	검은머리	이만희
	1965	갯마을	김수용
	1965	비무장지대	박상호
	1966	초우	정진우
	1967	산불	김수용
	1967	귀로	이만희
	1967	안개	김수용
	1968	미워도 다시한번	정소영
	1968	장군의 수염	이성구
	1968	휴일	이만희
1970년대	1971	화녀	김기영
	1972	화분	하길종
	1974	별들의 고향	이장호
	1975	영자의 전성시대	김호선
	1975	삼포가는 길	이만희
	1975	바보들의 행진	하길종
	1977	겨울여자	김호선
	1977	이어도	김기영
	1979	장마	유현목
1980년대	1980	최후의 증인	이두용
	1980	바람불어 좋은날	이장호
	1980	피막	이두용
	1980	짝코	임권택
	1981	만다라	임권택
1980년대	1981	난장이가 쏘아올린 작은공	이원세
	1981	꼬방동네 사람들	배창호
	1983	여인잔혹사 물레야 물레야	이두용
	1983	바보선언	이장호
	1984	고래사냥	배창호
	1985	깊고 푸른 밤	배창호
	1985	길소뜸	임권택
	1986	티켓	임권택
	1986	씨받이	임권택
	1987	나그네는 길에서도 쉬지않는다	이장호
	1988	칠수와 만수	박광수
	1988	개그맨	이명세
	1989	달마가 동쪽으로 간 까닭은?	배용균
1990년대	1990	우묵배미의 사랑	장선우
	1990	파업전야	장산곶매
	1990	남부군	정지영
	1990	그들도 우리처럼	박광수
	1990	나의 사랑 나의 신부	이명세
	1991	경마장 가는길	장선우
	1992	결혼이야기	김의석
	1992	하얀전쟁	정지영
	1992	우리들의 일그러진 영웅	박종원
	1993	서편제	임권택
	1995	낮은 목소리- 아시아에서 여성으로 산다는 것	변영주
	1995	아름다운 청년 전태일	박광수
	1996	꽃잎	장선우
	1996	돼지가 우물에 빠진날	홍상수
	1997	넘버 3	송능한
	1998	8월의 크리스마스	허진호
	1998	강원도의 힘	홍상수
	1999	쉬리	강제규
	1999	인정사정 볼 것 없다	이명세
	1999	박하사탕	이창동
2000년대 이후	2000	춘향뎐	임권택
	2000	죽거나 혹은 나쁘거나	류승완
	2000	공동경비구역 JSA	박찬욱
	2001	소름	윤종찬
	2002	복수는 나의 것	박찬욱
	2003	지구를 지켜라!	장준환
	2003	살인의 추억	봉준호
	2003	바람난 가족	임상수
	2003	올드보이	박찬욱
	2003	송환	김동원
	2004	빈집	김기덕
	2006	가족의 탄생	김태용
	2006	괴물	봉준호
	2007	밀양	이창동
	2009	마더	봉준호
	2010	시	이창동
	2012	피에타	김기덕

◆ 역대 최고 시청률을 기록한 드라마 ◆

그 시간이면 시내도 텅 비게 만드는 힘!

'시청률'이란 얼마나 많은 사람들이 TV 프로그램을 시청했는지 수치로 나타낸 것이다. 개인보다 가구 단위로 조사하므로 일반적으로 시청률이라고 하면 가구 시청률을 가리킨다. 유사한 개념으로 '시청점유율'이란 것도 있다. TV 보유 가구 수가 아니라 TV를 시청한 가구 수 중에 특정 프로그램(채널)을 시청한 가구 수를 말하는 것으로, 해당 프로그램의 인기도 측정에는 시청점유율이 더 적절하다는 주장도 있다. 우리나라에는 2개의 시청률 조사기관이 있다. 둘 다 외국계 회사로 AGB닐슨미디어리서치와 TNMS이다. 시청률 조사방법은 완전히 기계화되어 있다. 일정기준에 따라 선정된 가구의 TV 수상기에 시청률 조사기기인 피플미터기를 설치해 자동으로 시청 데이터를 전송·통계 처리한다.

TV방송업계와 광고업계는 모두 시청률에 목을 맨다. 시청률 조사 결과가 방송 프로그램을 기획·편성·제작 하는데 중요한 자료가 될 뿐 아니라 TV 광고 가격을 결정하는 기준이 되기 때문이다. 시청률과 광고효과가 비례한다고 생각하기 쉽지만 실제 순수 시청률과 광고효과 및 소비효과가 반드시 일치하지 않는 점은 전 세계 관련 업계가 고심하는 부분이다.

요즘은 스마트폰, 태블릿PC, 인터넷 등으로도 TV를 보는 세상이다. TV수상기만 조사 대상이 되는 시청률 조사방법을 개선하기 위해 방송통신위원회도 발 벗고 나섰다. TV수상기에 스마트기기와 모바일 시청률을 포함시켜 합산하는 '통합시청률' 조사방식을 추진 중이다.

TV 프로그램의 꽃인 드라마의 최근 성공 기준은 시청률 10% 정도다. 20% 이상은 대박, 30%가 넘어가면 초대박이다. 채널이 다변화된 2010년대 이후에는 30%를 넘기기가 여간 어려운 일이 아니다.

역대 드라마 시청률 순위

순위	드라마	방송년도	방송채널	시청률
1위	사랑이 뭐길래	1992	MBC	59.6%
2위	아들과 딸	1993	MBC	49.1
3위	허준	1999	MBC	48.9
4위	첫사랑	1996	KBS2	47.2
5위	모래시계	1995	SBS	46.7
6위	대장금	2003	MBC	46.3
7위	보고 또 보고	1998	MBC	44.7
8위	여명의 눈동자	1992	MBC	44.3
9위	진실	2000	MBC	42.7
10위	그대 그리고 나	1997	MBC	42.4
11위	파리의 연인	2004	SBS	41.4
12위	주몽	2006	MBC	40.4
13위	별은 내 가슴에	1997	MBC	40.2
14위	질투	1992	MBC	40.1
15위	태조 왕건	2000	KBS1	39.7
16위	정 때문에	1997	KBS1	38.8
17위	미니시리즈 'M'	1994	MBC	38.6
18위	토마토	1999	SBS	38.6
19위	딸 부잣집	1994	KBS2	38.4
20위	엄마의 바다	1993	MBC	37.9

출처: AGB닐슨미디어리서치

◆ 한국인이 가장 좋아하는 배우 ◆

인기배우와 국민배우는 다르다?!

배우(俳優)란 스토리 또는 작품에 등장하는 인물을 연기하는 사람이다. 작품의 장르에 따라 영화배우에서 연극배우, 뮤지컬배우, 방송 드라마 연기자(탤런트) 등으로 나뉜다. 탤런트(talent)는 일본식 영어가 한국에 전해진 것으로 '연예인'이라는 의미에 가깝다.

한국갤럽이 국내 만 13세 이상 남녀 1,700명에게 가장 좋아하는 영화배우와 탤런트를 물었다. 한국인이 좋아하는 영화배우 1위는 7.5%의 응답률을 얻은 최민식이 차지했다. 그는 국내 영화사상 최다 관객(1,761만 명)을 동원한 〈명량〉에서 이순신 장군 역을 열연해 최고 배우의 입지를 굳혔다. 2위에 오른 송강호는 〈괴물〉〈변호인〉〈설국열차〉〈관상〉〈사도〉 등 초특급 흥행대작에서 주연한 배우로 자타가 공인하는 국내 영화계의 간판스타다. 만 5세인 1957년 데뷔 이래 60년 가까이 활동 중인 안성기는 3위에 올랐다. 그는 128편의 출연작과 50여 회의 각종 수상 실적을 보유한 명실상부한 '국민배우'다. 최고 흥행배우인 최민식도 '국민배우'의 반열에 올라섰다. 상위 10위권 배우 가운데 여배우는 전지현(응답률 3.6%)이 유일하다. 한편, 〈광해〉로 천만 관객 배우에 등극한 이병헌(12위)과 한석규(16위), 강동원(17위)이 10위권 안에 들지 못한 것은 다소 뜻밖이다.

한국인이 가장 좋아하는 탤런트(TV드라마배우) 1위는 〈별에서 온 그대〉의 김수현이 차지했다. 2위에는 원로 탤런트 최불암이 이름을 올렸다. 3위는 조인성에게 돌아갔다. 조인성은 영화배우로 11위에 랭크되기도 했다. 현빈(11위)과 이영애(14위)가 10위권 안에 들지 못해 주목을 끈다. 현빈은 최근 출연 드라마 〈하이드 지킬, 나〉의 시청률이 기대에 미치지 못했다. 이영애는 〈대장금〉 이후 드라마 출연이 없다.

한국인이 가장 좋아하는 배우 순위

영화배우

순위		응답률
1위	최민식	7.5%
2위	송강호	6.9
3위	안성기	6.5
4위	하정우	3.7
5위	전지현	3.6
6위	류승룡	3.3
7위	장동건	3.2
8위	설경구	3.1
9위	원빈	2.7
9위	정우성	2.7

김수현

최민식

송강호

최불암

TV 드라마 배우

순위		응답률
1위	김수현	4.1%
2위	최불암	4.2
3위	조인성	3.3
4위	김태희	3.1
5위	고두심	2.6
6위	이순재	2.5
7위	김혜자	2.4
7위	김희애	2.4
9위	이유리	2.2
10위	유동근	2.1

출처: 한국갤럽

안성기

조인성

◆ 한국인이 가장 좋아하는 가수와 애창곡 ◆

한국인에게는 역시 조용필과 트로트

1920년대 중반을 우리나라 대중가요의 출발점으로 본다면 대략 90여년의 역사를 갖는다. 1926년 최초의 가요인 〈사의 찬미〉를 음반으로 발표한 윤심덕은 국내 최초의 소프라노이자 대중가수였다. 1930년대 들어 꽃을 피우기 시작한 국내 가요계는 고복수, 김정구, 김해송, 이난영, 남인수, 강흥식 등 인기 대중가수들을 탄생시켰다. 이후 해방과 6·25전쟁, 1960년대 경제성장기, 1970·80년대 군사정권 시대를 거치며 트로트와 통기타, 그룹사운드 붐을 통해 수많은 가수와 대중가요가 국민의 정서를 보듬었다. 1992년 데뷔한 서태지와 아이들은 문화 아이콘 시대를 열었고 H.O.T.(1996년), 신화(1998년), GOD(1999년)의 등장은 연예 매니지먼트를 통한 대중가수 배출시스템을 확립했다.

이처럼 백년 가까운 역사를 지닌 가요계 전체를 통틀어 한국인이 가장 좋아하는 가수는 누구일까? 한국갤럽의 조사에 따르면, 조용필(응답률 7.2%)이 1위를 차지했다. 1969년 데뷔한 조용필은 1979년 1집 타이틀곡 〈창밖의 여자〉가 국내 최초로 밀리언셀러가 되었고 그밖에도 수많은 히트곡을 남기며 '가왕(歌王)' 자리를 지켜왔다. 그는 1994년 국내 최초로 음반 판매량 1,000만 장을 돌파하기도 했다. 2위에 오른 이선희에 이어 3위는 트로트 가수 장윤정이 차지했다. 좋아하는 가수 10위권에 트로트 가수가 무려 4명이나 포진해 있다.

한국인이 가장 즐겨 부르는 노래 1위는 2012년 오승근이 발표한 〈내 나이가 어때서〉가 차지했다. 2위는 2005년 박상철이 발표한 〈무조건〉, 3위는 1989년 노사연이 발표한 〈만남〉으로 이어진다. 국민 애창곡 선호도에서도 트로트가 강세임을 알 수 있다.

한국인이 가장 좋아하는 가수와 애창곡 순위

가수 (데뷔년도)	**애창곡** (발표년도, 가수)

1위
조용필(1969)
7.2% (응답률)

1위
내 나이가 어때서(2012, 오승근)
2.0% (응답률)

2위
이선희(1984)
4.4

2위
무조건(2005, 박상철)
1.4

3위
장윤정(1999)
3.9

2위
만남(1989, 노사연)
1.4

4위
아이유(2008)
3.6

4위
어머나(2004, 장윤정)
1.1

5위
태진아(1973)
3.3

5위
동백아가씨(1964, 이미자)
1.0

6위
EXO(2011)
2.9

5위
남행열차(1986, 김수희)
1.0

7위
이미자(1959)
2.8

7위
인연(2005, 이선희)
0.8

7위
이승철(1986)
2.8

7위
시계바늘(2008, 신유)
0.8

9위
나훈아(1966)
2.5

9위
으르렁(2013, EXO)
0.7

10위
소녀시대(2007)
2.1

9위
보고 싶다(2002, 김범수)
0.7

출처: 한국갤럽

만화시장에도 황금알 낳는 거위가 있다!

과거에는 만화(cartoon)를 책이나 잡지로만 즐겼지만, 지금은 인터넷으로 보는 만화가 대세다. '웹툰(webtoon)'이 그 주인공이다. 1990년대 후반 인터넷의 활성화와 함께 시작된 웹툰시장이 쑥쑥 성장하면서 정체되어 있던 국내 만화산업을 견인하고 있다. 웹툰은 휴대폰, 태블릿PC 등 스마트 미디어 환경에 적합한 서비스 플랫폼을 확보하면서 물을 만나고 날개를 달았다.

한국콘텐츠진흥원에 따르면, 웹툰은 한 해 모두 28개 플랫폼에서 4,661작품이 연재된다(2014년 기준). 이 숫자는 작가가 원고료를 지급받는 작품들이다. 원고료를 지급받지 않고 무료로 업로드 하는 아마추어 작품만도 최소 12~13만 건 이상이다. 수익을 기준으로 산정한 웹툰시장의 규모는 약 1,719억 원으로 추산된다. 세부적으로는 제작시장인 웹툰 작가 수익 815억 원, 보조작가 수익 268억 원을 비롯해 플랫폼의 각종 광고 및 유료 콘텐츠 이용수익 589억 원, 그리고 에이전시의 저작권관리 수수료 47억 원 등이다. 만화시장 전체 매출액 규모가 8,439억 원 정도이므로 웹툰의 비중은 20.4% 정도인 셈이다. 웹툰 이용자들이 주로 이용하는 플랫폼은 네이버, 다음카카오, 네이트 순이다. 선호하는 웹툰 이용 장르를 보면 개그·코믹 장르가 22.1%로 응답률이 가장 높아 1위에 올랐다.

최고 웹툰은 윤태호 작가의 〈미생〉이다. 다음카카오의 유료 웹툰 〈미생〉은 2012년 1월에서 2013년 8월까지 모두 146화를 연재해 누적 조회 수 약 11억 뷰를 기록했고, 단행본(1~9권)은 2014년 말까지 230만 부를 누적 판매했다. 〈미생〉은 케이블 채널 tvN에서 20회 드라마로 제작, 2014년 10월부터 방영되기도 했다.

한국인이 가장 좋아하는 웹툰 장르 순위

순위	장르	비율
1위	개그·코믹	22.1%
2위	스토리	13.7
3위	에피소드	12.6
4위	일상	10.2
5위	스릴러·공포	10.0
6위	판타지	7.8
7위	순정	7.2
8위	드라마	7.2
9위	액션·무협	5.9
10위	감성	1.1
11위	옴니버스	1.1
12위	스포츠	0.7
13위	시대극	0.7

※웹툰을 포함한 만화 장르는 정의가 모호하며 일관성도 없으나 일반적으로 할리우드 영화산업의 장르 구분을 답습하는 것이 업계의 관행임.

출처: 한국콘텐츠진흥원(KOCCA)

◆ 한류로 인한 경제 효과 가장 높은 나라 ◆

연간 12조 원 이상을 창출하는 진원지는?

한국문화산업교류재단은 해마다 한류의 경제적 효과의 지표가 되는 한류지수를 발표한다. 한류지수는 총 29개국의 한류 소비자 7,216명(15~60세 남성 3,594명, 여성 3,622명)을 대상으로 측정해 그 결과를 한류심리지수(변화지수)와 한류현황지수(상태지수)로 구성한 것이다.

한류심리지수는 한류에 대한 선호도 및 성장도라고 할 수 있는데, 100을 기준으로 100보다 높을수록 한류에 긍정적이고 낮을수록 부정적이다. 총 29개 국가의 한류심리지수(KWCSI)를 비교하면, 미얀마가 162.42로 가장 높다. 특이하게도 한류의 원조 격인 일본이 71.54로 가장 낮다. 가장 먼저 한류에 불이 붙은 만큼 소비 열풍이 가장 먼저 수축 단계에 들어선 것으로 보인다.

한류현황지수는 TV드라마, 방송프로그램, 영화, 음악, 애니메이션과 만화 캐릭터, 게임, 패션 및 뷰티, 음식, 도서 등 한류 8개 상품에 대한 인기도를 5점 척도로 측정한 수치다. 한류현황지수의 전체 평균은 3.01이고, 국가별로는 미얀마(3.98), 베트남(3.87), 싱가포르(3.87), 필리핀(3.81)의 순서로 높다. 한류현황지수가 낮은 국가는 인도(1.86), 이란(2.27), 폴란드(2.31), 러시아(2.41) 등이다. 한류현황지수를 이용해 각국을 대중화단계(3.5이상), 확산단계(2.5~3.49), 소수관심단계(2.49이하)로 분류할 수 있다. 여기서도 지금까지 한류의 중심지였던 일본이 한류 쇠퇴·소수관심단계로 분류된다. 일본은 한류 수출액의 절대적인 위치를 점하고 있지만, 한류가 일본 곳곳에서 혐한기류에 부딪히고 있는 것으로 분석된다.

한국문화산업교류재단은 2014년 한류의 경제적 파급효과를 12조 5,598억 원으로 발표했다. 수출 효과 6조4,873억 원, 부가가치 창출 효과 4조6,897억 원 등이다. 아울러 취업 유발 효과도 10만2,326명이라 한다.

글로벌 한류지수 순위

순위	국가	한류심리지수	한류현황지수	국가 분류(※)
1위	미얀마	162.42	3.98	1
2위	우즈베키스탄	151.52	3.76	1
3위	아르헨티나	142.24	2.70	3
4위	말레이시아	140.90	3.51	1
5위	베트남	138.86	3.87	1
6위	인도네시아	136.40	3.47	1
7위	미국	130.77	3.09	3
8위	멕시코	129.83	2.46	3
9위	카자흐스탄	128.64	3.11	3
10위	중국	126.48	3.58	2
11위	남아프리카공화국	125.25	2.84	3
12위	태국	124.33	3.52	2
13위	필리핀	123.71	3.81	2
14위	호주	121.56	2.82	3
15위	영국	121.25	2.78	3
16위	싱가포르	120.70	3.87	2
17위	우크라이나	120.16	3.14	3
18위	독일	119.04	2.61	4
19위	러시아	113.79	2.41	4
20위	프랑스	112.33	2.64	4
29위	일본	71.54	2.62	5

※국가 분류
1 한류 고성장·대중화 단계
2 한류 중간성장·대중화 단계
3 한류 중간성장·확산 단계
4 한류 중간성장·소수관심 단계
5 한류 쇠퇴·소수관심 단계

출처: 한국문화산업교류재단

◆ 아이돌 그룹 팬카페 회원 수 ◆

아이돌 팬덤 누가누가 더 높나?

국립국어원이 정의한 팬카페란, "좋아하는 특정 연예인이나 운동선수를 후원하기 위해 팬들이 인 터넷상에 만들어서 운영하는 모임"이다. 팬(fan) 도 영어이고 카페(cafe)는 원래 프랑스어라 해도 영어나 다름없다. 그런데 팬카페하면 오로지 한국에서만 통하는 말이 된다.

팬카페는 팬덤(fandom)의 표현방법 중 하나다. 최근에는 연예인이나 스 포츠선수에 국한되지 않고 이른바 셀러브리티라 불리는 유명인, 인기인 등 으로 대상이 확산되고 있다. 화제의 중심인물이 되면 팬카페가 만들어지곤 한다. 이른바 '땅콩회항' 사건의 피해자인 모 항공사 사무장의 팬카페가 생기 기도 했다.

팬카페의 정수는 무엇보다 아이돌 그룹이다. 소속사에서 팬카페를 관리 하기도 하므로 스타와 관련된 행사나 공지사항을 가장 먼저 확인할 수 있 다. 팬카페 회원 수는 아이돌 팬덤의 규모를 가늠할 수 있는 귀중한 지표다. 2015년 8월 기준으로 가장 많은 팬카페 회원 수를 보유한 걸그룹은 소녀시 대다. 그 뒤를 에이핑크와 걸스데이가 따른다. 1만 명 이상의 회원 수를 보 유한 걸그룹은 모두 25개 팀이다. 그룹이 아니라도 보아는 24만6,384명, 아 이유는 17만7,898명이 가입한 팬카페를 가지고 있다. 보이그룹 가운데 가장 많은 팬카페 회원 수를 보유하고 있는 팀은 동방신기다. 이어 빅뱅과 비스트 가 보이그룹 팬카페 '빅3'를 이룬다. 5만 명 이상 회원 수를 보유한 보이그룹 은 모두 17개 팀이다. 일반적으로 보이그룹이 걸그룹보다 팬카페 회원 수가 많다. "팬심(fan心)은 자발적이다"라는 말이 있다. 그런 자발성이야말로 팬덤 을 형성하는 원동력이다.

FAN CAFE

아이돌 그룹 팬카페 회원 수 순위

보이그룹

걸그룹

| 1위 | 동방신기 | 54만9997명 |

| 1위 | 소녀시대 | 22만3447명 |

| 2위 | 빅뱅 | 26만3276 |

| 2위 | 에이핑크 | 13만6629 |

| 3위 | 비스트 | 25만4094 |

| 3위 | 걸스데이 | 7만4939 |

| 4위 | 인피니트 | 20만770 |

| 4위 | 원더걸스 | 7만4228 |

5위	B1A4	15만5230
6위	방탄소년단(BTS)	14만2210
7위	블락비(Block B)	14만2178
8위	수퍼주니어	13만4145
9위	EXO	13만2667
10위	2PM	12만6336

5위	2NE1	6만5388
6위	f(x)	5만7913
7위	카라	4만2760
8위	AOA	3만5921
9위	브라운아이드걸스	3만4564
10위	포미닛	3만4171

※2015년 8월 19일 기준

출처: In Nature

◆ 연습생 기간을 가장 오래 거친 아이돌 스타 ◆

원석이 다듬어져
보석이 되기까지

국내 엔터테인먼트업계에 매니지먼트 기능이 도입된 것은 1990년대 후반부터다. 특히 SM엔터테인먼트는 1998년 그룹 신화를 데뷔시키면서 마케팅 리서치, 캐스팅, 트레이닝, 프로듀싱에 의한 음반제작 등 신인 가수를 발굴하고 육성하는 시스템을 국내에 정착시키는데 성공했다. 국내 엔터테인먼트 매니지먼트 사업은 2000년대부터 연예인의 '발견'에서 '양성과 교육'으로 판도가 바뀌었다. '연습생'이라는 개념도 이때 생긴 것이다.

　문화체육관광부에 따르면 연습생 기간은 평균 25.6개월이다. 짧으면 평균 6개월, 길게는 7~8년 정도의 연습생 시절을 거쳐야 무대에 오를 수 있다. 아이돌 연습생들은 노래와 춤뿐 아니라 외국어, 인성 등 다양한 영역의 트레이닝을 받는다. 외국 출신 연습생에게는 한국어 교육도 필요하다. 연습생에 따라 연기, 작곡 트레이닝을 병행하는 경우도 있다. 연습생이 대부분 사춘기 청소년이므로 최근에는 인성교육을 포함해 정신적인 부분까지 신경을 쓴다. 연습생 기간의 트레이닝 비용은 '억' 단위에 이른다. 5인조 그룹 기준으로 연습생 기간이 2년일 경우, 최대 10억 원, 평균 4~5억 원이 트레이닝 비용으로 들어간다. 외모를 가꾸는데 필요한 추가 비용은 별도다. 연습생 기간 중 들어가는 모든 운영 비용은 소속사에서 부담하는 것이 기본이다. 춤과 보컬 연습실은 물론 어학강의실, 개인 집중 연습실, 체력 단련장 등 시설비를 포함해 중견급 이상의 연예기획사들이 투자하는 비용은 매출의 30% 이상이라고 업계 관계자는 말한다.

아이돌 스타 연습생 기간 순위

※소속사와 계약에서 데뷔까지 기간

기간	이름	순위
11년	지드래곤	1위
9년	희천(헤일로)	2위
7.5년	제시카, 조권, 민	3위
7년	수호, 록현(백퍼센트), 동현(보이프렌드), 효연	4위
6.5년	수영	5위
6년	김준수, 은혁, 이특, 태양, 유리, 서현, 요섭	6위
5.5년	윤아	7위
5년	성민, 동해, 예성, 기광, 써니, 공민지, 카이	8위
4년	강인, 박봄, 준수(2PM), 세훈, 레이, 시우민, 찬열, 설리, 용준형(비스트)	9위
3.5년	루나, 크리스탈	10위
3년	정윤호, 희철, 기범, 종현, 키, 태민, 티파니, 태연, 현승, 동운, 씨엘, 루한, 민호	11위
2.5년	심창민, 소희, 닉쿤, 택연, 준호, 찬성, 온유, 빅토리아	12위
2년	김재중, 시원, 두준, 슬옹, 유빈, 산다라박, 도경수	13위
1.5년	박유천, 선미, 엠버	14위
1년	신동, 대성, 탑, 우영, 타오, 니콜	15위
10개월	승리, 수지, 규리	16위
8개월	진운	17위
4개월	려욱	18위
3개월	구하라, 창민(2AM), 상혁, 규현	19위
2주	지영	20위
0일	예은(공개 오디션 합격 후 바로 투입)	21위

출처: 인스티즈

◆ 로또 1등 당첨에 가장 많이 등장한 숫자 ◆

로또 1등을 부르는 숫자는?

우리나라 복권의 시작은 1947년 런던올림픽 참가 경비를 마련하기 위해 대한올림픽위원회가 올림픽 후원권을 발행한 것에서 비롯한다. 당시 1등 당첨금은 1백만 원이었다. 한국주택은행이 1969년 9월부터 발행한 '주택복권'은 복권의 대중화 시대를 열었다. 액면금액 100원, 1등 당첨금액은 300만 원으로 커졌다. 이후 엑스포복권, 체육복권, 기술복권, 관광복권 등이 발행되면서 복권시장이 활성화됐다.

현재 복권의 종류로는 로또 6/45로 대표되는 온라인복권과 연금복권 520, 스피또 등의 인쇄복권, 그리고 메가빙고, 파워볼, 트레저 헌터 등의 전자복권이 있다. 2014년 기준 전체 사행산업 매출액 19조8,933억 원 가운데 복권 매출액은 3조2,827억 원으로 16.5%를 차지한다. 복권 종류별로는 온라인복권 3조489억 원, 인쇄복권 2,096억 원, 전자복권 242억 원 순이며 온라인복권이 복권 총 매출액의 92.9%로 대부분을 차지한다. 사행산업을 통해 조성되는 전체 기금 3조2,817억 원 가운데 복권기금은 1조5,499억 원 (47.2%)에 달해 기여도가 가장 높다.

복권의 매출 및 지출 구조를 살펴보면, 복권을 판매한 총 매출액에서 당첨자에게 지급하는 당첨금(50~51%)과 복권 판매사업을 영위하는데 소요되는 사업운영비(약 9%)를 제외한 금액이 수익금(40~41%)이 된다. 수익금은 법정배분금사업(35%)과 공익사업(65%)으로 나눠 쓰인다.

하지만, 이런 얘기는 따분하다. 여기 귀에 솔깃할만한 정보가 있다. 로또 1등을 부르는 숫자가 존재한다는데 과연 어떤 것들일까? 1등에 가장 많이 등장한 숫자를 통계를 내 살펴보면 오른쪽 인포그래픽과 같다.

나눔 Lotto 6/45

로또 1등에 가장 많이 등장한 숫자

※1회차(2002.12.07)부터 658회차(2015.7.11)까지 출현횟수와
보너스번호 포함해서 순위 산정.

출처 : 나눔 Lotto

순위	숫자				출현 횟수
1위	**1**				121회
2위	**20**	**27**	**40**		120회
3위	**43**				117회
4위	**37**				114회
5위	**34**				113회
6위	**4**	**13**	**17**	**26**	111회
7위	**8**	**14**			110회

13 40 04 37 34

27 43 01 20

◆ 로또 1등 최다 · 최소 당첨금과 1등이 가장 많이 나온 지역 ◆

로또 최고 돈벼락은 얼마?

로또(lotto)는 어느 나라 말이고 무슨 뜻일까? 자못 궁금할 독자가 많을 법하다. '로또'는 이탈리아어로 '행운'을 의미한다. 이 행운이라는 단어 앞에 붙일 가장 적절한 수식어를 찾는다면 단연 '돈벼락'이다. 다시 말해 그냥 추상적인 행운이 아니라 매우 구체적인 '돈벼락 행운'이다. 행운에도 여러 종류가 있을 텐데, 국적과 인종을 가리지 않고 수많은 사람들이 바라는 행운이 바로 '돈 벼락 행운'이 아닐까?

매주 판매와 추첨을 실시하는 로또에는 6/45, 6/49, 6/52, 5/56+1/42 등의 방식이 있다. 우리나라에서는 6/45방식이 시행되고 있다. 2002년 12월 국내에서 처음으로 로또 복권 판매가 시작된 이래 2015년 7월까지 658회 차가 치러졌다. 총 판매금액 35조421억 원, 총 당첨금액 17조5,211억 원, 누적 1등 당첨자 수 3,998명, 누적 1등 당첨지급금액 8조2,677억 원, 평균 1등 당첨금액 20억6,796만 원, 1등 당첨금액 중 최고금액 407억2,296만 원, 최저금액 4억594만 원 등 다채로운 기록을 남기고 있다. 1회 최다 1등 당첨자 수는 2013년 5월 18일 추첨한 546회차에서 30명이 배출됐다. 이때 최소 1등 당첨금액 기록도 달성됐다. 1등 당첨자를 가장 많이 낸 지역은 경기도로 262회차(2007.12.08)~658회차(2015.7.11)까지 전체의 24%를 배출했다. 서울 23.5%를 포함해 수도권 지역이 47.5%로 절반에 약간 못 미친다. 서울과 수도권이 행운의 지역이라기보다는 로또 구매 수요가 많기 때문이다.

한편, 전국에 로또 판매소는 2014년 12월 말 기준으로 모두 5,999개소가 있다. 개인점포가 2,341개소(39%)로 가장 많다. 이어 장애인 및 취약계층 판매자 2,104개소(35.1%), 토토 판매점 913개소(15.2%), 편의점이 병행 판매하는 법인판매자 641개소(10.7%) 등이 있다.

1등 최다 당첨금 순위

순위	회차	추첨일	1등 당첨금액	당첨자
❶	19	2003.04.12	407억2295만9400원	1명
❷	25	2003.05.24	242억2774만5300	2
❸	20	2003.04.19	193억5221만2800	1
❹	43	2003.09.27	177억4963만800	1
❺	15	2003.03.15	170억1424만5000	1
❻	36	2003.08.09	160억1447만5800	1
❼	62	2004.02.07	158억1728만6400	1
❽	33	2003.07.19	149억351만7600	1
❾	82	2004.06.26	145억6249만4400	1
❿	86	2004.07.24	142억5218만6400	1

1등 최소 당첨금 순위

순위	회차	추첨일	1등 당첨금액	당첨자
❶	546	2013.05.18	4억593만9950원	30명
❷	381	2010.03.20	5억6573만8895	19
❸	312	2008.11.22	6억2901만7820	15
❹	292	2008.07.05	7억2037만3950	14
❺	196	2006.09.02	7억2787만6520	15
❻	21	2003.04.26	7억9747만5400	23
❼	106	2004.12.11	8억1046만1157	16
❽	598	2014.05.17	8억3399만8594	16
❾	300	2008.08.30	8억3609만2425	12
❿	216	2007.01.20	8억4850만6108	13

출처: 나눔 Lotto, 사행산업통합감독위원회

로또 1등이 가장 많이 나온 지역

계 2613명

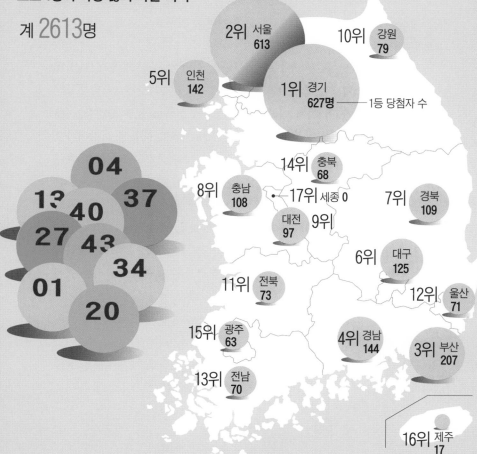

2위 서울 613
10위 강원 79
5위 인천 142
1위 경기 627명 ─ 1등 당첨자 수
14위 충북 68
8위 충남 108
17위 세종 0
7위 경북 109
대전 97 9위
6위 대구 125
11위 전북 73
12위 울산 71
15위 광주 63
4위 경남 144
3위 부산 207
13위 전남 70
16위 제주 17

04 37 13 40 27 43 34 01 20

◆ 부동산 자산이 가장 많은 연예인 ◆

스타들이 너도나도
부동산 투자에 나서는 이유?

연예인이 수십억 원을 호가하는 부동산
을 구입하거나 보유하고 있다는 소식은
인터넷 포털 실시간 검색어와 연예가 뉴
스의 단골 소재다. 재벌닷컴이 2014년 8월 유명 연예인이 보유한 빌딩의 실
거래 가격을 조사해보았더니 100억 원대 이상의 빌딩을 소유한 '빌딩부자'
가 모두 18명에 달했다.

최고 빌딩부자는 이수만 SM엔터테인먼트 회장이다. 본인 명의로 소유
한 압구정동 소재 빌딩 2채의 실거래 가격은 모두 650억 원으로, 국세청의
기준시가로도 약 209억 원에 이른다. 2위는 마포구 서교동과 합정동 소재
빌딩을 보유하고 있는 양현석 YG엔터테인먼트 대표로 부동산 실거래가가
510억 원이다. 3위는 가수 서태지로 강남구 논현동과 종로구 묘동에 소유한
빌딩이 440억 원으로 평가됐다. 4위 전지현이 소유한 강남구 논현동과 용산
구 이촌동 소재 빌딩의 실거래가는 230억 원이다. 최근 제2의 전성기를 맞
고 있는 전지현은 여자 연예인 중 최고 빌딩부자로 등극했다.

직업상 인기에 따라 소득이 불안정한 연예인은 상대적으로 투자 위험이
덜한 부동산 투자를 선호하는 경향이 크다. 자금 동원 능력에서 유리한 연예
인들은 적당한 물건만 있다면 사지 않을 이유가 없다.

한편 연예인 건물주와 세입자가 갈등을 빚는다는 소식도 심심찮게 들린
다. 임대인과 임차인의 갈등과 분쟁은 우리 사회에서 새삼스런 일은 아니지만
건물주가 연예인이라면 더 주목받기 마련이다. 한국인의 고질적인 부동산 열
망과 비합리적 관행에서 초래되는 갈등을 연예인도 피해갈 수 없는 듯하다.

부동산 부자 연예인 순위

순위	이름	금액
1위	이수만	650억원
2위	양현석	510억
3위	서태지(본명 정현철)	440억
4위	전지현(본명 왕지현)	230억
5위	송승헌	210억
6위	비(본명 정지훈)	200억
7위	유인촌	190억
	박중훈	190억
9위	권상우	180억
10위	김희애	170억
	차인표·신애라 부부	170억
12위	김태희	140억
13위	장동건	120억
	김정은	120억
	최란	120억
16위	장근석	110억
	고소영	110억
	손지창·오연수 부부	110억

※2014년 8월 주요 보유 부동산 실거래 가격 기준

출처: 재벌닷컴

◆ 100억 원 이상 주식 보유 연예인 ◆

끼와 인기만으로 돈 버는 시절은 지났다?!

한국에서 연예인으로 유명해지기 위해서는 노래와 연기, 춤 말고도 필요한
덕목이 있다. 바로 주식이다. 몇몇 연예인의 보유 주식 가치는 재테크 수준을
뛰어넘는다. 국내 3대 기획사라 불리는 YG 양현석 대표와 SM 이수만 회장,
JYP 박진영 대표가 그 선두주자로 불린다. 최근에는 키이스트 대주주인 배
용준의 지분 가치 상승도 괄목할만하다. 엔터테인먼트가 아닌 바이오 종목
을 대거 보유한 연예인으로, 탤런트 출신 견미리 보타바이오 공동보유자도
눈길을 끈다. 재벌닷컴에 따르면 보유 주식 가치가 1억 원 이상인 연예인은
2015년 5월 4일 기준으로 모두 15명이다. 이 가운데 1,000억 원 이상을 보
유한 연예인은 3명, 100억 원 이상은 7명이다.

100억 원 이상 주식 보유 연예인 순위

순위	가치	이름	소속
1위	2011.8억원	양현석 (최대주주)	YG엔터테인먼트 대표
2위	1384.1억	배용준 (최대주주)	키이스트
3위	1383.6억	이수만 (최대주주)	SM엔터테인먼트 회장
4위	948억	한성호 (최대주주)	FNC엔터테인먼트 대표
5위	291.4억	박진영 (최대주주)	JYP엔터테인먼트 이사
6위	120.1억	견미리 (공동보유자)	보타바이오
7위	117.7억	박순애 (2대주주)	풍국주정

※2015년 5월 4일 종가 기준. 지분율은 2015년 3월 31일 기준

출처: 재벌닷컴

7

글로벌

세계 정치·경제·문화·외교·복지·과학
etc

세계에서 가장 민주적인 국가는?

민주주의지수는 영국의 주간지 「이코노미스트」 산하 연구소인 이코노미스트 인텔리전스 유니트(EIU)가 전 세계 167개국의 민주주의 상태를 조사해 작성한 수치다. EIU는 총 60가지의 지표를 선거절차 및 다원주의, 정부기능, 정치참여, 정치문화, 인권 등 5개 카테고리로 분류해 10점 만점으로 수치화하고 이를 종합해 국가별 민주주의지수를 산출한다. 또한 각국의 정치체제를 '완전한 민주주의', '결함 있는 민주주의', '혼합 체제', '권위주의 체제'로 분류해 평가한다.

2014년 EIU가 발표한 민주주의지수에 따르면 민주주의 수준이 가장 높은, 즉 가장 민주적인 나라는 노르웨이다. 5개 카테고리 중 정부의 기능에서만 9.64점이고 나머지는 모두 10점 만점을 받았다. 상위 10위권에는 비교적 국가 규모는 작으나 경제적으로 윤택한 유럽 선진국들이 대거 순위에 올라있다. 이 가운데 노르웨이, 스웨덴, 덴마크, 네덜란드 등은 왕을 국가 통합의 상징으로 하는 입헌군주국이라는 점에서 왕정 체제와 민주주의가 서로 대립되는 것이 아님을 방증한다. 유럽 최강국 독일은 8.64로 13위, 영국 16위(8.31), 미국 19위(8.11), 일본 20위(8.08), 남아공 30위(7.82), 러시아 132위(3.39)에 올랐고, 중국은 3.00으로 하위권인 144위에 머물렀다. 북한은 167개국 중 최하위를 기록했다. 한국은 선거절차 및 다원주의 9.17, 정부기능 7.86, 정치참여 7.22, 정치문화 7.50, 인권 8.53으로 종합지수 8.06을 기록해 21위에 올랐다.

한편 167개국을 체제유형별로 살펴보면, 완전한 민주주의 국가는 24개국, 결함 있는 민주주의 국가는 52개국, 혼합 체제는 39개국, 권위주의 체제는 52개국이다.

세계 민주주의지수 순위

완전한
민주주의

1위	노르웨이	9.93
2위	스웨덴	9.73
3위	아이슬란드	9.58
4위	뉴질랜드	9.26
5위	덴마크	9.11
6위	스위스	9.09
7위	캐나다	9.08
8위	핀란드	9.03
9위	호주	9.01
10위	네덜란드	8.92
21위	**한국**	**8.06**

권위주의
체제

158위	이란	1.98
159위	기니 비사우	1.93
160위	투르크메니스탄	1.83
161위	사우디아라비아	1.82
162위	콩고민주공화국	1.75
163위	시리아	1.74
164위	적도 기니	1.66
165위	차드	1.50
166위	중앙아프리카공화국	1.49
167위	북한	1.08

출처: The Economist Intelligence Unit

◆ 국가별 브랜드 가치 ◆

대한민국의 가치를
돈으로 환산하면 얼마일까?

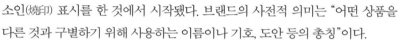

브랜드(brand)라는 말은 미국의 카우보이 사이에서
유래했다. 남부에서 북부로 소들을 이동시켜야 했던
카우보이들이 자기 소와 남의 소를 구분하기 위해 소에
소인(燒印) 표시를 한 것에서 시작됐다. 브랜드의 사전적 의미는 "어떤 상품을
다른 것과 구별하기 위해 사용하는 이름이나 기호, 도안 등의 총칭"이다.

재미있는 점은 나라에도 브랜드가 있다는 사실이다. 영국 컨설팅업체 브
랜드파이낸스는 재화서비스·관광·인력·투자 등 4개 분야를 평가해 브랜
드지수를 측정하고, 이를 기반으로 국내총생산(GDP), 위험요소, 장기 성장률
등을 종합해 국가별 브랜드 가치를 산출한다. 국가별 브랜드 가치를 등급뿐
아니라 금액으로 환산해 발표한다는 것이 흥미롭다.

브랜드 가치가 가장 높은 나라는 역시 미국이다(19조2,610억 달러). 미국
의 브랜드 가치를 한화로 환산하면 '조'를 넘어 '경' 단위에 이른다(약 2경
1,534조 원). 이어 2위 중국(6조3,520억 달러), 3위 독일(4조3,570억 달러), 4위
영국(2조8,330억 달러) 순으로 브랜드 가치가 높다. 한국의 브랜드 가치는
9,970억 달러로 세계 16위권이다. 한국은 전년 대비 브랜드 가치가 많이 올
라간 나라인 '우수 국가'에 뽑히기도 했다(2014년 기준 전년 대비 29% 상승).

한편, 이명박정부가 야심차게 출범시킨 국가브랜드위원회와 삼성경제연
구소에서 공동 개발한 '국가브랜드지수 모델 SERI-PCNB NBDO'이라는 것
이 있었다. 50개국을 대상으로 실체와 이미지의 차이를 분석해 격차 보완이
가능한 국가브랜드지수를 제시한 것이다. 2012년 조사 내용을 보면, 50개국
중 한국의 실체 브랜드 순위는 13위, 이미지는 17위였다.

국가 브랜드 가치 순위

순위	국가	브랜드 가치	등급
1위	미국	19조2610억달러	AA+
2위	중국	6조3520억	AA-
3위	독일	4조3570억	AA+
4위	영국	2조8330억	AA
5위	일본	2조4580억	AA-
6위	캐나다	2조2120억	AA-
7위	프랑스	2조760억	AA-
8위	인도	1조6210억	A+
9위	호주	1조5550억	AA
10위	브라질	1조4030억	A
11위	이탈리아	1조2890억	A+
12위	러시아 연방	1조1670억	BBB
13위	스위스	1조1510억	AA+
14위	멕시코	1조270억	A
15위	네덜란드	1조260억	AA
16위	한국	9970억	AA-
17위	스웨덴	8020억	AA
18위	스페인	8010억	A+
19위	터키	7510억	A+
20위	폴란드	6020억	A

출처: Brand Finance

◆ OECD 삶의 질 지수 ◆
삶의 질을 결정하는 조건에는
어떤 것들이 있을까?

광복 이후 지난 70년 동안 한국을 가장 잘 표현하는 키워드는 단연 '성장'이다. 70년 전 세계 최빈국 가운데 하나였던 한국을 지금과 비교해보면 놀라울 따름이다. 국내총생산은 1953년 477억 원에서 2014년 1,485조 원으로 무려 3만1,000배 이상, 1인당 국민총소득(GNI)도 같은 기간 67달러에서 2만 8,180달러로 420배 이상 상승했다. 이처럼 한국의 삶의 규모가 양적으로 늘어난 반면, 삶의 질을 보여주는 일부 지표들은 오히려 악화됐다. 인구 10만 명당 자살 건수는 1983년 8.7명에서 2013년 28.5명으로, 인구 1,000명당 이혼 건수도 1970년 0.4건에서 2013년 2.3건으로 크게 증가했다. 한국의 자살률과 이혼율은 OECD 국가 중 1위다. 교통사고 사망자 수는 2011년 인구 100만 명당 105명으로 OECD 국가 중 2위, OECD 평균 63명의 1.7배에 달한다. 소득 분배의 척도인 소득 1분위 대비 5분위 배율은 1992년 3.52에서 2013년 4.56까지 늘어나 빈부 격차도 해마다 더욱 커지고 있다.

OECD는 2015년 5월 국가별 삶의 질 수준을 측정하는 '보다 나은 삶 지수(Better Life Index, BLI)'를 발표했다. 주거, 소득, 직업, 공동체, 교육, 환경, 시민참여, 건강, 삶의 만족, 안전, 일과 삶의 균형 등 11개 영역 24개 지표로 36개국을 대상으로 산출되는 BLI는, 호주가 9.08점으로 1위를 차지했다. 한국은 5.27점을 얻는데 그쳐 27위다.

한국보건사회연구원이 OECD가 제공하는 BLI에 각 지표별 가중치를 적용해 재계산한 지수를 살펴보면, BLI에서 1위였던 호주가 6위로 내려오고 대신 스웨덴이 1위에 올랐다. 그 뒤를 스위스, 노르웨이가 따랐다. 한국은 5.27점으로 일본(5.96점)보다 4단계 아래인 25위다.

A BETTER LIFE

OECD 삶의 질 지수 순위

순위	국가	점수
1위	스웨덴	9.08점
2위	스위스	8.97
3위	노르웨이	8.96
4위	캐나다	8.86
5위	덴마크	8.75
6위	호주	8.7
7위	미국	8.34
8위	뉴질랜드	8.25
9위	핀란드	8.2
10위	네덜란드	8.1
11위	독일	7.87
12위	아일랜드	7.85
13위	룩셈부르크	7.78
21위	일본	5.96
22위	스페인	5.7
25위	한국	5.27
26위	슬로바키아	5.19
31위	러시아	3.3
34위	브라질	2.36
36위	터키	0.46

※한국보건사회연구원이 OECD BLI를 재계산.

출처: OECD, 한국보건사회연구원

경쟁력이 우수한 나라는 뭐가 다를까?

각국의 국가경쟁력을 비교·측정하는 기관으로는 세계경제포럼(World Economic Forum, WEF)과 국제경영개발연구원(IMD)이 있다. 이 가운데 스위스에 본부를 두고 있는 세계경제포럼은 저명한 기업인, 경제학자, 언론인, 정치인 등이 모여 글로벌 경제 문제를 연구하는 국제민간회의체로서 '다보스 포럼'이라는 이름으로 더 많이 알려져 있다.

WEF는 1979년부터 해마다 '세계 국가경쟁력지수 보고서'를 발표하고 있다. WEF의 국가경쟁력지수는 기본요인, 효율성 증진, 기업혁신 및 성숙도 등 3대 분야 12개 부문, 114개 항목에 대해 평가를 실시한다. 설문 평가항목은 각국의 기업 최고경영자(CEO) 100명의 답변 내용을 토대로 하는데, 우리나라는 국내 파트너기관인 한국개발연구원(KDI)을 통해 조사를 수행한다.

2015년 9월 발표한 국가경쟁력지수 1위는 스위스다. 스위스는 국가경쟁력지수 7점 만점에 5.76점으로 부동의 1위 자리를 지키고 있다. 싱가포르와 미국, 독일, 네덜란드 등이 국가경쟁력지수 '빅5'를 형성하고 있고, 일본은 한 단계 바로 아래 6위에 올라있다. 우리나라는 2014년과 같은 26위를 기록했으며 중국의 순위도 28위로 전년과 동일하다. 조사대상 140개국 가운데 국가경쟁력이 가장 낮게 평가받은 국가는 기니 140위(2.84점), 차드 139위(2.96점), 모리타니 138위(3.03점) 등이다.

우리나라의 국가경쟁력지수는 2007년 역대 최고인 11위로 올라선 이후 계속 하향 곡선을 그리고 있다. WEF는 우리나라의 강점으로 거시경제(5위), 시장규모(13위), 인프라(13위)를 꼽았다. 약점으로는 노동시장 효율성(83위), 금융시장 성숙도(87위) 등을 지적했다.

국가경쟁력지수 순위

순위	국가	점수
1위	스위스	점수 5.76점
2위	싱가포르	5.68
3위	미국	5.61
4위	독일	5.53
5위	네덜란드	5.50
6위	일본	5.47
7위	홍콩	5.46
8위	핀란드	5.45
9위	스웨덴	5.43
10위	영국	5.43
11위	노르웨이	5.41
12위	덴마크	5.33
13위	캐나다	5.31
14위	카타르	5.30
15위	대만	5.28
16위	뉴질랜드	5.25
17위	아랍 에미리트	5.24
18위	말레이시아	5.23
19위	벨기에	5.20
20위	룩셈부르크	5.20
26위	한국	4.99

출처: World Economic Forum

갈등 때문에 해마다 246조 원을 날린다면?

'갈등(葛藤)'은 '공화(共和)'에 대립하는 개념이다. 한국은 민주공화국을 표방하지만, 실제로 갈등에 대단히 취약한 나라로 꼽힌다. 이념갈등으로 국토분 단을 겪고 있고, 해묵은 지역감정은 정치 분열을 일으켜왔 다. 극한 상황까지 치닫는 노사 간의 대립은 기업문화를 후퇴시 키기 일쑤다. 심지어 아파트 층간소음으로 어처구니없는 비극까지 일어난다.

한국보건사회연구원이 사회갈등요인지수와 사회갈등관리지수를 결합한 사회갈등지수를 산출하여 OECD 국가를 비교한 보고서가 있다. 정치적 갈 등, 경제적 갈등, 인구 스트레스 등으로 구성된 사회갈등요인지수에서 갈등 이 가장 심한 나라는 터키로 나타났고, 이어 2위 그리스, 3위 칠레, 4위 이탈 리아가 랭크됐다. 한국은 비교 대상 24개국 가운데 5위에 올랐다.

사회갈등관리지수는 정부의 행정이나 제도가 갈등을 효과적으로 관리하 는지를 나타낸다. 갈등 해소를 위한 정부의 노력을 데이터화해서 비교·분 석해 수치로 산출한 것이다. 사회갈등관리지수가 높으면 갈등을 효과적으로 관리하는 능력도 크다. OECD 국가의 사회갈등관리지수는 덴마크, 스웨덴, 핀란드, 네덜란드 등의 순으로 가장 높았고 우리나라는 비교대상 34개국 가 운데 27위로 나타났다.

사회갈등 때문에 직·간접적으로 발생하는 경제적 손실을 산출해 보면, 연간 최대 246조 원에 이르는 것으로 나타났다. 이는 어림잡아 국내총생산 (GDP)의 약 27%를 갈등 해소 비용으로 충당해야 한다는 계산이 나온다. 사 람 사는 세상에서 갈등이 없을 수는 없지만, 대책 없는 갈등은 돌이킬 수 없 는 비극과 손실을 초래한다.

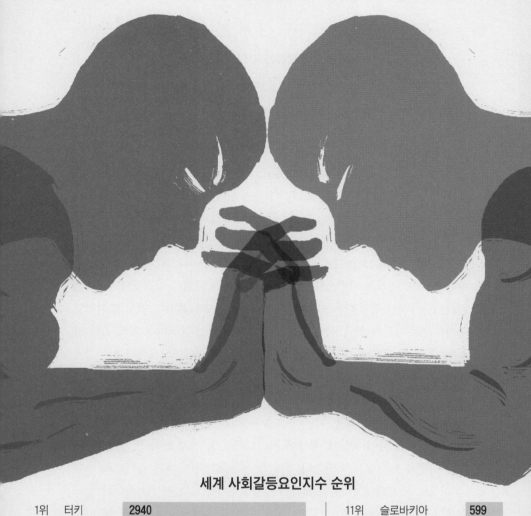

세계 사회갈등요인지수 순위

1위	터키	2940	11위	슬로바키아	599
2위	그리스	1712	12위	미국	581
3위	칠레	1212	13위	영국	513
4위	이탈리아	1119	14위	아일랜드	508
5위	한국	1043	15위	프랑스	484
6위	포르투갈	893	16위	오스트리아	405
7위	이스라엘	849	17위	뉴질랜드	384
8위	스페인	742	18위	독일	378
9위	폴란드	695	19위	스위스	357
10위	에스토니아	605	20위	캐나다	353

출처: 한국보건사회연구원

◆ 세계에서 언론자유가 가장 보장된 국가 ◆

이것 없이 민주국가라 할 수 있을까?

국경 없는 기자회(Reporters Without Borders, RSF)는 언론자유를 증진할 목적으로 1985년 결성된 언론 감시 단체다. 언론자유지수는 국경 없는 기자회가 2002년부터 매년 발표하고 있는 지표다. 언론자유지수는 인권단체와 전문기자 특파원, 저널리스트, 조사원, 법률가, 인권활동가 등이 각국의 언론보도 자유 수준을 평가해 작성한 50가지 지표를 바탕으로 점수화해서 국가별 순위로 발표한다. 미국 인권감시단체인 프리덤하우스의 발표와 함께 언론자유 분야의 가장 권위적인 평가로 자리매김해 왔다. 국경 없는 기자회는 언론인과 미디어 및 언론의 자유에 대한 직·간접적 공격과 압력에 대해서만 조사할 뿐 저널리즘의 질에 대한 평가는 다루지 않는다.

2015년 발표에서는, 아프리카 북동부에 위치한 에리트레아가 9년 연속 최하위인 180위를 기록했다. 북한은 179위다. 투르크메니스탄, 시리아, 중국, 이란, 수단 등이 하위 10위권에 자리함으로써, 세계 10대 언론탄압국가라는 불명예 타이틀을 떠안았다. 한국은 언론자유가 상대적으로 크게 개선된 것으로 평가돼 2010년 42위까지 상승했으나 2015년에 60위로 다시 하락했다. 프리덤하우스가 공개하는 언론자유보고서에서도 한국의 언론자유 순위가 평가 대상 199개 국가 중 67위에 머물렀다. 프리덤하우스는 한국을 '부분적 언론자유국(partly free)'으로 분류한다.

미국 UC샌디에이고 스테판 해거드 석좌교수는, 한국의 언론자유 순위가 하락하는 이유로 4가지를 지적했다. '명예훼손에 대한 지속적 처벌', '너무 엄격한 선거운동 법규', '인터넷 콘텐츠 검열 증가', '시대착오적 국가보안법'이 그것이다.

세계 언론자유지수 순위

순위	국가	지수
1위	핀란드	7.52
2위	노르웨이	7.75
3위	덴마크	8.24
4위	네덜란드	9.22
5위	스웨덴	9.47
6위	뉴질랜드	10.06
7위	오스트리아	10.85
8위	캐나다	10.99
9위	자메이카	11.18
10위	에스토니아	11.19
60위	한국	26.55
171위	라오스	71.25
172위	소말리아	72.31
173위	이란	72.32
174위	수단	72.34
175위	베트남	72.63
176위	중국	73.55
177위	시리아	77.29
178위	투르크메니스탄	80.83
179위	북한	83.25
180위	에리트레아	84.86

출처: Reporters Without Borders '2015 World Press Freedom Index'

◆ 나라경영이 심각하게 불안해 위기에 처한 곳 ◆

국가는 어떻게 망하는가?

국가를 하나의 경영체라고 본다면, 정부의 잘못된 가치 판단과 정책 오류는 나라경영의 실패로 귀결된다. 20세기 전반에 전 세계를 참화 속으로 몰아넣은 나치의 예가 바로 그렇다.

미국의 외교 전문저널 「포린 폴리시(Foreign Policy)」와 워싱턴에 본부를 둔 평화기금(Fund for Peace)이 2005년부터 매년 '실패국가지수(The Failed States Index, FSI)'라는 것을 발표한다. 정치, 경제, 인권, 치안, 안보 등 12개 분야에서 국가마다 불안정 정도를 평가한 뒤 국가의 실패도를 측정해 순위를 발표하는 것이다. 점수(순위)가 높을수록 국가에 가해지는 부정적 압력이 크다는 뜻으로 해당 국가가 그만큼 불안정한 상태임을 뜻한다.

178개국을 대상으로 한 2015년 실패국가지수를 살펴보면, 남수단이 114.5점으로 가장 불안정한 국가 1위를 차지했다. 수년 동안 1위 자리에 '군림'했던 소말리아는 2014년부터 2위로 내려앉았다. 1위에서 6위까지 실패국가 순위 상위권을 아프리카 국가들이 차지하고 있다. 예멘, 시리아, 이라크 등 중동 국가들도 순위에 여럿 올랐다. 북한은 120점 만점 중 93.8점을 받아 29위에 올랐다. 한국은 외부간섭 5.5점, 이기적 엘리트 3.8점, 인권과 불균형 개발 각각 3.5점 등에서 좋지 않게 평가돼 합계 36.3점으로 156위를 기록했다. 중국은 83위, 일본은 157위, 미국은 158위에 올랐다. 가장 안정된 국가로는 사회 · 경제지표, 공공서비스, 인권 분야에서 좋은 평가를 받은 핀란드(178위), 스웨덴(177위), 노르웨이(176위), 덴마크(175위) 등이 꼽혔다.

경제학자 대런 애쓰모글루와 정치학자 제임스 A. 로빈슨이 저술한 『Why Nations Fail?』의 한 대목은 울림이 크다. "국가는 왜 실패하는가?"만큼 중요한 것은 "국가는 왜 실패를 반복하는가?"이다.

실패국가지수 순위

❶ 1위	남수단	114.5
❷ 2위	소말리아	114
❸ 3위	중앙아프리카공화국	111.9
❹ 4위	수단	110.8
❺ 5위	콩고민주공화국	109.7
❻ 6위	차드	108.4
❼ 7위	예멘	108.1
❽ 8위	시리아	107.9
❾ 9위	아프가니스탄	107.9
❿ 10위	기니	104.9
⓫ 11위	아이티	104.5
⓬ 12위	이라크	104.5
⓭ 13위	파키스탄	102.9
⓮ 14위	나이지리아	102.4
⓯ 15위	코트디부아르	100
⓰ 16위	짐바브웨	100
⓱ 17위	기니 비사우	99.9
⓲ 18위	부룬디	98.1
⓳ 19위	니제르	97.8
⓴ 20위	에티오피아	97.5
㉙ 29위	북한	93.8

출처: Foreign Policy, Fund for Peace

◆ 공무원의 청렴도가 가장 높은 나라 ◆

세상을 더럽히는 공공의 적이
가장 적은 곳은?

세계적인 반부패운동 단체인 국제투명성기구는 1995년부터 해마다 국가별 부패인식지수(Corruption Perceptions Index, CPI)를 발표한다. 부패인식지수는 공공부문의 부패에 대해 전문가들의 인식과 견해를 반영하여 100점 만점으로 수치화한 것이다. 0점에 가까울수록 가장 부패한 상태, 100점에 가까울수록 가장 청렴함을 나타낸다. 지수가 70점대이면 '사회가 전반적으로 투명한 상태'이고, 50점대는 '절대부패로부터 벗어난 정도'로 평가된다.

2014년 부패인식지수를 보면 가장 청렴하고 투명한 나라는 덴마크다 (92점). 아시아에서는 7위 싱가포르, 15위 일본, 17위 홍콩(74점) 등이 좋은 평가를 받았다. 최하위인 174위는 8점을 얻은 북한과 소말리아가 차지했다. 조사대상 175개국의 69.7%에 해당하는 122개국이 50점 이하의 점수를 받았는데, 중국(36점), 터키(45점), 앙골라(19점) 등은 연평균 4% 이상의 경제 성장에도 불구하고 지수가 크게 하락했다. 한국은 55점을 얻어 43위에 그쳤다. 2008년 이후 하락과 정체를 이어가고 있다.

국제투명성기구가 다루는 부패는 "사적 이익을 위한 공적 직위의 남용"이다. 공무원과 정치인이 얼마나 부패해 있다고 느끼는 지에 대한 정도(국가청렴도)를 국제 비교하는 것이다.

우리나라의 대표적 반부패법인 '부정청탁 및 금품 등 수수의 금지에 관한 법률' 이른바 '김영란법'이 2011년 6월 처음 제안되어 논란 끝에 2015년 3월 제정됐다(법 시행은 2016년 9월부터다). 발의부터 시행까지 무려 5년 3개월이나 걸린 셈이다. 우리 사회가 공직사회의 부정부패 척결에 얼마나 소극적인지 방증하는 대목이다.

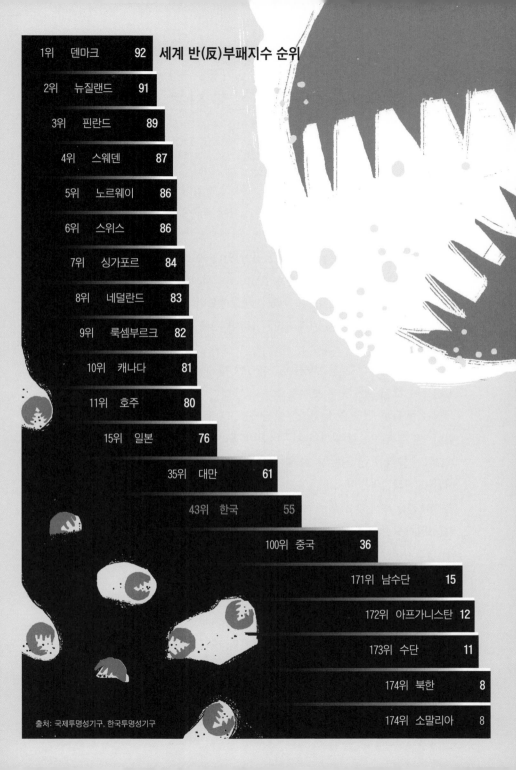

세계 반(反)부패지수 순위

순위	국가	지수
1위	덴마크	92
2위	뉴질랜드	91
3위	핀란드	89
4위	스웨덴	87
5위	노르웨이	86
6위	스위스	86
7위	싱가포르	84
8위	네덜란드	83
9위	룩셈부르크	82
10위	캐나다	81
11위	호주	80
15위	일본	76
35위	대만	61
43위	한국	55
100위	중국	36
171위	남수단	15
172위	아프가니스탄	12
173위	수단	11
174위	북한	8
174위	소말리아	8

출처: 국제투명성기구, 한국투명성기구

◆ 청년들이 꼽은 가장 살기 좋은 도시 ◆

젊은이들이 꿈꾸는 도시는 어디?

세계 인구의 절반이 30세 이하이고 도시에 살고 있다. 그렇다면 세계 주요 도시 가운데 젊은 층이 살기 좋은 도시는 어디일까? 이 질문에 대답을 해줄만한 것으로 '청년 도시지수(Youthful Cities Index)'라는 것이 있다. 이 지수는 국제 도시문화 운동단체인 유스풀시티(YouthfulCities)가 15~29세 청년층을 위해 전 세계 주요 도시들의 취업, 안전, 생활비, 다양성, 음식, 패션, 아트, 디지털 접근성 등 20가지 카테고리의 101개 항목들을 설문조사해서 점수를 산출한 것이다.

전 세계 55개 도시를 대상으로 약 1만 명에게 설문조사를 실시한 결과 청년들이 가장 살기 좋은 도시로 뉴욕이 뽑혔다. 예술 등의 지표부문에서 고득점을 획득한 뉴욕은 1,600점 만점에서 1,024점을 얻어 전년도 3위에서 일약 1위로 뛰어올랐다. 2위에는 런던이 올라 있다. 1,000점을 넘긴 도시는 1, 2위인 뉴욕과 런던뿐이다. 상위 20위권에는 미국 9개 도시와 유럽 5개 도시가 포진해 있다. 아시아권 도시로는 도쿄가 가장 순위가 높다(12위). 서울은 783점을 획득해 21위에 자리했다. 세부항목에서는 샌프란시스코가 환경과 기업가정신, 토론토가 다양성, 마드리드가 디지털 접근성, 바르샤바가 교육, 도쿄가 음식과 밤문화 등에서 각각 최고 점수를 얻었다.

젊은이들은 일반적으로 농촌보다 도시를 선호하며 중소도시보다 대도시를 지향하는 경향이 있다. 다양성을 갖춘 환경과 자신의 꿈을 펼칠 기회라는 면에서 대도시는 확실히 젊은 층에게 매력적이다. 하지만 도시를 구성하는 모든 요소가 청년들에게 친절한 것만은 아니다. 취업, 진학, 진로, 주거, 경제력, 인간관계 등 도시의 청년들 앞에 놓여 있는 숙제는 녹록치 않다.

청년도시지수 순위

1위 뉴욕 1024.12
2위 런던 1001.46
3위 베를린 924.37
4위 샌프란시스코 915.93
5위 파리 886.59
6위 토론토 874.84
7위 시카고 874.25
8위 로스앤젤리스 871.44
9위 멕시코시티 860.42
10위 암스테르담 858.79
12위 도쿄 836.64
16위 시드니 798.99
19위 홍콩 790.69
21위 서울 783.22
24위 로마 764.62
26위 리우데자네이루 759.16
30위 베를린 748.91
37위 상하이 691.07
이스탄불 680.99
베이징 642.59

출처: YouthfulCities

◆ 엄마들이 가장 살기 좋은 나라 ◆

엄마들이 살기 좋은 나라가
진짜 선진국!

어린 자녀를 둔 한국의 엄마는 아이들에게 전적으로 매여 지낸다. '헬리콥터 맘'까진 아니더라도 자녀로부터 자유로운 엄마는 거의 없다. 그사이 엄마의 몸과 마음은 지쳐가고 여유는 사라지며 정서는 메말라간다. 병나지 않는다면 이상할 정도다. 배우자의 도움을 받는다거나 경제적으로 풍족하다면 그나마 다행이지만, 대다수 대한민국 엄마들은 '연약한 여자'이길 포기하고 '강한 어머니'만 되라고 강요받는다.

국제아동구호단체인 세이브더칠드런(Save the Children)은 해마다 엄마지수(Mothers' Index)라는 것을 발표한다. 엄마지수는 산모 사망비율, 5세 미만 영유아 사망률, 교육수준, 경제수준(1인당 국민소득(GNI)), 정치참여 수준(여성 공직자 비율) 등 5개 항목의 데이터를 기초로 국가별 순위를 매긴 것이다. 2015년 전체 179개 국가를 대상으로 산정한 엄마지수 보고서에 따르면, 세계에서 엄마가 가장 살기 좋은 나라는 노르웨이이다. 아시아 국가 중에는 싱가포르가 14위로 가장 높다. 우리나라는 일본(32위)보다 조금 앞선 30위이다. 한국은 임신·출산과 관련된 원인으로 사망하는 위험도를 나타내는 모성사망률이 2,900명 중 1명이다. 영유아 사망률은 1,000명 중 3.7명. 엄마의 교육기간은 평균 16.9년이며 국민소득은 2만5,920달러(한화 약 2,890만 원), 전체 여성 공직자 비율은 16.3%를 기록했다.

엄마의 복지는 아동 복지에 직접적인 영향을 미친다. 세이브더칠드런이 엄마지수를 강조하는 이유가 여기에 있다. 여성이 일과 양육을 행복하고 건강하게 병행할 수 있는 나라가 진짜 선진국인 것이다.

세계 엄마지수 순위

순위	국가	임산부 사망1인당 인구	1000명당 영유아 사망률	정규교육 기간	여성 공직자 비율
1위	노르웨이	1만4900명	2.8명	17.5년	39.6%
2위	핀란드	1만5100	2.6	17.1	42.5
3위	아이슬란드	1만1500	2.1	19	41.3
4위	덴마크	1만2000	3.5	18.7	38
5위	스웨덴	1만3600	3	15.8	43.6
6위	네덜란드	1만700	4	17.9	36.9
7위	스페인	1만5100	4.2	17.3	38
8위	독일	1만1000	3.9	16.5	36.9
9위	호주	9000	4	20.2	30.5
10위	벨기에	8700	4.4	16.3	42.4
11위	오스트리아	1만9200	3.9	16	30.3
12위	이탈리아	1만7100	3.6	16	30.1
13위	스위스	1만2300	4.2	16	28.5
14위	싱가포르	1만3900	2.8	15	25.3
30위	한국	2900	3.7	16.9	16.3
32위	일본	1만2100	2.9	15	11.6
33위	미국	1800	6.9	16	19.5
61위	중국	1800	12.7	13	23.6
177위	중앙아프리카공화국	27	139.2	7.2	12.5
178위	콩고민주공화국	23	118.5	9.7	8.2
179위	소말리아	18	145.6	2.2	13.8

출처: Save the Children

◆ 노인들이 가장 살기 좋은 나라 ◆

한국에서 늙는다는 것이 슬픈 이유

늙는 것은 자연의 섭리이지만 늙은 자
의 삶은 외롭고 고독하다. 국제노인인
권단체 헬프에이지 인터내셔널은 각국의 60세 이상 노인의 복지 현황을 조
사·평가해 노인복지지수(Global AgeWatch Index)를 발표한다. 이 지수는 노
인의 소득안정성과 건강상태, 취업가능성, 자립 환경 등 4개 카테고리와 연
금소득대체율, 노인빈곤율, 건강기대수명 등 13가지 지표를 기준으로 산출
해 국가별 순위를 매긴 것이다.

  96개국을 대상으로 조사한 2015년 결과에서는 스위스(90.1)가 전 세계에
서 노인이 가장 살기 좋은 나라로 뽑혔다. 2위는 노르웨이(89.3), 3위는 스웨
덴(84.4)이다. 상위 10위권에는 독일과 캐나다, 네덜란드, 아이슬란드, 미국,
영국 등이 포진해 있고, 아시아권 국가로는 일본(8위, 80.8)이 유일하다. 우리
나라는 60위에 올라있다. 일본을 제외하고 우리나라보다 순위가 앞선 아시
아 국가는 태국(34위, 56.0), 베트남(41위, 51.8), 필리핀(50위, 48.8), 중국(52위,
48.7) 등이다. 조사 대상 96개국 중에 최하위는 아프가니스탄(3.6)이다.

  한국의 노인이 처해있는 상황을 살펴보면 여러 가지로 심각함을 알 수 있
다. OECD에 따르면 우리나라 65세 이상 노인층의 상대적 빈곤율은 49.6%
로 OECD 평균 12.6%를 크게 웃돈다. OECD 회원국 중에 가장 높다. 또 노
인자살률은 인구 10만 명당 81.9명으로 단연 세계 최고다. 공적연금인 국민
연금의 소득대체율은 40% 수준에 불과하다. 60세 이상 인구 중 노령연금을
수령하는 비율이 31.8% 정도이고 평균 연금액은 생계비에 크게 못 미치는
월 33만 원 수준이다. 현실이 이러하니 한국에서 늙어간다는 것은 여러 모로
슬픈 일이 아닐 수 없다.

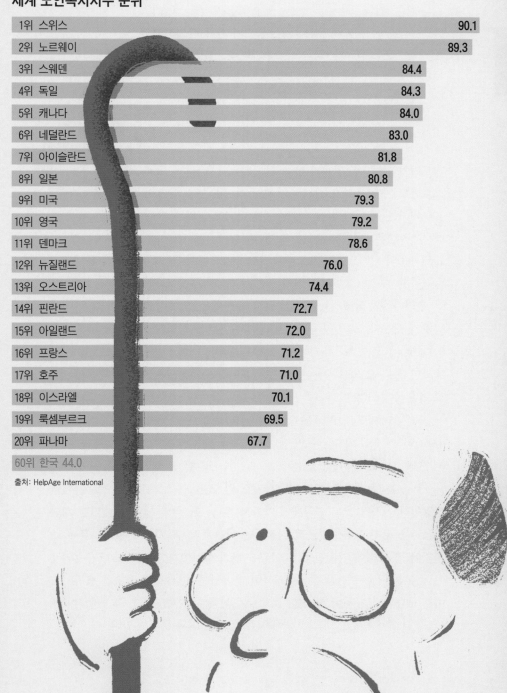

세계 노인복지지수 순위

순위	국가	지수
1위	스위스	90.1
2위	노르웨이	89.3
3위	스웨덴	84.4
4위	독일	84.3
5위	캐나다	84.0
6위	네덜란드	83.0
7위	아이슬란드	81.8
8위	일본	80.8
9위	미국	79.3
10위	영국	79.2
11위	덴마크	78.6
12위	뉴질랜드	76.0
13위	오스트리아	74.4
14위	핀란드	72.7
15위	아일랜드	72.0
16위	프랑스	71.2
17위	호주	71.0
18위	이스라엘	70.1
19위	룩셈부르크	69.5
20위	파나마	67.7
60위	한국	44.0

출처: HelpAge International

◆ 세계에서 자산 규모가 가장 큰 연기금 ◆

한국의 국민연금은 몸집만 '빅3', 빛 좋은 개살구?

컨설팅기업 타워스 왓슨과 미국 투자 전문지「펜션 앤 인베스트먼트」가 공동으로 실시하는 'P&I/타워스 왓슨 글로벌 300'에서는 각 나라의 연기금 규모를 비교해 순위를 매긴다. 전 세계에서 가장 자산이 많은 연기금은 일본의 연금적립금관리운용(GPIF)이다. 자산 총액이 1조1,440억 달러로 2위인 노르웨이(8,840억 달러)보다 30% 가량 많다. 믿기지 않겠지만 3위는 4,298억 달러의 자산을 보유한 우리나라의 국민연금이다.

우리나라의 국민연금은 자산 규모로는 세계 3위이나 평균 수익률은 이에 걸맞지 않는다. 2009년에서 2013년까지 5년간 국민연금의 평균 수익률은 6.9%로, 미국(13.1%), 노르웨이(12.0%), 캐나다(11.9%), 네덜란드(11.2%)와 비교하면 매우 저조하다. 한편, 일본의 GPIF의 수익률은 5.7%로 우리나라보다도 낮은 수준이다.

우리나라의 국민연금은 2015년 6월 기준으로 전체 운용기금 497조 4,000억 원 가운데 19.3%인 95조8,177억 원을 국내 주식에 투자한다. 또 53.3%인 264조3,482억 원은 국내 채권에 투자한다. 국민연금은 2015년에 500조 원을 돌파했고 2022년 1,000조 원, 2033년 2,000조 원으로 늘어날 전망이다. 국민연금은 수익률에 따라서 받는 연금액이 달라지는 민영 개인 연금과는 달리 운용수익률과 직접적인 상관은 없다. 기금 운용수익률에 관계없이 법 규정에 정해진 대로 연금을 받기 때문이다. 그럼에도 운용수익률이 중요한 이유는 기금 운용수익률이 낮아지면 기금 소진 연도가 빨라지고 미래 세대가 부담해야 할 연금 보험료가 높아지기 때문이다. 국민연금이 수익률을 1%만 높여도 기금 고갈이 8년씩 늦춰진다는 주장도 있다.

세계 연기금 자산 규모 순위

순위	국가	기금명	총자산
1위	일본	연금적립금관리운용(Government Pension Investment Fund)	1조1438억달러
2위	노르웨이	정부연기금(Government Pension Fund)	8840억
3위	한국	국민연금(National Pension)	4298억
4위	미국	연방퇴직저축(Federal Retirement Thrift)	4222억
5위	네덜란드	공적연금(ABP)	4187억
6위	미국	캘리포니아 공무원연금(California Public Employees)	2967억
7위	중국	사회보장기금(National Social Security)	2474억
8위	캐나다	캐나다연금(Canada Pension)	2284억
9위	네덜란드	의료인연금(PFZW)	2150억
10위	싱가포르	중앙적립기금(Central Provident Fund)	2079억
11위	일본	지방공무원기금(Local Government Officials)	1947억
12위	미국	캘리포니아주 교직원연금(California State Teachers)	1870억
13위	말레이시아	퇴직금기금(Employees Provident Fund)	1847억
14위	미국	뉴욕주 일반퇴직연금(New York State Common)	1783억
15위	미국	뉴욕 퇴직금 펀드(New York City Retirement)	1587억
16위	미국	플로리다 공무원 퇴직연금(Florida State Board)	1547억
17위	캐나다	온타리오 교직원연금(Ontario Teachers)	1333억
18위	미국	텍사스주 교직원 연금기금(Texas Teachers)	1289억
19위	남아공	정부고용연금펀드(GEPF)	1232억
20위	덴마크	연금기금(ATP)	1220억

출처: Towers Watson

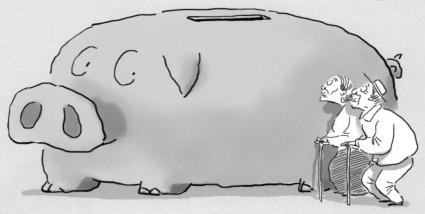

◆ 죽기 전까지 가장 오랫동안 일해야만 하는 나라 ◆

도대체 몇 살까지 일해야
먹고 산다는 말인가?

지구촌 곳곳이 고령화 사회로 접어들면서 '어떻게 늙을 것인가'에 대한 관심이 높다. 풍요로운 복지 혜택을 누리며 안락한 노년의 삶을 누릴 것인가, 아니면 늙어서도 여전히 생계유지에 시달리며 밥벌이에 전전긍긍하며 살 것인가에 대한 문제는 21세기의 커다란 숙제이기도 하다.

OECD는 '노화와 고용정책'이라는 통계 보고서에서 나라마다 공식 은퇴연령과 실제 은퇴연령을 분석했다. 우리나라는 남녀 모두 세계에서 두 번째로 실제 은퇴연령이 높다. 그런데 각국의 공식 은퇴연령과 실제 은퇴연령의 차이를 산출하면 순위가 약간 달라진다. 우리나라 남자는 공식 은퇴연령이 60세인데 실제은퇴연령은 71.1세이므로 조사대상 국가들 중 가장 긴 11.1년의 차이를 보인다. 또 우리나라 여자의 경우는 공식 은퇴연령 60세와 실제 은퇴연령 69.8세 사이에 9.8년의 차이로 칠레(10.4년) 다음으로 폭이 넓다. 결국 우리나라 남성과 여성의 실제 은퇴 시기는 OECD 회원국 중에 가장 늦을 뿐 아니라 공식적인 퇴직시기가 지나도 가장 늦은 나이까지 일을 하는 것으로 나타났다. 이는 우리나라의 공식 은퇴연령이 60세인 점을 감안할 때 정년으로 은퇴를 하고도 약 10년 정도 재취업을 해서 생계를 꾸려간다는 것을 뜻한다.

OECD 회원국 34개국의 평균 실제 은퇴연령은 남자 64.2세, 여자 60.3세다. 우리나라보다 남자 6.9년, 여자 6.7년 빠르다. 상대적으로 이른 정년퇴직 후에도 장기간 일을 더해야 하는 한국 노년층의 현실을 반영하듯 55~65세 중고령자 고용률에서도 한국 남성은 OECD 회원국 가운데 2위를 기록했다. 1위는 일본이다. 노인 복지에 있어서만큼은 한국과 일본은 동변상련인 듯하다.

나라별 은퇴연령 순위

■ 공식 은퇴연령　■ 실제 은퇴연령

순위	나라 (남자)	공식 은퇴연령	실제 은퇴연령
1위	멕시코	65세	72.3세
2위	한국	60	71.1
3위	칠레	65	69.4
4위	일본	65	69.1
5위	포르투갈	65	68.4
6위	아이슬란드	67	68.2
7위	이스라엘	67	66.9
8위	뉴질랜드	65	66.7
9위	스위스	65	66.1
10위	스웨덴	65	66.1
11위	미국	66	65
12위	호주	65	64.9
13위	노르웨이	67	64.8
14위	아일랜드	66	64.6
15위	캐나다	65	63.8
16위	영국	65	63.7
17위	에스토니아	63	63.6
18위	네덜란드	65	63.6
19위	덴마크	65	63.4
20위	체코	62.5	63.1
	OECD 국가 평균	64.65	64.2

男 / 女　남자 / 여자

순위	나라 (여자)	공식 은퇴연령	실제 은퇴연령
1위	칠레	60세	70.4세
2위	한국	60	69.8
3위	멕시코	65	68.7
4위	아이슬란드	67	67.2
5위	일본	65	66.7
6위	포르투갈	65	66.4
7위	뉴질랜드	65	66.3
8위	이스라엘	62	65.1
9위	미국	66	65
10위	노르웨이	67	64.3
11위	스웨덴	65	64.2
12위	스위스	64	63.9
13위	터키	58	63.6
14위	영국	61.2	63.2
15위	스페인	65	63.2
16위	호주	64.5	62.9
17위	에스토니아	61	62.6
18위	아일랜드	66	62.6
19위	캐나다	65	62.5
20위	네덜란드	65	62.3
	OECD 국가 평균	63.47	63.06

출처: OECD Aging and Employment Policies

◆ 남녀차별이 0에 가까운 나라 ◆

男 – 女 = 0, 그러므로 男 = 女

유엔개발계획(UNDP)은 해마다 각국의 성불평등
지수(Gender Inequality Index, GII)를 발표한다. 생
식 건강 부문에서 모성 사망비율과 청소년 출산
율, 여성 권한 부문에서 여성의원 비율과 중등
이상 교육률, 노동 참여 부문에서 여성의 경제활동 참가율 등 3개 부문 5개
지표로 성불평등 정도를 측정해 국가별로 비교한다. 성불평등지수 값은 범위
가 0에서 1까지인데, 0이면 완전 평등한 상태, 1이면 완전 불평등한 상태를
나타낸다. 즉, 수치가 작으면 작을수록 남녀 간의 성차별이 적은 평등한 상태
라고 할 수 있다.

성불평등지수에서 가장 좋은 결과를 나타낸 국가는 동유럽의 슬로베니
아가 0.021점으로 1위를 차지했다. 2위 스위스(0.030점), 3위 독일(0.046점),
4위 스웨덴(0.054점), 5위 덴마크(0.056점) 등 대체로 여권 신장의 역사가 오
래된 유럽 국가가 상위를 점하고 있다. 우리나라는 0.101점으로 152개국
중 17위에 올랐다. 아시아 국가로는 싱가포르 15위(0.090점) 다음이며, 일본
25위(0.138점), 중국 37위(0.202점), 베트남 58위(0.322점) 보다 앞섰다.

국제의회연맹(IPU)이 2015년 9월 기준 세계 190개국 의회(상·하원일 경
우 하원)의 여성 정치인을 조사한 바에 따르면, 우리나라는 300석(실제 의석
은 298석) 중 여성의원이 47명으로 전체의 16.3%를 차지했다. 세계 순위로는
아일랜드, 북한 등과 함께 89위에 올랐다. 아프리카 르완다가 63.8%로 세계
1위, 중남미의 볼리비아와 쿠바가 각각 53.1%, 48.9%로 2위와 3위를 차지
했다. 한편, 우리나라의 여성 국무위원 수는 17명 가운데 단 1명(5.9%)이다
(2015년 10월 기준).

세계 성불평등지수 순위

순위	국가		지수	순위	국가		지수
1위	슬로베니아		0.021	11위	핀란드		0.075
2위	스위스		0.030	12위	프랑스		0.080
3위	독일		0.046	13위	체코		0.087
4위	스웨덴		0.054	14위	아이슬란드		0.088
5위	덴마크		0.056	15위	싱가포르		0.090
6위	오스트리아		0.056	16위	스페인		0.100
7위	네덜란드		0.057	17위	한국		0.101
8위	이탈리아		0.067	17위	이스라엘		0.101
9위	노르웨이		0.068	19위	호주		0.113
9위	벨기에		0.068	20위	아일랜드		0.115

출처: UNDP

◆ 세계에서 생활비가 가장 많이 드는 도시 ◆

작은 원룸 평균 월세가
400만 원이 넘는 도시는?

경제학의 기본 원칙에 의하면, 물건과 서비스, 즉 재화와 용역의 가격은 수요와 공급에 따라 결정된다. 하지만 실제로 최종 소비자가 지불하는 가격이 결정되기까지는 수없이 많은 요인이 개입한다. 수많은 요인은 지역과 계절, 유통 구조, 수급 상황, 돌발변수 등 다양하기 그지없다. 나라마다 환율을 포함한 여러 측면에서 상황이 다르므로 모든 나라가 동일한 물가를 유지하기는 당연히 불가능하다. 그렇기에 '빅맥 지수' 같은 비교 지표가 개발되지 않았던가.

글로벌 컨설팅회사인 머서(Mercer)는 해마다 미국 뉴욕의 물가를 기준으로 전 세계 주요 도시의 생활필수품 200개 가격을 비교해 생활비 순위를 정한다. 2015년 머서가 발표한 세계 207개 도시의 생활비 조사 결과에 따르면 전 세계에서 가장 물가가 비싼 도시 1위는 3년 연속 아프리카 앙골라의 수도 루안다가 차지했다. 루안다에서 침실 1개짜리 아파트 월세는 평균 3,500달러(한화 약 412만 원)에 달하며, 청바지 한 벌의 평균 가격은 240달러(약 29만 원), 패스트푸드 햄버거 평균 가격은 17.15달러(약 2만900원) 수준이다. 앙골라는 국내총생산(GDP)의 절반 이상을 석유산업이 차지하는 반면, 생필품은 대부분 수입에 의존한다. 따라서 생필품의 공급이 원활치 않아 생활물가가 터무니없이 치솟고 있다.

서울은 전년 14위에서 8위로 순위가 오르면서 도쿄보다 물가가 높은 도시로 부상했다. 물가가 비싸기로 소문난 런던도 의외로 12위에 머물렀다. 뉴욕은 16위, 두바이 23위, 시드니 31위, 오사카 32위, 방콕 45위 등이다. 물가가 가장 낮아 생활비가 가장 적게 드는 도시로는 키르기스스탄 비슈케크가 조사대상 207개국 가운데 207위로 꼽혔다.

세계 도시별 생활비 순위

순위	국가 및 도시
1위	앙골라 루안다
2위	중국 홍콩
3위	스위스 취리히
4위	싱가포르
5위	스위스 제네바
6위	중국 상하이
7위	중국 베이징
8위	한국 서울
9위	스위스 베른
10위	차드 은자메나
11위	일본 도쿄
12위	영국 런던
13위	콩고 킨샤사
14위	중국 심천
15위	중국 광조우
203위	마케도니아 스코페
204위	튀니지 튀니스
205위	파키스탄 카라치
206위	나미비아 빈트후크
207위	키르기스스탄 비슈케크

출처: Mercer

◆ 세계 빅맥지수 순위 ◆

햄버거 먹으며 화폐가치,
물가수준, 노동시간 따져보기

1986년 영국의 경제지 「이코노미스트」 경제부 기자 팜 우달은 재미있는 기사를 발표했다. 복수 국가에서 동일한 비용이 소요되는 동일 상품에 대해 환율이 작용하는 정도를 설명하는데 '빅맥(Bic Mac)'을 이용한 것이다. 「이코노미스트」는 이를 '빅맥지수'라고 칭했다. 빅맥은 글로벌 패스트푸드 맥도날드의 대표 메뉴다.

빅맥지수는 환율이 양국 통화의 구매력에 의해 결정된다는 전제하에 전 세계 어느 매장에서나 동일한 제조 사양과 서비스로 제공되는 빅맥의 나라별 가격을 비교함으로써 각국의 화폐가치가 고평가 혹은 저평가되어 있는지 알아 볼 수 있는 지표다. 즉, 해당국 통화의 적정 환율을 가늠하게 해 준다. 또한 빅맥 값을 통해 물가수준을 비교할 수 있으며, 이는 환율보다 더 현실적인 지표가 된다. 가령 달러당 원화의 시장 환율이 1,118.50원이라고 가정하자. 한국의 빅맥 가격은 4,600원이고 미국의 빅맥 가격이 4.79달러일 경우, 4,600원을 4.79로 나누면 960.33원이 나온다. 이것이 빅맥지수에 따른 달러당 원화의 적정 환율이다. 그러므로 시장 환율인 달러당 1,118.50원은 상대적으로 우리나라 원화 가치가 그만큼 저평가되어 있다고 보는 것이다.

빅맥지수는 응용버전이나 유사 지수를 탄생시키기도 했다. 예컨대 빅맥 하나를 구입하기 위해 각국의 노동자들이 평균적으로 일해야 하는 시간을 지수로 나타낸 것이 있다. 현지 임금을 반영한 빅맥지수는 노동자의 평균 구매력을 보다 현실적으로 평가할 수 있다. 빅맥 하나를 사기 위해 가장 짧은 시간을 일해도 되는 도시는 도쿄가 9분으로 1위다. 반면, 마닐라에서는 1시간 13분을 일해야 한다.

세계 빅맥지수 순위

순위	국가	가격
1위	스위스	6.82달러
2위	노르웨이	5.65
3위	스웨덴	5.13
4위	덴마크	5.08
5위	미국	4.79
6위	이스라엘	4.63
7위	캐나다	4.54
8위	영국	4.51
9위	핀란드	4.49
12위	브라질	4.28
20위	호주	3.92
24위	한국	3.76
34위	사우디아라비아	3.20
40위	일본	2.99
45위	중국	2.74
50위	홍콩	2.48
53위	남아프리카공화국	2.09
55위	러시아	1.88
56위	인도	1.83
58위	베네수엘라	0.67

※2015년 6월 미 달러화 환산 소매가격, 인도는 쇠고기가 아닌 치킨 버거.

출처: The Economist

◆ 세계에서 가장 술 많이 마시는 국민 ◆

술 먹는 하마들이 모여 사는 나라는?

인류의 가장 위대한 발견이자 발명품 가운데 '술'이 있다. 술은 하나의 문화이자 산업이고 또 과학이기도 하다. 술에 관해 논하자면 한도 없고 끝도 없다. 물론 술에는 많은 부작용과 부정적인 면도 뒤따른다. 하지만 20세기 초미국의 금주법 실패에서 보듯이 인간으로부터 술을 완전히 떼어놓기란 여간어려운 일이 아니다.

세계 주류 시장 규모는 1조1,804억 달러에 달한다(2014년 기준). 전체 가공식품 시장 규모 2조4,891억 달러 중 47%를 차지한다. 비알코올음료 시장 규모 7,631억 달러의 약 1.6배에 해당한다. 국가별 시장 규모를 살펴보면, 인구대국 중국이 주류 시장도 가장 크다. 686억7,700만 리터로 전 세계의 29.6%를 차지한다. 이어 미국 302억3,000만 리터(13.0%), 브라질 146억5,600만 리터(6.3%), 독일 115억7,300만 리터(5.0%), 러시아 113억2,800만리터(4.9%) 순이다. 한국의 주류 시장 규모는 약 147억3,000만 달러(한화 약16.5조 원), 34억5,200만 리터로 16위에 올라있다.

한편, 세계에서 술을 가장 많이 마시는 국민은 누굴까? 세계보건기구(WHO)에 따르면 전 세계 15세 이상 인구 1인당 연간 술 소비량의 평균치는 2010년 기준 6.2리터다. 1인당 술 소비량이 가장 많은 나라는 벨라루스(17.5리터)다. 한국은 1인당 12.3리터를 소비한다(15위).

세계보건기구는 각국 국민의 수명이 술 때문에 줄어드는 정도 즉 '알코올손실수명연수'를 분석했다. 194개 조사 대상국 가운데 한국을 비롯해 프랑스·러시아 등 32개국에 최고 수준(5점)을 부여했다. 술로 인한 사회·경제적비용은 연간 21조3,399억 원이다. 담배의 약 10조 원보다 많다. 술은 충분히매력적이지만, 그만큼 치명적인 음료다.

국가별 1인당 알코올 소비량 순위

1위	벨라루스	(1인당 소비량)	**17.5L**
2위	몰도바		**16.8**
3위	리투아니아		**15.4**
4위	러시아(연방)		**15.1**
5위	루마니아		**14.4**
6위	우크라이나		**13.9**
7위	안도라		**13.8**
8위	헝가리		**13.3**
9위	체코		**13**
9위	슬로바키아		**13**
11위	포르투갈		**12.9**
12위	세르비아		**12.6**
13위	그레나다		**12.5**
13위	폴란드		**12.5**
15위	라트비아		**12.3**
15위	한국		**12.3**
15위	핀란드		**12.3**
18위	프랑스		**12.2**
18위	호주		**12.2**
18위	크로아티아		**12.2**
글로벌 평균			**6.2**

출처: 한국보건산업진흥원, 세계보건기구(WHO)

◆ 직원 1인당 기업가치가 가장 높은 회사 ◆

직원 한사람 능력이
4,800만 달러인 회사는?

 스냅챗, 페이스북, 위워크, 핀터레스트, 에어비앤비, 우버, 팰런티어, 트위터…… 여기 열거한 회사들의 공통 키워드는 바로 '스타트업'이다. 스타트업이란 혁신적 기술과 아이디어를 사업 기반으로 설립된 지 얼마 되지 않은 창업기업이다.

미국 경제전문지 「포브스」는 직원 1인당 기업가치가 가장 큰 회사들의 랭킹을 발표한 적이 있다. 스타트업을 중심으로 기업가치가 10억 달러(한화 약 1조1,200억 원) 이상인 회사들을 대상으로 시장가치를 직원 수로 나누어 직원 1인당 기업가치를 산출해 비교했다.

직원 1인당 기업가치가 가장 큰 기업에는 스냅챗이 선정됐다. 스냅챗은 SNS를 통해 사진을 보내고 일정 시간이 지나면 사라지는 서비스를 제공하는 모바일 메신저업체다. 비상장사인 스냅챗의 시장가치는 160억 달러로 평가되는데, 전체 직원 수는 330명에 불과하다. 직원 1인당 가치가 4,800만 달러나 된다. 3위에 오른 위워크는 사무실 공유 서비스를 제공하는 스타트업이다. 전체 직원 550명으로 이뤄진 비상장회사인 위워크의 직원 1인당 기업가치는 1,900만 달러에 달한다. 사진 기반 SNS를 제공하는 핀터레스트는 1,800만 달러로 4위에 올랐다. 5위에 오른 에어비앤비는 2008년 시작된 세계 최대의 숙박 공유 서비스업체이다. 자신의 방이나 집을 여행자에게 빌려주도록 돕는 서비스로 전 세계 192개국 150만 곳의 숙박을 중개한다.

세상의 모든 예비창업자가 억만장자 스타트업을 꿈꾸지만 성공확률은 바늘구멍에 낙타가 통과하는 것만큼 어렵다. 그래도 처음부터 포기하기보다는 일단 '시작'부터 하고 볼 일이다.

STARTUP

직원 1인당 기업가치 순위

	기업명	직원 1인당 기업가치	직원 수
1위	스냅챗	4800만달러	330명
2위	페이스북	2400만	1만955
3위	위워크	1900만	550
4위	핀터레스트	1800만	600
5위	에어비앤비	1600만	1600
6위	우버	1500만	3500
7위	팰런티어	1000만	2000
8위	구글	800만	5만7148
9위	샤오미	600만	8000
10위	트위터	500만	4100
11위	워크데이	400만	4100
12위	서비스나우	400만	3187
13위	디디콰이디	400만	4000
14위	인튜이트	400만	8000
15위	DJI	300만	3000
16위	어도비	300만	1만2499
17위	마이크로소프트	300만	11만8000
18위	페이팔	300만	1만5800
19위	세일즈포스닷컴	300만	1만6000
20위	스페이스X	300만	4000

출처: Forbes

◆ 세계 500대 기업을 가장 많이 배출한 나라 ◆

그 나라 경제는
그 나라 기업에게 물어봐!

미국 경제전문지 「포춘」은 1955년부터 해마다
매출액 기준으로 '세계 500대 기업'을 선정해
발표한다. 2015년 「포춘」이 발표한 세계 500대
기업에 가장 많은 기업을 배출한 나라는 미국이다. 모두 128개 기업이 미국
에 본사를 두고 있다. 2위는 중국이 차지했다. 총 98개 기업을 글로벌 500대
기업에 올렸다. 2009년에만 해도 43개에 불과했던 중국계 기업들은 6년 만
에 106개로 약 2.5배 이상 증가했다. 어느새 미국과 22개 차이로 줄어들었
다. 3위는 54개 기업을 랭크시킨 일본이 차지했다. 4위 프랑스(31개), 5위 영
국(29개), 6위 독일(28개)에 이어 우리나라는 17개 기업이 세계 500대 기업에
선정되면서 7위에 올랐다. 삼성전자가 개별기업 순위 13위에 랭크됐고, SK홀
딩스(57위), 현대자동차(99위), 포스코(162위), LG전자(175위), 한국전력(193위),
현대중공업(210위), 기아자동차(242위) 등이 300위 안에 이름을 올렸다.

세계 500대 기업의 개별 순위를 살펴보면 전 세계에서 연 매출액이 가장
많은 기업으로 미국의 월마트가 2년 연속 정상에 올랐다. 월마트는 매출액
4,857억 달러를 달성했다. 2위는 매출액 4,468억 달러를 올린 중국 정유업체
시노펙이 차지했다. 3위는 네덜란드/영국 국적 글로벌 석유회사 로열더치쉘
로 매출액 4,313억 달러를 기록했다. 4위에서 6위까지도 모두 정유회사로 중
국 CNPC(4,286억 달러), 미국 엑손모빌(3,826억 달러), 영국 BP(3,587억 달러) 등
이 차지했고, 7위 중국의 전력회사 SGCC(3,394억 달러), 8위 독일의 자동차회
사 폭스바겐(2,686억 달러), 9위 일본의 자동차회사 도요타(2,477억 달러), 10위
스위스의 무역회사 글렌코어(2,210억 달러) 등이 톱 10에 랭크됐다.

세계 500대 기업 배출 국가 순위

출처: Fortune Global 500

순위	국가	기업체 수
1위	미국	128개
2위	중국	98
3위	일본	54
4위	프랑스	31
5위	영국	29
6위	독일	28
7위	한국	17
8위	네덜란드	13
9위	스위스	12
10위	캐나다	11

순위	국가	기업체 수
11위	이탈리아	9개
12위	호주	8
13위	스페인	8
14위	대만	8
15위	브라질	7
16위	인도	7
17위	러시아	5
18위	멕시코	3
19위	스웨덴	3
20위	벨기에	2

전 세계 0.00003%에 속하는 절대부자들의 나라

미국 경제전문지 「포브스」의 조사에 따르면, 전 세계에 자산 10억 달러가 넘는 억만장자는 모두 1,826명이다 (2014년 기준). 전 세계 인구를 약 70억 명이라 할 경우, 0.00003%에 해당하는 인원 수다. 「포브스」가 발표한 세계 부호에는 국가권력이 재산 형성의 기반이 된 자산가, 예컨대 왕족이나 중동 석유재벌, 독재자들은 제외하고 자수성가했거나 가업을 이어 부를 늘린 자산가만 포함된다. 그런데 10억 달러라면 한화로 약 1조1,200억 원에 해당하는 자산이다. 한국에서 고액 연봉인 1억 원을 받는 근로 소득자가 1만1,200년 일을 해야 벌 수 있는 금액이니 보통사람의 상상을 초월한다.

전 세계 억만장자 1,826명을 국적별로 분류하면 글로벌 경제대국의 위상이 드러난다. 억만장자가 가장 많은 미국 536명을 선두로 중국 213명, 독일 103명, 인도 90명, 러시아 88명, 홍콩 55명, 브라질 54명의 순으로 이어진다. 상위 20개국 억만장자 수는 모두 1,559명으로 전체의 85.4%를 차지해 세계적인 부자들 가운데서도 나라별로 부의 편중과 격차가 심하다. 1,826명의 글로벌 억만장자 가운데 1,191명은 스스로 부를 축적한 자수성가형이며, 230명은 유산을 상속받은 경우, 405명은 유산 상속을 기반으로 사업을 통해 불려 나간 경우이다.

한국도 10억 달러 이상의 자산가를 30명이나 배출해 국가별로는 일본 (17위)보다 3단계 높은 14위에 이름을 올렸다. 국내 1위인 이건희 삼성전자 회장의 자산은 113억 달러(한화 약 12조6,334억 원)로 개인별 글로벌 자산 순위 110위에 랭크돼 있다.

10억 달러 이상 자산가가 가장 많은 나라 순위

순위	나라	인원
1위	미국	536명
2위	중국	213
3위	독일	103
4위	인도	90
5위	러시아	88
6위	홍콩	55
7위	브라질	54
8위	영국	53
9위	프랑스	47
10위	이탈리아	39
11위	캐나다	39
12위	대만	33
13위	터키	32
14위	한국	30
15위	스위스	29
16위	호주	27
17위	일본	24
18위	스웨덴	23
19위	인도네시아	23
20위	스페인	21

※2015년 3월 발표, 2014년 기준 자산액
출처: Forbes

모나코가 슈퍼리치 배출국
1위에 등극한 사연

자산 10억 달러가 넘는 억만장자 수 1,826명을 지구상의 인구 수로 나누면 대략 388만 명 가운데 한 사람이 된다. 「포브스」가 발표하는 억만장자를 각국의 인구와 대비해 순위를 매기면 재미있는 결과가 나타난다. 영국의 Approved Index 가 국가별 '슈퍼리치 밀도'를 비교해 보니 인구 대비 억만장자가 가장 많은 나라는 지중해의 소국 모나코다. 일반과세가 없고 고급 휴양지로 유명해 유럽의 부호들이 모여드는 모나코의 억만장자는 3명. 그러나 인구는 모두 3만 7,800명밖에 안 된다. 국민 1만2,600명당 1명이 억만장자인 셈이다. 2위는 이름조차 낯선 세인트키츠네비스연방(St. Kitts and Nevis)이다. 북미 카리브해 동부에 위치한 인구 5만5,000명의 이 섬나라에도 1명의 억만장자가 산다. 중국 광저우에 기반을 둔 트렌디 인터내셔널그룹의 창립자 잭키 우가 바로 그 사람이다. 3위 역시 많이 알려지지 않은 나라인 건지(Guernsey)다. 영국해 협의 채널제도에 위치한 섬나라로 영국령이면서 독자적인 정치체제를 가진 곳이다. 전체 인구 6만5,150명 가운데 21억 달러의 자산을 보유한 억만장자 가 1명 거주한다. 526명으로 최다 억만장자를 배출한 미국은 13위(억만장자 1인당 인구 59만6,200명)로 10위권에서 밀려났다.

한편, 여성 억만장자 비율이 가장 높은 국가는 어디일까? 칠레가 1위를 차지했다. 한국은 30대 그룹의 여성 임원이 195명으로 0.077%에 불과한 '두터운 유리천장의 나라'인데도 여성 부호의 밀도는 두드러진다. 전체 억만 장자 30명 가운데 6명이 여성이다(20.0%). 세계 7위권 비율이다. 이부진, 이 서현, 홍라희, 이명희 등 범 삼성가 딸들을 열심히 챙긴 결과이긴 하다.

국가 인구별 억만장자 밀도 순위

순위	국가	억만장자 수	억만장자 1인당 인구	전체 인구
1위	모나코	3명	1만2600명	3만7800명
2위	세인트키츠 네비스연방	1	5만5000	5만5000
3위	건지	1	6만5150	6만5150
4위	홍콩	55	13만2075	726만
5위	사이프러스	5	17만1600	85만8000
6위	스위스	29	28만4600	825만6000
7위	싱가포르	19	28만7800	546만9700
8위	아이슬란드	1	32만9740	32만9740
9위	스웨덴	23	42만5400	978만4445
10위	이스라엘	17	49만1600	835만8000

국가별 여성 억만장자 비율 순위

순위	국가	여성 억만장자 비율	전체 억만장자 수	여성 억만장자 수
1위	칠레	33.3%	12명	4명
2위	스위스	27.6	29	8
3위	터키	25.0	32	8
4위	브라질	24.1	54	13
5위	스페인	23.8	21	5
6위	스웨덴	21.7	23	5
7위	한국	20.0	30	6
8위	독일	18.4	103	19
9위	프랑스	17.0	47	8
10위	이탈리아	15.4	39	6

출처: Approved Index, Forbes

◆ 세계에서 기부를 가장 많이 하는 나라 ◆

경제대국 미국에 뒤지지 않는
기부왕국은?

국제단체인 자선구호재단(CAF)이 전 세계를 대상으로 금전기부, 낯선사람돕기, 봉사활동 등 3가지 기부 영역을 평가해 발표하는 '세계 기부지수(World Giving Index, WGI)'라는 것이 있다. 2014년 135개국을 대상으로 한 세계 기부지수에서 가장 높은 점수(64%)를 얻어 1위에 오른 나라는 미얀마와 미국이다. 어려움에 처한 이웃을 가장 잘 돕는 나라로 꼽힌 미얀마는 1인당 GDP가 1,334달러 수준으로, 경제력에서 세계 160위를 차지하는 가난한 나라다. 약 2만8,338달러인 우리나라 GDP의 1/20 정도에 불과하다. 그러나 미얀마 국민의 91%가 기부에 참여한다. 기부지수에서는 금전기부 1위, 봉사활동 2위에 오르며 전체 순위에서 미국과 함께 1위에 올랐다. 미얀마 이외에도 스리랑카가 9위, 부탄 왕국은 11위에 선정됐다. 불교국가인 이들 국가는 종교적인 차원에서의 보시(布施)를 기부문화의 근간으로 삼는다.

한국은 세부지표에서 금전기부 41위, 낯선사람돕기 86위, 봉사활동 55위 등으로 전체 순위가 60위에 머물렀다. 경제 규모 세계 13위인 경제대국에 걸맞지 않은 성적이다. 세계 최상위권 경제력을 자랑하는 G20 국가 중 상위 20위권에 들어간 나라가 5개국뿐이라는 사실에 그나마 스스로 위안 삼아야 할까? 일본 90위, 러시아 126위, 중국 128위보다는 훨씬 순위가 높으니 말이다.

보건복지부가 분석한 자료에 따르면, 2013년 우리나라의 기부금은 12조 4,900억 원으로 국내총생산(GDP)의 0.87%에 불과하다. 미국 2.0%, 뉴질랜드 1.35% 등과 비교하면 한참 낮은 수치다. 기부에 참여하는 국민도 3명 중 1명꼴이며 OECD 회원국 중 24위로 하위권에 속한다.

세계 기부지수 순위

출처: Charities Aid Foundation

1위 미얀마 64%
1위 미국 64
3위 캐나다 60
3위 아일랜드 60
5위 뉴질랜드 58
6위 호주 56
7위 말레이시아 55
7위 영국 55
9위 스리랑카 54
9위 트리니다드 토바고 54
11위 부탄 53
11위 네덜란드 53
13위 인도네시아 51
14위 아이슬란드 50
15위 케냐 49
60위 한국 33
90위 일본 26
128위 중국 18
134위 베네수엘라 16
135위 예멘 14

세계에서 가장 돈 많이 버는 셀러브리티?

원 디렉션

'셀러브리티(celebrity)'라는 단어를 사전에서 찾아보면 '연예인, 유명인, 배우, 스타, 명성' 등으로 나온다. 영영 사전에는 'a widely known person'이다. 우리말 한자어에는 '명사(名士)'라는 단어가 있다. 셀러브리티, 줄여서 셀렙(celeb)이라고도 하는 유명인은 유행이나 트렌드를 선도함으로써 대중에게 영향력을 행사하며 주목을 받는 사람이다. '특정 분야에서 크게 성공하여 부와 명성을 누리는 사람들' 정도로 이해하면 되겠다.

세계에서 가장 돈 잘 버는 셀러브리티는 누구일까? 프로복서 플로이드 메이웨더 주니어다. 연간 수입이 자그마치 3억 달러(한화 약 3,354억 원)나 된다. 1977년생인 그는 2014년 세계복싱협회와 세계복싱평의회 웰터급 통합 챔피언에 올랐다. 2위 역시 프로복서로, 8체급을 석권한 필리핀의 국민영웅 매니 파퀴아오다. 연간 수입은 1억6,000만 달러(약 1,789억 원). 2015년 5월 세기의 대전을 연출했던 메이웨더와 파퀴아오는 단 한 경기의 대전료로 각각 1억5,000만 달러, 1억 달러를 벌어들였다.

3위는 가수 케이티 페리(1억3,500만 달러, 약 1,509억 원), 4위는 뮤지션 원 디렉션(1억3,000만 달러, 약 1,453억 원), 5위는 라디오 쇼 진행자 하워드 스턴(9,500만 달러, 약 1,062억 원)이다. 작가로는 이례적으로 미국 범죄스릴러 대가인 제임스 패터슨(8,900만 달러, 약 995억 원)이 7위에 올랐다. 동양인 셀러브리티는 100명 리스트 가운데 오직 한 명뿐이다. 할리우드에서 가장 성공한 아시아 액션배우인 성룡이 5,000만 달러(약 559억 원)의 수입을 올리며 38위에 올랐다.

플로이드
메이웨더 주니어

매니 파퀴아오

셀러브리티 연간 수입 순위

순위	이름	수입	직업
1위	플로이드 메이웨더 주니어	3억달러	스포츠선수
2위	매니 파퀴아오	1억6000만	스포츠선수
3위	케이티 페리	1억3500만	뮤지션
4위	원 디렉션	1억3000만	뮤지션
5위	하워드 스턴	9500만	방송인
6위	가스 브룩스	9000만	뮤지션
7위	제임스 패터슨	8900만	작가
8위	로버트 다우니 주니어	8000만	배우
9위	테일러 스위프트	8000만	뮤지션
10위	크리스티아누 호날두	7950만	스포츠선수
11위	러시 림보	7900만	방송인
12위	엘렌 드제네레스	7500만	방송인
13위	리오넬 메시	7400만	스포츠선수
14위	이글스	7350만	뮤지션
15위	필립 맥그로우	7000만	방송인
16위	로저 페더러	6700만	스포츠선수
17위	캘빈 해리스	6600만	뮤지션
18위	르브론 제임스	6500만	스포츠선수
19위	저스틴 팀버레이크	6350만	뮤지션
20위	데이비드 카퍼필드	6300만	마술사

출처: Forbes

◆ 세계에서 가장 수입이 많은 영화배우 ◆

할리우드의 머니 메이커
'아이언맨'과 '어벤져스'

세계에서 가장 돈 많이 버는 배우는 누굴까? 경제전문지 「포브스」의 조사에 따르면 세계에서 1년에 가장 많은 수입을 올리는 영화배우는 남자가 〈아이언맨〉〈어벤져스〉 시리즈로 유명한 로버트 다우니 주니어, 여자배우는 2013년 〈실버라이닝 플레이북〉으로 역대 최연소 아카데미 여우주연상을 수상한 제니퍼 로렌스다.

로버트 다우니 주니어는 2015년(2014년도 수입)에 8,000만 달러(한화 약 894억 원)의 수입을 신고하며, 3년 연속 1위를 차지했다. 남자배우 2위는 성룡이다. 연간 5,000만 달러(약 559억 원)의 수입을 올린 성룡은 영화배우이자 영화제작자, 멀티플렉스 영화관 등 사업가이기도 하다. 수입이 많은 남자배우 중 눈여겨 볼 부분은 이른바 '볼리우드(인도 영화계)' 스타들의 약진이다. 인도의 남자배우 아미타브 바찬, 살만 칸이 3,350만 달러(약 375억 원)로 공동 7위, 악샤이 쿠마르가 3,250만 달러(약 363억 원)로 8위에 올랐다. 여자배우 1위를 차지한 제니퍼 로렌스는 영화 〈헝거게임〉 시리즈 출연료와 광고 등으로 5,200만 달러(약 581억 원)를 벌어들였다. 중국인 여배우 판빙빙은 4위에 오르는 저력을 과시했다. 판빙빙은 드라마와 영화 출연, 글로벌 브랜드의 광고모델로 활동하며 연간 2,100만 달러(약 235억 원)를 벌어들였다.

할리우드는 최근 남녀 배우 출연료의 차이가 너무 크다는 비판에 직면해 있다. 연간 수입 1위인 로버트 다우니 주니어와 제니퍼 로렌스도 약 2,800만 달러(약 313억 원)의 수입 격차가 난다. 연간 수입이 2,000만 달러를 넘는 영화배우는 남자가 21명인데 비해 여자는 4명에 불과하다는 사실에서도 할리우드 남녀 배우 간의 출연료 격차가 드러난다.

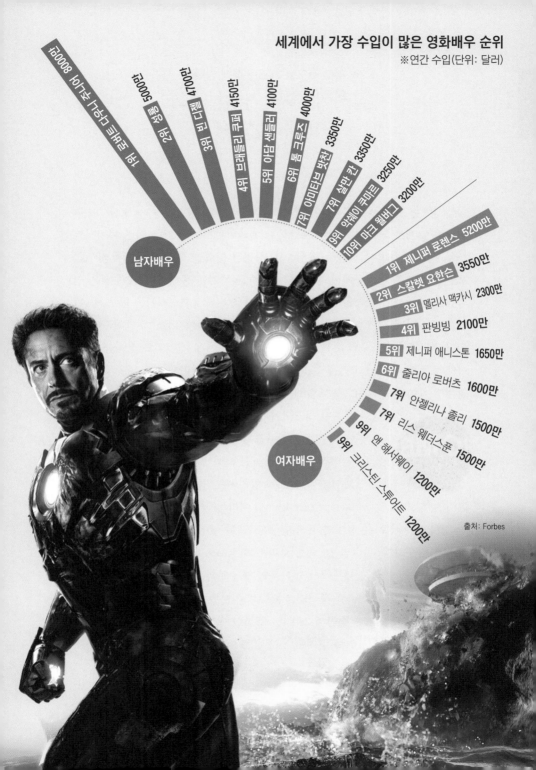

세계에서 가장 수입이 많은 영화배우 순위
※연간 수입(단위: 달러)

남자배우

1위 로버트 다우니 주니어 8000만
2위 성룡 5000만
3위 빈 디젤 4700만
4위 브래들리 쿠퍼 4150만
5위 아담 샌들러 4100만
6위 톰 크루즈 4000만
7위 아미타브 밧찬 3350만
9위 악셀이 쿠마르 3350만
10위 마크 웰버그 3250만
3200만

여자배우

1위 제니퍼 로렌스 5200만
2위 스칼렛 요한슨 3550만
3위 멜리사 맥카시 2300만
4위 판빙빙 2100만
5위 제니퍼 애니스톤 1650만
6위 줄리아 로버츠 1600만
7위 안젤리나 졸리 1500만
7위 리스 웨더스푼 1500만
9위 앤 해서웨이 1200만
9위 크리스틴 스튜어트 1200만

출처: Forbes

심하게 쫄딱 망한 영화
세계 1등은?

상업영화는 크게 '투자유치(자금확보) → 제작 → 배급 → 상영 → 정산·배분' 이라는 단계로 진행된다. 영화제작사가 제작비를 마련하거나 전문 투자사로부터 자금을 유치해 영화를 제작하고, 완성된 영화는 배급사를 통해 해외를 포함한 각지의 영화관에서 상영된다. 영화관 상영을 통해 얻어진 수입은 영화관과 배급사가 나누고, 배급사는 극장 수익과 지상파·케이블 등 방송 판매, VOD 판매, DVD 패키지 등 부가시장 수익을 합산·정산해 제작사와 나눈다. 제작사는 이 수익금에서 배우와 스태프 등에게 개런티와 급여를, 투자자에게 투자 원금과 수익을 돌려주게 된다. 이러한 일련의 과정은 국내 영화업계뿐 아니라 할리우드를 포함해 해외 영화업계에서도 대동소이하다.

영화는 투자 리스크가 큰 산업이다. 이른바 '대박'을 쳤을 경우에는 고수익을 벌어들이지만 성공보다는 실패횟수가 더 많다. 전형적인 하이 리스크 하이 리턴 업종인 것이다. 전 세계 영화산업을 이끄는 할리우드 영화가 특히 그렇다. 영화 용어에 '박스 오피스 봄(Box Office Bomb)'이라는 것이 있다. '심하게 쫄딱 망한 영화'를 지칭하는 용어다. 우리말에도 '폭탄 맞았다'라는 말이 있듯이 뉘앙스가 비슷하다. 반대말은 '박스 오피스 히트(Box Office Hit)'다. 망한 영화란 쉽게 얘기해서 전 세계에서 벌어들인 총수익과 제작비와의 차액이 마이너스 즉, 손실로 나타난 작품이다. 가장 큰 손실을 입은 것으로 추정되는 영화는 키아누 리브스가 주연해 2013년 개봉한 판타지 액션영화 〈47 로닌(47 Ronin)〉이 영예(?)의 1위를 차지했다. 2억2,500만 달러의 제작비를 투입했으나 손실이 1억4,952만 달러에 달한 것으로 추정된다.

역대 글로벌 최고 손실액 영화 순위 ※괄호 안은 개봉 시기

1위 47 로닌 (2013)·············· **1억4952만달러**

2위 화성은 엄마가 필요해 (2011) **1억3050만**

3위 13번째 전사 (1999)·········· **1억2915만**

4위 존 카터 : 바숨 전쟁의 서막 (2012) **1억2163만**

5위 론 레인저 (2013)············· **1억1975만**

6위 R.I.P.D. : 알.아이.피.디.(2013) **1억1484만**

7위 잭 더 자이언트 킬러 (2013) **1억116만**

8위 사하라 (2005)··············· **1억37만**

9위 스텔스 (2005)··············· **9653만**

10위 플루토 내쉬 (2002)·········· **9645만**

11위 파이널 판타지(2001)········· **9443만**

12위 알라모 전투 (2004)·········· **9409만**

13위 그린 랜턴 : 반지의 선택 (2011) **9007만**

14위 컷스로트 아일랜드 (1995) **8883만**

15위 에반 올마이티(2007)········· **8829만**

16위 주피터 어센딩(2014)········· **8706만**

17위 보물성 (2002)·············· **8521만**

18위 타운 앤 컨트리(2001)········ **8481만**

19위 수퍼노바 (2000)············ **8259만**

20위 호두까기인형 3D (2010)···· **8191만**

출처: WIKIPEDIA

디지털이 비틀스의 아성을
견고하게 하는 이유

미국의 유명 음악전문지 「롤링스톤」이 2003년과 2012년에 '역대 최고의 앨범 500'을 선정했다. 유명한 록 뮤지션, 비평가들, 음악업계 종사자들이 각각 50개 앨범에 가중치를 부가해 추천한 뒤 순위를 정한 것이다. 음악 관련 전문가들이 평가해 뽑은 만큼 일반 대중음악팬들의 취향이나 평가와 차이가 난다는 지적도 적지 않으나 공신력이라는 면에서는 크게 존중받는 리스트다.

역대 최고의 앨범 500 가운데 영예의 1위는 전설의 4인조 영국 록 밴드 비틀스가 1967년 6월 발표한 8번째 정규앨범 〈Sgt. Pepper's Lonely Hearts Club Band〉가 차지했다. 발표 즉시 영국에서 27주간, 미국에서 15주간 1위에 올랐다. 1968년 그래미상 4개 부문을 수상하기도 했으며 2014년까지 전 세계에서 약 3,000만 장이 판매됐다. 판매 수로도 세계에서 가장 많이 팔린 앨범이다. 비틀스의 파워는 실로 대단해 최고 앨범 500 리스트의 상위 20위권에 무려 5개의 앨범을 포함시켰으며, 500 리스트 전체에는 10개 앨범을 올렸다. 비틀스와 함께 밥 딜런(10개), 롤링 스톤즈(10개), 브루스 스프링스틴(8개), 더 후(7개), 에릭 클랩튼(7개) 등이 최다 포함 뮤지션들이다.

최근에는 디지털이 대중음악계에도 엄청난 영향력을 행사하면서, 10곡 내외의 정규앨범보다는 1곡씩 싱글을 인터넷이나 모바일 환경에서 음원으로 발표하는 뮤지션들이 많다. 음악을 '소장'해서 '감상'하는 것이 아니라 그때그때 '소비'해 버리는 풍조가 만연한 것이다. 하지만 디지털 음원이 지배하는 풍토에서 시대를 초월한 명곡이 탄생할 수 있을지는 회의적이다. 그래서일까, 1위 비틀스의 아성은 참 견고해 보인다.

세상에서 가장 위대한 음악 앨범 순위

순위	앨범명	발표년도	아티스트명
1위	Sgt. Pepper's Lonely Hearts Club Band	1967	비틀스
2위	Pet Sounds	1966	비치 보이스 •
3위	Revolver	1966	비틀스
4위	Highway 61 Revisited	1965	밥 딜런 •
5위	Rubber Soul	1965	비틀스
6위	What's Going on	1971	마빈 게이
7위	Exile on Main Street	1972	롤링 스톤즈 •
8위	London Calling	1979	더 클래시
9위	Blonde on Blonde	1966	밥 딜런
10위	The Beatles	1968	비틀스
11위	Sunrise	1976	엘비스 프레슬리 •
12위	Kind of Blue	1959	마일스 데이비스
13위	The Velvet Underground & Nico	1967	벨벳 언더그라운드
14위	Abbey Road	1969	비틀스
15위	Are You Experienced	1967	지미 헨드릭스 •
16위	Blood on the Tracks	1974	밥 딜런
17위	Nevermind	1991	너바나
18위	Born to Run	1975	브루스 스프링스틴
19위	Astral Weeks	1968	밴 모리슨
20위	Thriller	1982	마이클 잭슨

출처: Rolling Stone

비틀스 Sgt. Pepper's Lonely Hearts Club Band

디즈니, 글로벌 테마파크 시장을 장악하다

테마파크의 역사는 17세기 시민공원에 메리고라운드가 설치된 영국과 프랑스 등의 유원지에서 기원을 찾을 수 있다. 1843년에 개원한 덴마크의 티볼리(Tivoli Gardens), 1930년대에 형성된 미국 최초의 테마파크 너츠 베리 팜(Knott's Berry Farm), 1950년 문을 연 네덜란드의 에프텔링(Efteling) 등은 테마파크의 선구로 불린다. 본격적인 최초의 테마파크는 1955년 미국의 영화제작자 월트 디즈니가 백설공주 등 애니메이션 제작에서 축적한 연출기법을 적용해 건설한 디즈니랜드다. 1,700만 달러의 거액을 들여 미국 캘리포니아 애너하임에 개장한 디즈니랜드는 월트 디즈니에게 필생의 과업이었다. 디즈니랜드에는 개장 이후 2014년까지 모두 6억5,303만 명의 관람객이 다녀갔다. 월트 디즈니의 구상은 입장객이 전혀 새로운 판타지의 세계에서 시간을 보내도록 하는 것이다. 관람객은 공원이 아니라 공연을 보기 위해 무대에 입장한 것이므로 게스트가 되고, 종업원은 캐스트 멤버가 된다. 캐스트 멤버는 유니폼이 아닌 코스튬 복장을 한다. 디즈니랜드는 전 세계에 걸쳐 모두 11개가 성업 중이다. 세계 테마파크 상위 20위권에는 월트 디즈니 파크 & 리조트 산하의 테마파크가 10개나 올라있다.

한편, 우리나라에 처음으로 세워진 테마파크는 1976년에 개원한 용인자연농원이다. 1996년 에버랜드로 명칭을 바꾼 이후 워터파크 '캐리비언베이'도 도입했다. 2013년에 누적 관람객 2억 명을 돌파했으며 2014년 연간 입장객 738만 명으로 글로벌 순위 16위에 올랐다. 6,500억 원을 투입해 1989년 개장한 롯데월드는 연간 입장객 761만 명으로 글로벌 14위에 올라 국내 최고를 차지했다.

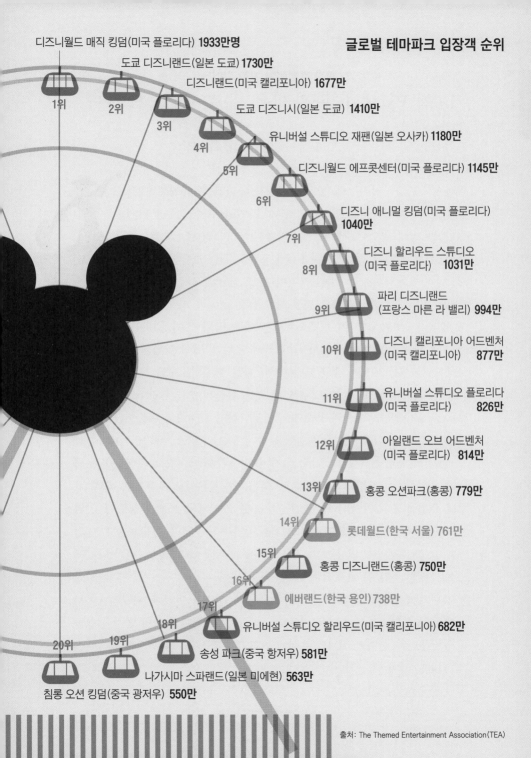

디즈니월드 매직 킹덤(미국 플로리다) **1933만명**
1위

도쿄 디즈니랜드(일본 도쿄) **1730만**
2위

디즈니랜드(미국 캘리포니아) **1677만**
3위

도쿄 디즈니시(일본 도쿄) **1410만**
4위

유니버설 스튜디오 재팬(일본 오사카) **1180만**
5위

디즈니월드 에프콧센터(미국 플로리다) **1145만**
6위

디즈니 애니멀 킹덤(미국 플로리다)
1040만
7위

디즈니 할리우드 스튜디오
(미국 플로리다) **1031만**
8위

파리 디즈니랜드
(프랑스 마른 라 밸리) **994만**
9위

디즈니 캘리포니아 어드벤처
(미국 캘리포니아) **877만**
10위

유니버설 스튜디오 플로리다
(미국 플로리다) **826만**
11위

아일랜드 오브 어드벤처
(미국 플로리다) **814만**
12위

홍콩 오션파크(홍콩) **779만**
13위

롯데월드(한국 서울) 761만
14위

홍콩 디즈니랜드(홍콩) **750만**
15위

에버랜드(한국 용인) 738만
16위

유니버설 스튜디오 할리우드(미국 캘리포니아) **682만**
17위

송성 파크(중국 항저우) **581만**
18위

나가시마 스파랜드(일본 미에현) **563만**
19위

침롱 오션 킹덤(중국 광저우) **550만**
20위

글로벌 테마파크 입장객 순위

출처: The Themed Entertainment Association(TEA)

11억 명 세계 관광객을 매료시킨 나라는?

세계에서 관광산업이 가장 발달한 나라는 어디일까? 유엔세계관광기구(UNWTO)에 따르면 전 세계 여행·관광객은 2014년 11억 4,000만 명에 달한다. 세계여행관광협회(WTTC)의 추산으로는 여행·관광 산업이 전 세계 GDP의 9.5%에 해당하는 약 7조 달러(한화 약 7,826조 원)를 차지한다. 또 전 세계 관련 분야에 2억2,600만 개의 일자리를 제공한다.

세계경제포럼(WEF)이 격년으로 발표하는 국가별 여행·관광 경쟁력지수는 전 세계 141개국을 대상으로 각국의 여행 및 관광 산업의 경쟁력을 수치화한 것이다. 2015년에 공표된 여행·관광 경쟁력지수를 보면 스페인이 5.31점으로 1위를 차지했다. 스페인을 찾은 관광객 수는 연간 6,500만 명으로 스페인 GDP 1조585억 유로에서 관광산업이 차지하는 비중이 11.0%에 이른다. 2014년 스페인을 찾은 한국 관광객 수는 약 16만7,000명이다.

상위 10개국 중 6개국이 유럽 국가이며, 상위 20개국으로 확대하면 무려 12개 유럽국가가 포함돼 있다. 아시아 국가로는 일본이 4.94점으로 9위를 차지해 유일하게 10위권 내에 들었다. 중국도 47위에서 30계단 상승해 17위(4.54점)를 차지했다. 한국은 4.37점으로 29위에 머물렀다. 한국은 ICT 11위(5.97점), 문화자원 12위(4.85점), 보건·위생 16위(6.36점), 육상·항만 인프라 21위(5.06점), 항공인프라 31위(4.05점) 등 5가지 부문에서는 상위권에 진입했으나 가격경쟁력 등 10가지 부문에서 낮은 점수를 얻었다. 관광업계에서는 한국의 가격경쟁력이 낮은 이유로 국내 물가와 원화 가치의 단기적 변동 등을 거론한다. 물가가 비싸기로 세계 최고인 스위스가 가격경쟁력 최하위인 141위라는 점이 그 근거다.

국가별 여행·관광 경쟁력지수 순위

순위	국가		지수
1위	스페인	●●●●●◖	5.31
2위	프랑스	●●●●●◖	5.24
3위	독일	●●●●●◖	5.22
4위	미국	●●●●●◖	5.12
4위	영국	●●●●●◖	5.12
6위	스위스	●●●●●○	4.99
7위	호주	●●●●●○	4.98
7위	이탈리아	●●●●●○	4.98
9위	일본	●●●●●○	4.94
10위	캐나다	●●●●●○	4.92
11위	싱가포르	●●●●●○	4.86
12위	오스트리아	●●●●●○	4.82
13위	홍콩	●●●●●○	4.68
14위	네덜란드	●●●●●○	4.67
15위	포르투갈	●●●●●○	4.64
15위	뉴질랜드	●●●●●○	4.64
17위	중국	●●●●◖○	4.54
17위	아이슬란드	●●●●◖○	4.54
19위	아일랜드	●●●●◖○	4.53
20위	노르웨이	●●●●◖○	4.52
29위	한국	●●●●◖○	4.37

출처: WEF

전 세계가 유네스코 세계유산 등재
격전을 벌이는 이유

이집트 피라미드, 프랑스 베르사이유 궁전, 아프리카 탄자니아 세렝게티 평원, 호주의 산호초와 한국의 수원 화성에 이르기까지 공통점은 인류의 소중한 유산이라는 사실이다. 이 유산들은 그 종류나 용도, 소재지와 상관없이 전세계 인류가 공동으로 보존해야 할 중요한 역사적·학문적 가치를 지니고 있기에 더할 나위 없이 소중하다. 유네스코는 1972년 세계 문화 및 자연 유산 보호 협약(약칭 '세계유산협약')을 채택해 이러한 인류 보편적 가치를 지닌 세계유산(World Heritage)을 발굴·보존하고 있다.

세계유산은 특성에 따라 문화유산, 자연유산, 복합유산으로 분류한다. 문화유산은 기념물·건조물·유적지 등이 해당되고, 자연유산은 자연 기념물, 동·식물의 서식지 및 자생지, 자연지역이나 자연유적지 중에서 탁월한 보편적 가치가 있는 것이다. 복합유산은 문화유산과 자연유산의 특징을 동시에 충족하는 것이다.

세계유산은 '탁월한 보편적 가치(Outstanding Universal Value, OUV)'를 지닌 '부동산' 유산만이 대상이 된다. 따라서 세계유산 지역 내에 있다 하더라도 조각상, 공예품, 회화 등 동산 문화재나 동·식물 등은 세계유산의 보호 대상이 아니다. 세계유산협약의 대상이 아닌 동산 문화재와 무형문화유산 등은 세계유산센터가 아니라 유네스코 문화유산부가 별도로 담당한다.

세계유산의 등재 과정은 매우 까다롭다. 우선 협약의 선정 기준에 의거해 각국이 희망하는 유산을 신청하면 서류심사를 거쳐 유산의 문화적·학술적·미학적 가치를 검토한다. 서류심사에서 추려진 후보지에 대해 국제기념물유적이사회(ICOMOS)와 국제자연보전연맹(IUCN)의 조사단이 현지실사를

유네스코 세계유산 등재 순위

보유 수(점)

순위	국가	보유 수
1위	이탈리아	51
2위	중국	48
3위	스페인	44
4위	프랑스	41
5위	독일	40
6위	멕시코	33
7위	인도	32
8위	영국	29
9위	러시아	26
10위	미국	23
11위	호주, 일본 브라질	19
14위	캐나다, 그리스	17
16위	포르투갈 스웨덴, 터키	15
19위	폴란드	14
20위	체코, 페루, 한국	12
비교	북한	2

출처: The UNESCO World Heritage Centre

하고, 이를 통과한 유산에 대해 최종적으로 21개국으로 구성된 세계유산위원회에서 등재 여부를 의결하게 된다.

2015년 7월 현재 세계유산협약 가입국은 191개국이며 세계유산은 163개국에 모두 1,031점(문화유산 802점, 자연유산 197점, 복합유산 32점)이 등재되어 있다. 세계에서 세계유산을 가장 많이 등재시킨 나라는 이탈리아로 51점에 달한다. 2위는 중국으로 48점이다.

한국의 세계유산은 해인사 장경판전(1995년), 종묘(1995년), 석굴암·불국사(1995년)를 비롯해 최근의 남한산성(2014년), 백제역사유적지구(2015년)에 이르기까지 모두 12점이다. 북한은 2004년 고구려 고분군, 2013년 개성 역사유적지구 등 2곳을 세계유산으로 보유하고 있다. 일본은 우리보다 많은 19건으로 11위에 올라있다. 2015년 7월 미쓰비시 조선소와 하시마섬(일명 군함도)을 포함한 7개 시설을 '메이지시대 산업혁명을 이끈 주요 근대 산업시설'이라는 이름으로 유네스코 세계문화유산에 등재하면서 한국인 강제징용 사실을 감춰 공분을 사기도 했다.

세계유산 목록에 공식 등재되기 전 심사 대기 리스트라 할 수 있는 잠정목록이 있다. 2014년 6월 현재 171개국이 내놓은 1,589개가 잠정목록에 들어있으며, 한국은 2015년 8월 현재 16건(문화유산 12건, 자연유산 4건)이 등록되어 있다. 또 세계유산 목록에 올라간 유산 가운데 파괴 위험, 소멸 위기에 처한 문화 및 자연 유산을 '위험에 처한 세계유산'으로 분류해 특별 관리한다. 예멘의 자비드 역사도시, 아프가니스탄의 바미얀 계곡 고대유적, 시리아의 보스라와 다마스쿠스 고대 도시 등 2015년 7월 기준으로 모두 48점이 등재되어 있다.

세계유산과는 다르나 유네스코가 보호활동의 대상으로 하는 인류유산이라는 게 있다. 인류무형문화유산(Intangible Cultural Heritage)과 세계기록유산(Memory of the World)이 바로 그것이다. 인류무형문화유산은 각종 지식과 기술, 공연예술, 문화적 표현을 아우르는 인류 구전 및 무형 유산 걸작들이다. 목록에 등재된 무형유산은 2015년 3월 현재 전 세계 101개국 341건

에 이른다. 우리나라는 종묘 및 종묘제례악(2001년), 판소리(2003년), 아리
랑(2012년), 김장문화(2013년), 농악(2014년) 등 모두 17건의 유산을 등재했
다. 인류의 중요한 문화유산인 기록물의 보존과 이용을 위해 1995년부터 시
작된 세계기록유산은 2013년 6월 현재 102개국에서 300건에 이른다. 우리
나라는 훈민정음(1997년), 조선왕조실록(1997년)을 비롯해 5·18 민주화운
동 기록물(2011년), 난중일기(2013년), 새마을운동 기록물(2013년)까지 모두
11건으로, 세계에서 네 번째이자 아태지역에서 가장 많다.

　세계유산의 등재 효과에 관해 유네스코한국위원회는 이렇게 설명한다.
"해당 유산이 세계유산에 등재된다는 것은 그만큼 전 인류가 보호해야 할 가
치가 있는 중요한 유산임을 뜻한다. 국제적인 지명도가 높아지고 관광객 증
가와 고용 기회, 수입 증가 등을 기대할 수 있다. 문화적 환경을 개선함으로
써 지역발전에도 도움이 된다. 무엇보다 세계유산이 소재한 지역 공동체와
국가의 자긍심이 고취될 뿐 아니라 더 이상 유산의 훼손을 막고, 가능한 원
래 상태로 보존할 수 있게 된다." 그래서 많은 나라가 자국의 문화재와 자연
유산을 유네스코 세계유산으로 등재시키려고 치열한 경쟁을 벌인다. 세계유
산에 등재되면 저개발국은 국제기관으로부터 유산 보호와 보존에 필요한 재
정적·기술적 지원을 받을 수 있다.

2015년에 등재된 백제역사유적지구

영어와 중국어의 '세계 언어 전쟁'

지구상의 모든 인류가 사용하는 언어는 약 7,100종류에 달한다. 이 가운데 100만 명 이상 인구가 사용하는 언어는 150~200개에 불과하다. 전체 언어의 80%는 사용하는 사람이 10만 명 미만이다. 재미있는 사실은 10명 미만의 사람들만이 사용하는 언어도 140개나 된다.

　　1997년 스위스의 사업가이자 사회연구가인 조지 웨버는 사용 인구뿐아니라 경제력과 사회적 위상 등을 종합적으로 감안한 '가장 영향력이 큰 10대 언어'를 선정·발표했다. 상위 1~6위를 보면, 영어(37점), 프랑스어(23점), 스페인어(20점), 러시아어(16점), 아랍어(14점), 중국어(13점) 순이다.

　　미국 CIA가 발행하는 「The World Factbook」에서는 세계 각국 언어를 제1언어(L1) 사용자 비율을 기준으로 순위를 매겼다. CIA의 자료는 중국어를 하나로 합치지 않고 유력 방언별로 구분했다는 점이 특징이다. 이에 따르면 세계에서 사용인구가 가장 많은 언어는 표준중국어(만다린 또는 북경어)로 전 세계 인구의 11.82%에 해당하는 약 8억5,772만 명이 사용한다. 2위는 전 세계 인구의 5.77%인 약 4억1,870만 명이 사용하는 스페인어. 전 세계 인구의 4.67%인 약 3억3,888만 명이 사용하는 영어는 3위에 올랐다. 일본어도 9위를 차지해 10위권 안에 포함됐다. 인터넷 이용인구를 기준으로 언어의 세력 판도를 보면 또 다른 양상이 나타난다. 2013년 기준으로 인터넷상에서 가장 사용인구가 많은 언어는 영어로, 이용자가 8억600만 명에 이른다. 중국과 인도, 남미 등의 지역에 인터넷 보급률이 향상되면서 인터넷 이용 언어 순위도 제1언어 사용 순위로 수렴되는 모습이다.

您好

Hola

Hello

नमस्ते

مرحبا

Olá

হ্যালো

Здравствуйте

こんにちは

제1언어 사용자 기준 세계 언어 순위
※괄호 안은 인구비율

순위	언어	제1언어 사용자(백만명)
1위	표준중국어 (Mandarin)	857.7(11.82%)
2위	스페인어	418.7(5.77%)
3위	영어	338.9(4.67%)
4위	힌디어	262.7(3.62%)
5위	아랍어	239.5(3.30%)
6위	포르투갈어	205.4(2.83%)
7위	벵골어	195.2(2.69%)
8위	러시아어	169.1(2.33%)
9위	일본어	123.4(1.70%)
10위	자바어	83.4(1.15%)

인터넷 이용 인구 기준 세계 언어 순위
※괄호 안은 인터넷 보급률

순위	언어	이용자(백만명)
1위	영어	800.6(58.4%)
2위	중국어	649.4(46.6%)
3위	스페인어	222.4(50.6%)
4위	아랍어	135.6(36.9%)
5위	포르투갈어	121.8(46.7%)
6위	일본어	109.6(86.2%)
7위	러시아어	87.5(61.4%)
8위	독일어	81.1(85.7%)
9위	프랑스어	78.9(20.9%)
10위	말레이시아어	75.5(26.6%)

출처: CIA 〈The World Factbook〉, World Internet Statistics

◆ 학생들의 수학 · 과학 성적이 가장 우수한 나라 ◆

노벨상과 학교에서의
수학 · 과학 성적은 별개!

2015년 5월 OECD 경제 분과 싱크탱크가 세계 76개국 15세 학생들의 수학 · 과학 시험 성적을 분석해 국가별 교육 순위를 매긴 보고서를 발표했다. 결과는 놀라웠다. 싱가포르 1위, 홍콩 2위, 한국 3위, 일본 4위, 대만 5위로, 1위에서 5위까지 아시아 국가들이 휩쓸었다. 유럽과 주요 선진국들의 경우, 핀란드 6위, 스위스 8위, 네덜란드 9위, 캐나다 10위, 독일 13위, 호주 14위, 아일랜드 15위, 영국 20위에 랭크됐다. 미국(28위)과 러시아(34위), 이스라엘(39위)은 예상 밖에 저조한 순위를 기록했다. 2015년까지 21명의 노벨과학상 수상자를 배출한 일본을 제외하면, 노벨과학상과 학생들의 수학 · 과학 성적은 반드시 비례하지는 않는 듯하다.

OECD의 발표 이후 나라마다 민감한 반응을 보였다. 중 · 하위권에 머문 유럽 국가들 중에는 자국의 교육계를 향해 강하게 비판하거나 OECD의 평가 방법을 불신하는 태도를 표출하기도 한다. 3위라는 뜻밖의 좋은 성적을 거둔 우리나라에서도 최근 교육부가 내놓은 교육 방침을 두고 비판의 소리가 높다. 교육부는 2015년 9월 문 · 이과 통합을 골자로 하는 '2015 개정 교육과정'을 확정 · 고시하면서 국어 · 수학 · 영어의 비중을 크게 줄였다. 새 교육과정에서는 국어 · 수학 · 영어 · 한국사 등 4과목이 전체 수업 시간의 50%를 넘지 못한다. 수학의 학습량은 최대 20%까지 줄어들 전망이다. 아울러 지나치게 어려운 수학 문제를 가급적 배제한다는 방침이다. 그런데 정말로 수학이 쉬워지고 국어 · 수학 · 영어 비중이 줄어들까? 실제로 학부모와 학생들은 크게 믿지 않는 눈치다.

국가별 수학·과학 학업 성취도 순위

출처: OECD

◆ 인공위성을 가장 많이 쏘아 올린 나라 ◆

4,090개의 눈이 지구를 돌고 있다!

인공위성은 어떤 목적을 위해 로켓에 의해 대기권 밖으로 쏘아 올려진 뒤 지구 밖 궤도를 도는 인공천체를 말한다. 궤도 비행을 하는 우주왕복선, 우주정거장 등도 인공위성에 해당한다. 인공위성을 용도별로 구분하면, 군사위성, 통신위성, 지구관측위성, 항해위성, 기상위성, 과학위성, 방송위성 등이 있다.

세계 최초의 인공위성은 1957년 10월 옛 소련이 쏘아 올린 스푸트니크 1호다. 이후 1970년대 후반부터 인공위성의 전성시대를 맞이해 세계적으로 연간 120~140개의 인공위성이 발사되고 있다. 2015년 1월까지 대략 7,190기의 인공위성이 지구 궤도에 발사됐다. 이 가운데 폐기하거나 대기권에 진입해 타서 없어진 것을 제외하면 현재 보유·운용 중인 것은 4,090여 기이며 이 가운데 실제로 임무 수행 중인 인공위성은 1,434기에 달한다. 위성을 보유하고 있는 나라는 전 세계에 70여 개국이지만, 위성 발사 능력을 갖춘 나라는 미국과 러시아를 포함해 프랑스·일본·중국·인도·이스라엘 등 약 10개국에 지나지 않는다.

세계에서 인공위성을 가장 많이 쏘아 올린 나라는 러시아다(2015년 1월 기준). 총 3,471기를 발사해서 1,489기를 보유·운용 중이다. 2위는 미국으로 총 2,148기를 궤도에 올렸으며 1,248기를 보유·운용 중이다. 중국은 모두 258기를 쏘아 올려 일본을 제치고 3위에 올라 있다. 우리나라는 모두 16기 (한별 및 아리랑 3A호 제외)를 쏘아 올려 20위에 올라 있다. 2015년 8월 기준으로 한별과 아리랑 3A호를 포함할 경우, 모두 18기 가운데 9기가 임무 수행 중이다. 북한은 2012년 4월 로켓 발사체 은하 2호로 인공위성 광명성 2호를 발사했다.

국가별 인공위성 발사 순위

순위	국가 또는 기관명	발사	보유·운용	임무 수행	폐기
1위	러시아연방(CIS)	3471	1489	142	1982
2위	미국	2148	1248	478	900
3위	중국	258	197	153	61
4위	일본	198	150	71	48
5위	글로벌스타(Globalstar)	84	84	40	0
6위	국제전기통신위성기구(ITSO)	84	83	33	1
7위	인도	78	68	42	10
8위	유럽우주기구(ESA)	75	62	32	13
9위	프랑스	68	58	21	10
10위	독일	64	49	24	15

순위	국가 또는 기관명	발사	보유·운용	임무 수행	폐기
11위	SES S.A.	55	54	48	1
12위	유텔셋(Eutelsat)	49	49	33	0
13위	영국	49	40	21	9
14위	캐나다	42	41	26	1
15위	Orbcomm	41	41	26	0
16위	이탈리아	33	22	13	11
17위	스페인	20	18	14	2
18위	브라질	17	16	11	1
19위	이스라엘	17	14	13	3
20위	한국	16	15	9	1

＊한국의 경우, 한별(MBSat)은 제외. 2004년 3월 SK텔링크와 일본 MBCO가 공동 운용을 위해 발사한 한별은 2013년 중국의 아시아방송위성(ABS)에 매각되어 ABS4(Mobisat)로 명칭 변경.

출처: CelesTrak

오늘의 랭킹

초판 1쇄 발행 ｜ 2016년 1월 28일

지은이 ｜ 한국비즈니스정보
펴낸이 ｜ 이원범
기획·편집 ｜ 김은숙, 김경애
마케팅 ｜ 안오영
일러스트·인포그래픽 ｜ 김성규
표지디자인 ｜ 강선욱
본문디자인 ｜ 김수미

펴낸곳 ｜ 어바웃어북 about a book
출판등록 ｜ 2010년 12월 24일 제2010-000377호
주소 ｜ 서울시 마포구 서교동 394-25 동양한강트레벨 1507호
전화 ｜ (편집팀) 070-4232-6071 (영업팀) 070-4233-6070
팩스 ｜ 02-335-6078

ISBN ｜ 978-89-97382-99-6   03320

남성의 품격과 생존력을 높이는 멋내기 전략
겟잇스타일 Get It Style
| 스타일 어드바이저 지음 | 14,000원 |

비즈니스 정글에서는 당신의 바짓단까지 평가한다!
패션에서 비즈니스 매너까지 유능함을 연출하는 52가지 스타일링법

남성의 품격과 생존력을 동시에 끌어 올려줄 52가지 스타일링 노하우를 소개한다. 상대방의 마음을 쥐락펴락하는 상의 앞 단추 잠금 요령, 신뢰감을 주는 넥타이 색상, 장소와 상황에 맞는 향수 사용법 등 정글 같은 비즈니스 세계에서 살아남기 위한 전략이 녹아든 멋내기 테크닉을 알뜰히 담아냈다.

전세를 뒤집는 약자의 병법
끝나야 끝난다
| 다카하시 히데미네 지음 | 허강 옮김 | 14,000원 |

일본 최고 권위 문예상인 '고바야시 히데오 상' 수상작인
다카하시 히데미네가 그려낸 야구와 인생과 승부에 관한 리얼 다큐

오늘 친 파울볼이 내일 칠 홈런과 차이가 있다면 그건 단 하나! '방향'뿐이다. 그 미묘한 차이는, 9회말 투아웃 풀카운트에서 극복될지도 모른다. 그것을 절실히 원한다면, 끝까지 포기하지 않는다면! 도쿄대 진학률 매년 일등, 고시엔 만년 꼴찌. 공부 최강 야구 최약체 가이세고 아이들의 좌충우돌 고시엔 도전기.

생각의 틀을 바꾸는 수數의 힘
숫자의 법칙
| 노구치 데츠노리 지음 | 허강 옮김 | 15,000원 |

설득력과 논리력, 사고력과 판단력을 키우는 열쇠는
당신이 수(數)에 얼마나 밝은가에 달렸다!

이 책에 담긴 49가지 숫자의 법칙들은, 이름만 대도 알만한 업계의 고수들이 오랜 세월 경험을 통해 체득한 비즈니스 묘수들을 수치로 풀어낸 것이다. 그들은 하는 일마다 꼬이고 난관에 부딪혀 어찌해야 할지 막막할 때마다 뜻밖에도 숫자에서 그 혜안을 찾았다. 그 탁월하고 비범한 숫자의 법칙들이 이 책 안에 빼곡히 담겨 있다.